RALF DURING

Freunde finden und behalten

RALF DURING

Freunde finden und behalten

Wie du Kontakte knüpfst und anderen im Gedächtnis bleibst

mvgverlag

Bibliografische Information der Deutschen Nationalbibliothek
Die Deutsche Nationalbibliothek verzeichnet diese Publikation in der Deutschen Nationalbibliografie. Detaillierte bibliografische Daten sind im Internet über http://dnb.d-nb.de abrufbar.

Für Fragen und Anregungen
info@mvg-verlag.de

1. Auflage 2022

Türkenstraße 89
D-80799 München
Tel.: 089 651285-0
Fax: 089 652096

Redaktion: Silke Panten
Umschlaggestaltung: Maria Verdorfer
Umschlagabbildung: shutterstock/Veronika_Decart; shutterstock/GoodStudio
Abbildungen Innenteil: shutterstock/Veronika_Decart
Satz: Christiane Schuster | www.kapazunder.de
Druck: CPI books GmbH, Leck
Printed in the EU

ISBN Print 978-3-7474-0484-3
ISBN E-Book (PDF) 978-3-96121-881-3
ISBN E-Book (EPUB, Mobi) 978-3-96121-882-0

Wir produzieren nachhaltig
www.m-vg.de

Weitere Informationen zum Verlag finden Sie unter

www.mvg-verlag.de

Beachten Sie auch unsere weiteren Verlage unter www.m-vg.de

INHALT

»Es ist interessant, wie wenig Menschen übrig bleiben, wenn man aufhört, sich immer als Erster zu melden.«

VORWORT

Das Schönste im Leben neben der Liebe ist die Freundschaft. Leider ist diese oft auch am schwersten zu finden und zu halten. Warum ist das so? Weshalb tun wir uns oft so schwer, andere Menschen kennenzulernen und in deren Gedächtnis zu bleiben? Liegt es an der Zeit, an der Gesellschaft oder doch an uns?

Wir sehen durchschnittlich zehn Menschen am Tag ins Gesicht, ohne uns dessen bewusst zu sein. Da ist der Typ mit der Zeitung im Bus gegenüber, die Bäckersfrau mit der Laugenstange oder der Nachbar, der seinen Hund Gassi führt. Vielleicht auch die Kollegin, mit der wir es noch nie auf ein Feierabendbier geschafft haben. Moment mal. Warum haben wir besagte Kollegin bisher eigentlich nicht einfach gefragt? Vielleicht aus Angst, etwas falsch zu machen und abgelehnt zu werden?

Aber genau dort liegt die Lösung. Im Überwinden dieser Ängste und indem wir uns deren Ursachen ansehen. Ursachen, die erstens in unserem Verhalten und zweitens in dem Eindruck liegen können, den wir beim Gegenüber hinterlassen. Um diese beiden Pole des Kennenlernens geht es in diesem Buch. Und um die Frage, wie du bei anderen im Gedächtnis bleiben kannst. Lerne dazu dich und deine Muster im Umgang mit anderen Menschen besser kennen und erfahre mehr über die Wirkung, die du bei deinem Gegenüber erzielst. Ich verrate dir, weshalb Kontakte nicht im Gedächtnis bleiben und wie sich das ändern lässt.

Das Beste vorweg: Du bist mit deiner Sorge, unsichtbar und allein zu sein, in bester Gesellschaft. Gerade das verbindet dich mit anderen Menschen und ist dein Ticket ins Glück. Denn gute Beziehungen machen Menschen glücklich und glückliche Menschen haben bessere Beziehungen. Beziehungskonflikte hingegen verursachen Stress, der uns krank und unglücklich macht. Sie kosten uns wertvolle Lebenszeit und lassen uns vereinsamen. Das sind zwei Kreisläufe, bei denen du die Wahl hast, in welche Richtung sie sich drehen. Ich helfe dir, die richtige Entscheidung zu treffen.

I. KEIN SCHWEIN RUFT DICH AN?

Kennst du das? Vier Begegnungen, von denen du dachtest, neue Freunde gefunden zu haben.

Ein erstes Date. Ihr hattet ein wirklich gutes Gespräch. Der andere wirkte sympathisch, ihr hattet Spaß und echten Tiefgang. Dein Gesprächspartner hat sich geöffnet und dir sogar Privates anvertraut, obwohl ihr euch gerade erst kennengelernt hattet. Die Rechnung ging auf dich und der andere versprach, sich beim nächsten Mal zu revanchieren. Doch zu einem nächsten Mal kam es nie.

Urlaubszeit. Nette Leute im Hotel, die Tischnachbarn kamen aus eurer Gegend. Es wurde viel gelacht. Auf den gemeinsamen Ausflügen kam es zu echten Männergesprächen und vertrautem Frauentalk. Man hielt sich Plätze auf den Ausflugsfahrten frei und wirkte wie eine verschworene Gemeinschaft, die sich seit Jahren kennt. Adressen wurden ausgetauscht und Grillabende geplant. Abende, die nie zustande kamen.

Eine neue Stadt, eine neue Wohnung und eine Party in der Nachbarschaft. Die Leute sind gut drauf, heißen dich willkommen und sind an deiner Geschichte interessiert. Du hast Spaß, lernst jede Menge neue Gesichter kennen und bringst dich ein. Die Worte kommen dir leicht über die Lippen. Du zeigst dich von deiner besten Seite und die anderen feiern dich. Schnell fühlst du dich angekommen – und wurdest dennoch nie wieder eingeladen.

> Jahrelang seid ihr gemeinsam um die Häuser gezogen, habt euch die letzte Flasche Gin geteilt und anschließend über der Kloschüssel die Haare hochgehalten. Zwischen euch passte keine Postkarte – die ihr einander auch nie schreiben musstet, weil ihr immer gemeinsam Urlaub gemacht habt. Ihr wart beste Freundinnen und habt euch dennoch seit Jahren nicht mehr gesehen.

Was ist passiert? Nun, meist ist das Leben passiert, und zwar ohne dass du etwas falsch gemacht hast. Denn Lebenswege kreuzen und trennen sich wieder. Es gibt Begegnungen, bei denen du Stein und Bein geschworen hättest, Freunde fürs Leben gefunden zu haben. Doch die Nummer in deinem Handy ist verwaist, Kurznachrichten bleiben vage, E-Mails unbeantwortet, und ein Wiedersehen wird immer unwahrscheinlicher. Dabei hast du alles gegeben, den ganzen Abend aufmerksam zugehört und gute Tipps für jede Lebenskrise parat gehabt. Du fühltest dich als der Fels im tosenden Meer des anderen und sahst euch schon gemeinsam am Steuerrad über den Atlantik treiben. Doch dann kam der Eisberg und die schöne Illusion ging baden.

Natürlich fragst du dich, wohin all die lustigen Stunden des entspannten Miteinanders verschwunden sind. Weshalb schweigt dich dieser Mensch an, der dir vor Kurzem noch sein halbes Leben anvertraut und deinen Rat gesucht hat? Aus welchem Grund haben dich die anderen nie zurückgerufen? Warum ist dieser eine Mensch verstummt, mit dem es so schön geknistert hat? Und wieso musst du dich immer zuerst melden?

Das sind Fragen, die wir uns alle stellen und auf die es viele Antworten gibt. Einige davon möchte ich dir in diesem Buch näherbringen.

Doch was verstehen wir überhaupt unter Freundschaft? Freunde sind der Kitt, der unsere innere Welt mit dem äußeren Erleben verbindet und uns das Gefühl gibt, gern zu leben. Das reicht von sich einmal im Jahr an alte Zeiten erinnern bis hin zur Partnerschaft mit dem besten Freund, also dem täglichen Wir. Dabei heißt Freund nicht gleich Freund. Auch im Hinblick auf Freundschaften unterscheiden wir, wen wir wie nah an uns heranlassen. Das hängt regelmäßig davon ab, wie sehr wir dem anderen vertrauen und uns dem Gegenüber öffnen können.

Deshalb stehen uns manche Menschen auch näher als andere, wobei wir Menschen umso sympathischer finden, je häufiger wir ihnen regelmäßig begegnen, sei es im Büro, beim Yoga oder auf dem Kinderspielplatz. Zu Freunden werden schließlich die, denen wir vertrauen und bei denen wir so sein können, wie wir sind. Menschen, die uns gegenüber ehrlich sind, auch wenn es schmerzt, und die sich mit uns freuen, wenn wir Erfolg im Leben haben. Zu guter Letzt Menschen, die sich offen unsere Themen anhören und auf die wir uns verlassen können.

Freundschaften sind jedoch nicht statisch. Mit unserem Leben verändern sich auch unsere Kontakte. Freundeskreise lösen sich auf, neue Menschen bereichern unseren Alltag und irgendwann, meist in den Vierzigern, nehmen die engen Kontakte allmählich wieder ab. Deshalb ist es wichtig, sich nicht allein auf seine Familie und den aktuellen Partner zu verlassen, sondern sich auch um seine Freunde zu kümmern.

Entscheidend bei dem Konzept Freundschaft ist dabei nicht die Quantität als Maß unserer Verbundenheit, sondern die Qualität, die wir dem einzelnen Kontakt beimessen. Ein enger Freund ersetzt Dutzende lose Bekanntschaften, ein Partner Hunderte Tinder-Flirts. Wir sind vielleicht manchmal allein, aber mit dem Wissen um die richtigen Menschen um uns herum nie einsam.

Wieso dennoch nicht aus jeder Begegnung eine Freundschaft wird und was das mit dir zu tun hat, schauen wir uns in diesem Abschnitt an.

1. DU BIST OKAY, NUR NICHT FÜR JEDEN

Fangen wir mal bei dir selbst an: Wie oft meldest du dich bei flüchtigen Erstbekanntschaften zurück? Selten? Und falls doch, wieso eigentlich? Wir erinnern uns besonders gern an Menschen, die uns berührt haben, und weniger an jene, die keinen Eindruck hinterließen. Das ist völlig normal und geht deinem Gesprächspartner nicht anders.

Auch dein Gegenüber mag den Kontakt genossen haben, fand dich amüsant und fühlte sich verstanden. Und doch endeten mit dem letzten Bier eure Gemeinsamkeiten und jeder ging seiner Wege. Menschen kommen und gehen, kreuzen deinen Weg und verschwinden wieder. Das hat nichts mit dir zu tun, und falls doch, wirst du es kaum erfahren. Denn jeder kehrt in sein Leben zurück, in dem der andere keinen Platz hat.

Selbst wenn alles zu passen scheint, garantiert das keine anhaltende Freundschaft. Da mag der andere gut aussehen, die gleichen Interessen haben, deinen Humor teilen – und trotzdem berührt er dich nicht. Du fühlst dich einfach nicht angezogen und findest vielleicht den Menschen, mit dem du so gar nichts gemeinsam hast, viel attraktiver.

Es gibt unzählige Gründe, Menschen wahrzunehmen und sie dennoch zu vergessen. Manchmal passen erster Eindruck und Erwartung nicht zusammen, ein anderes Mal gehen euch nach wenigen Minuten die Themen aus. Da kannst du dir noch so viel Mühe geben, es funkt einfach nicht.

Aber das ist manchmal auch gut so. Wir reagieren sehr feinfühlig, wenn wir uns vor Ablehnung schützen wollen und ungute Veränderungen vermeiden möchten. Meist tun wir das, um uns sicher zu fühlen. Wenn mich also Menschen verunsichern, sorge ich nach dem Gesetz der Resonanz dafür, dass sie mir aus dem Weg gehen. Denn dann fühle ich mich zwar alleine, aber doch sicher und in vertrauter Umgebung mit mir selbst.

Unsicherheit kann Freundschaften aber auch verhindern oder beenden, wenn wir beispielsweise auf Menschen treffen, deren Weltsicht uns erschüttert. Das erleben wir immer wieder in politischen oder kulturellen, religiösen oder anderen emotional besetzten Bereichen, wo unterschiedliche Sichtweisen aufeinanderprallen. Schnell fühlen wir uns angegriffen oder verletzt und versuchen, unseren Standpunkt zu verteidigen. Wir suchen faktisch Halt gegen haltlose Argumente.

Meist aber gibt es keine Lösung, kein Richtig oder Falsch, weil wir – wie noch zu zeigen sein wird – die Welt durch unsere individuelle Brille betrachten und hinter jeder Meinung ein Bedürfnis steckt. Da aber nicht jeder das gleiche Bedürfnis hat oder wir unterschiedliche Strategien zur Befriedigung desselben nutzen, unterscheiden wir uns. Dieser Unterschied kann Angst machen. Und in der Unsicherheit, mit dieser Angst umzugehen, trennen wir uns von dieser »falschen« Meinung, an der unglücklicherweise der ehemalige Freund hängt. Die Trennung dient quasi als Ersatzlösung für ein anderes ungelöstes Problem.

»Nein, darf man nicht!«, widersprach Mechthild energisch ihrer Freundin Lisbeth, die sich gerade ein Steak im sonst vegetarischen Lokal »Zur Seegurke« bestellt hatte und der Ansicht war, dass man sich doch wohl einmal in der Woche etwas Gutes gönnen dürfe. Erneut ließ Mechthild die dramatischen Folgen des Fleischverzehrs für Mensch und Tier vor Lisbeth aufleben und verdarb dieser den Appetit. Die war den ewigen Streit leid, wollte aber auch ihre Bestellung nicht rückgängig machen. Uneins, wie sie den Abend noch retten konnte, bat Lisbeth Mechthild, sich zu beruhigen, als diese ihre zerknüllte Serviette auf den Tisch knallte und erbost das Lokal verließ. Das war das Letzte, was Lisbeth je wieder von ihrer Freundin sah.

Es ist auch möglich, dass uns nur eine Gemeinsamkeit verbindet, ein Hobby, die Vereinsmitgliedschaft, Kollegen oder die zur selben Schule gehenden Kinder. Entfällt dieser Grund, endet häufig auch die Verbindung und der Kontakt schläft ein.

Wie ist das bei dir? Deine bisherige Strategie, Freunde fürs Leben zu finden, scheint nicht aufgegangen zu sein. Denn sonst hättest du dir wahrscheinlich nicht dieses Buch gekauft. Aber keine Sorge, dein Weg bis hierher war nicht umsonst. Zumindest weißt du jetzt, wie es nicht geht. Das mag vielleicht bitter klingen, gerade dann, wenn dir jemand fehlt, den du anrufen kannst. Jemand, der da ist, wenn dir die Decke auf den Kopf fällt. Denn Bindung und Verbundenheit sind ein elementares Grundbedürfnis, ohne dass wir eingehen.

Die wenigsten sind gern alleine, aber ob sich der andere bei dir zurückmeldet, ist nicht zuletzt auch eine Frage der Ökonomie. Schließlich hat die Woche nur sieben Tage und da passt manchmal kein achter Bekannter rein. Auch spielen Altersunterschiede, Attraktivität, soziale Herkunft, Bildungsniveau, Familienstand und sogar das Geschlecht eine Rolle, ob sich eine Verbindung herstellen lässt oder die Unterschiede zu groß sind. So genügt es bereits, sich von der Arbeit zu kennen, um für den Kollegen nach Feierabend tabu zu sein. Und das nur, weil der Privates von Beruflichem getrennt halten möchte.

Man kann auch sagen: Nicht jeder passt zu jedem und nicht jeder hat einen unbegrenzten Bedarf an neuen Bekanntschaften. Ein netter Abend ist noch keine Freundschaft und oft nicht einmal der Beginn davon. Damit aus einem Erstkontakt eine Freundschaft wird, bedarf es vieler Schritte. Einige davon werden wir im Folgenden kennenlernen, andere ergeben sich aus dem praktischen Miteinander selbst.

Ein erster Schritt kann sein, selbst zu dem Freund zu werden, den du gerne hättest, denn du ziehst an, was du aussendest. Auch sollte es dir leichtfallen, dich für den anderen zu interessieren, dich selbst zu melden und deinen Kontakt anzubieten. Hier darfst du gern mit gutem Beispiel vorangehen, statt auf den anderen zu warten. Reagiert der nicht, akzeptiere das. Manche Menschen können Verbindungen nur schlecht aufrechterhalten, andere wollen keine (neuen) Beziehungen. Das ist okay.

Nicht okay wäre es, wenn du dir dafür die Schuld gibst oder den anderen für einen oberflächlichen, gar schlechten Menschen hältst. Weder das eine noch das andere muss stimmen, auch wenn die Wahrheit oft in der Mitte liegt. Es gibt eben jene Menschen, die andere anziehen, und solche, die angezogen werden – nicht immer wechselseitig, aber stets vom Wunsch getragen, dazuzugehören. Wie gesagt, das Streben nach Verbundenheit teilen wir mit allen Menschen, nur nicht mit jedem.

SHORTCUT

Menschen brauchen Menschen und doch fühlen wir uns nicht mit jeder Begegnung gleichermaßen verbunden. Hier bestimmen zahlreiche Faktoren, ob aus einem Erstkontakt mehr wird, am Ende gar eine Freundschaft. Diese Gründe können in uns und unserer Art liegen, aber ebenso in den äußeren Umständen, unter denen wir einander begegnen. Hier sind Akzeptanz, Flexibilität und Geduld gefragt. Du kannst nicht verhindern, dass Kontakte enden oder gar nicht erst zustande kommen. Aber du musst dich nicht immer dafür verantwortlich fühlen. In vielen Fällen hast du nichts falsch gemacht und der oft belächelte Satz »Es liegt an mir und nicht an dir« stimmt endlich einmal.

2. DU BIST WIE ICH, NUR GANZ ANDERS

Neben dem Grundbedürfnis nach Verbundenheit teilen wir noch viele weitere Bedürfnisse, deren Befriedigung uns hilft, ein glückliches Leben zu führen. So weit, so einfach.

Kompliziert wird es erst dadurch, dass zwar alle Menschen die gleichen Bedürfnisse haben, nur nicht in gleichem Ausmaß. Der eine sagt vielleicht gern, wo es langgeht, die andere trifft nur ungern Entscheidungen. Manch einer steht im Club zufrieden in der Ecke, während andere ausgelassen tanzen. Und wieder andere treiben exzessiv Sport, statt mit Freunden auf der Couch Serien zu schauen. Von sexuellen Vorlieben ganz zu schweigen.

Diese Unterschiede aber ziehen uns entweder an oder stoßen uns voneinander ab, je nach Art des Bedürfnisses und seiner Erfüllung. Wenn zwei besonders ordentliche Menschen zusammenleben, klappt das meist besser, als wenn ein Messie auf einen Minimalisten trifft. Auch würden sich zwei ängstliche Menschen nicht gemeinsam mutiger fühlen.

Tatsächlich haben wir viele unterschiedlich ausgeprägte Vorlieben, die uns mit anderen Menschen harmonieren oder kollidieren lassen. Das wirkt sich unmittelbar darauf aus, wen und wie wir Menschen kennenlernen und wie wir den neuen Kontakt fortsetzen. Spüren wir beim ersten Treffen, dass wir vor unserem Spiegelbild sitzen, hängt unsere Sympathie maßgeblich davon ab, wie sehr wir uns selbst mögen und was genau wir im Gegenüber wiedererkennen.

Leben wir nämlich gegen unsere Bedürfnisse, macht das Glück einen großen Bogen um uns und lässt uns ein Leben lang nach der Erfüllung suchen, die wir uns selbst versagen.

Penelope hat ihren Eltern zuliebe das heimische Tierbestattungsunternehmen »Waldis Ruh« übernommen, obwohl sie eine Tierhaarallergie hat und nahe am Wasser gebaut ist. Außerdem träumt sie seit ihrem zehnten Lebensjahr von einer Karriere als

Tänzerin. Nun aber tröstet sie andere zehnjährige Kinder und würde sich am liebsten neben die ihr anvertrauten Tierkadaver legen. Doch seit sie keine Pferde mehr bestatten, sind die Gräber dafür zu klein.

Ein Mensch, der wie Penelope gegen seine Bestimmung lebt, würde sich wohl kaum zu einem anderen Bestattungsunternehmer hingezogen fühlen und einen ähnlich großen Bogen um jene machen, die ebenfalls ihre Träume aufgegeben haben. Anziehend ist eher, wer mit sich und seinen Bedürfnissen im Einklang ist und dank vieler glücklicher Momente der Bedürfnisbefriedigung ein entsprechend glückliches Leben führt. Diese Menschen sind Versorgungsstationen auf dem Marathon, den wir Leben nennen. Entsprechend frequentiert sind sie auch und können sich aussuchen, wem sie in ihrem Leben die Trinkflasche reichen.

Deshalb kümmere dich um deine Bedürfnisse, lerne sie kennen und suche nach Menschen, die diese entweder teilen oder so ergänzen, dass ihr beide voneinander profitiert. Das mag jetzt vielleicht berechnender klingen, als ich es meine. Voneinander zu profitieren heißt hier nur, sich miteinander wohlzufühlen, ohne zusätzlich Energie aufwenden zu müssen.

Hierzu gibt es zahlreiche Tests, die dir zeigen, welcher Typ du im Verhältnis zu deinen Mitmenschen bist, welche Bedürfnisse du in welcher Art und in welchem Umfang hast und wo du dich am besten mit anderen verbinden solltest. Empfehlen kann ich den bewährten Reiss Motivation Profile Test.

Die unterschiedlichen Persönlichkeitstypen haben maßgeblichen Einfluss auf unser Kontaktverhalten und auch darauf, wie vertraut uns ein Mensch wird. Dazu verfügbare Testverfahren versuchen, diese Typen zu kategorisieren und dich in eine der vielen Schubladen zu stecken. Da gibt es Farb- oder Tiermodelle, Berufsbezeichnungen, Archetypen oder die Big Five of Personality.

Allen gemeinsam ist, dass kein Mensch dem anderen gleicht, wir uns aber in vielem ähnlich sind. Das verbindet uns ebenso, wie uns andere Persönlichkeitstypen abstoßen. Die Bandbreite reicht von nachsichtig bis kritisch, harmoniebedürftig bis streitsüchtig oder verträumt bis verwirrt. Es gibt den dominanten Typ, den emotionalen, den extrovertierten und den in sich gekehrten Typ sowie alle möglichen Mischformen.

Die einen suchen Nähe, indem sie jedem nach dem Mund reden, andere brauchen kritische Reibung, um sich zu wärmen. Wieder andere leben nach dem Motto: Angriff ist die beste Verteidigung. Die Erfahrung aber zeigt, dass Menschen, die ihr Leben lieben und sich warmherzig und freigiebig, nachsichtig und mitfühlend, ehrlich und verbindlich zeigen, in der Beliebtheit hohe Plätze belegen. Doch es geht nicht um einen Wettbewerb, sondern um deine Art, Menschen so zu nehmen, wie sie sind – und dich ebenfalls authentisch zu geben.

Kennst du deine Neigungen, Vorlieben und Grenzen, erkennst du diese auch bei anderen. Das hilft dir, dich für oder gegen einen Kontakt zu entscheiden. Umgekehrt gilt das natürlich auch für deinen Gesprächspartner und erklärt, wieso Begegnungen ohne Folgen bleiben können.

All das läuft unbewusst und automatisch ab und trennt dich von deinem Gegenüber, noch bevor sich dein Bewusstsein eine Meinung gebildet hat. Oder du fühlst dich vom Gleichklang mit dem anderen angezogen, meldest dich wieder und sprichst im Idealfall von einer Seelenverwandtschaft.

Aber egal, was du tust, dein Lebensglück hängt maßgeblich von der Art ab, wie zufrieden du mit dir selbst bist. Das wirkt sich auch auf deine Bindungsfähigkeit aus und wie gut du Nähe zulassen kannst. Bindung gibt dem Leben Struktur, Bedeutung und Sinn, erhöht das Glücksgefühl, stärkt das Immunsystem und verlängert dein Leben. Darüber hinaus verringert Nähe zu anderen Menschen das Risiko von Ängsten und Depressionen.

Wie unterschiedlich aber Nähe gesucht wird und wo Menschen Verbundenheit finden, ist auch vom jeweiligen Temperament des Suchenden abhängig. Nicht jeder Deckel passt zum Topf, wie wir im folgenden Kapitel sehen werden.

SHORTCUT

Verbundenheit, Bedeutung, Sicherheit, Stimulanz, Macht und Mitwirkung sind nur einige der Bedürfnisse, deren Erfüllung über unser Glück im Leben bestimmt. Wir suchen die Nähe zu anderen Menschen, weil wir die Gemeinschaft brauchen, um zu überleben. Dabei spielen die Art und der Umfang dieser Grundbedürfnisse eine wichtige Rolle, welche Menschen unser Leben bereichern und welche nicht. Mach dir also deine Bedürfnisse bewusst und erkenne deine Vorlieben und Grenzen. Kurzum: Lerne dich und deinen Persönlichkeitstyp kennen und gib dich authentisch, um auf deine Umgebung anziehend zu wirken. Hierzu können dir entsprechende Tests im Internet behilflich sein.

3. DER WOHLTEMPERIERTE MENSCH

Manchmal sieht man sich in der Welt um und denkt: *Menschen? Kennst du einen, kennst du alle.* Vor allem, wenn sie in Gruppen auftreten und Jungesellinnenabschiede feiern. Doch schaut man genauer hin, gibt es jene, die betrunken mit dem Bauchladen Kondome verkaufen, und die anderen, die freundlich lächelnd so wirken, als hätte man sie zum Feiern gezwungen.

Ähnlich verhält es sich beim Kennenlernen. Nicht jeder fühlt sich beim Gedanken, fremden Menschen zu begegnen, wohl. Da mag das Alleinsein noch so sehr schmerzen. Extra vor die Tür zu gehen, um sich in einem überfüllten Club von schwitzenden Typen oder überdrehten Mädels antanzen zu lassen, klingt noch weniger verlockend.

Andere hingegen brauchen den Kick, die direkte Konfrontation und das Abenteuer in der Menschenmenge. Je mehr Leute, desto besser die Party. Das heißt jedoch nicht, dass diese Menschen weniger einsam sind. Die Zahl potenzieller Kontakte mag sich zwar erhöhen, je mehr Menschen ich begegne. Verbindungen garantiert das jedoch noch lange nicht. Im Gegenteil, oft verbleibt es hier bei oberflächlichen oder flüchtigen Kontakten, deren Halbwertszeit die Polizeistunde kaum überdauert. In beiden Fällen bestimmt das uns in die Wiege gelegte Temperament über unsere Betriebstemperatur und die Art, Menschen zu begegnen. Deshalb musst du auch niemanden für sein Anderssein bewundern oder verurteilen, es genügt, deinesgleichen zu entdecken und Kontakt aufzunehmen.

Dumpf dröhnten die Bässe über die Köpfe der wogenden Menschenmenge hinweg. Mareile wurde unsanft von ekstatisch tanzenden Leuten umhergeschubst. Sie hatte dem Drängen einer Kollegin nachgegeben und sich auf ein Rockkonzert getraut. Nichts, was sie sich freiwillig ausgesucht hätte, doch sie wollte nicht schon wieder Nein sagen und hoffte auf ein wenig mehr Unterhaltung, als es ihr leeres Wohnzimmer und der einsame Ohrensessel versprachen. An ein Gespräch war allerdings nicht zu denken. Die infernalisch laute Musik ließ lediglich Gesten der Begeisterung oder – wie in Mareiles Fall – der Erschöpfung zu. Sie wollte keine Spielverderberin sein, doch als sie vergeblich versuchte, dem Barkeeper ihre Bestellung entgegenzubrüllen, schien ihr das eigene Wohnzimmer doch verlockender. Ohne sich von ihrer Kollegin zu verabschieden, holte Mareile ihre Jacke und verließ den klaustrophobisch anmutenden Ort. Ein sinnloser Abend, dachte sie noch, während ihre Kollegin knutschend das Konzert verpasste, um wenig später ebenfalls allein nach Hause zu gehen.

Wie ist das bei dir? Brauchst du eine dir vertraute Umgebung und bezeichnest du dich eher als zurückhaltend, still oder passiv – vor allem, wenn es sich um den Kontakt mit fremden Menschen dreht? Oder hält dich nichts im heimischen Sessel, weil dich der Gedanke, da draußen etwas zu verpassen, vor die Tür treibt?

Hier haben wir das klassische Wechselspiel zwischen introvertiertem und extravertiertem Charakter, was einen großen Einfluss darauf hat, wie wir anderen Menschen begegnen. Wo der eine sich nicht traut, auf die andere zuzugehen, überrollt die eine den anderen mit ihrer Partylaune. Dabei möchte ich hier nicht von schüchtern oder aufdringlich sprechen, sondern lediglich von der jeweiligen Art, mit der Außenwelt zu kommunizieren.

Wenn du dich zu den introvertierten Menschen zählst, fühlst du dich mit dir in aller Regel wohl, hältst Alleinsein meistens gut aus und richtest deine Aufmerksamkeit stärker auf dich und dein inneres Erleben als auf die Welt da draußen. Das bedeutet nicht, dass du Menschen meidest und Kontakten aus dem Weg gehst. Aber du brauchst nicht den Trubel, nach dem sich extravertierte Menschen sehnen, um sich zu spüren und dem Alleinsein zu entfliehen.

Das führt aber gelegentlich auch dazu, dass deine Umwelt glaubt, dir läge nicht besonders viel an einem Kontakt. Zu sehr scheinst du mit dir allein zufrieden und gleichgültig gegenüber den Plänen und Aktivitäten anderer zu sein. Stattdessen trifft man dich in der Natur, in Museen oder Buchläden, wo du es genießt, mit Abstand all die anderen Besucher zu beobachten.

Fühlst du dich hingegen dem extravertierten Lager zugehörig, findet dein Leben draußen statt: dort, wo dich deine eigenen Gedanken nicht vom Leben ablenken und du im regen Austausch mit der Welt unter Menschen bist. Wenn du dich nicht vor Freunden und Beziehungen retten kannst und dennoch seit Längerem nach dem oder der Richtigen, nach guten Freunden und engen Verbindungen suchst, mag das deiner Umgebung geschuldet sein. Deinesgleichen feiert gern, hinterlässt aber beim Tanzpartner selten den Eindruck, an etwas Längerfristigem interessiert zu sein.

So kann es passieren, dass beide Typen allein durchs Leben gehen und einander nicht begegnen. Der eine liebt die Stille, während sich die andere allein auf der Tanzfläche dreht. Deshalb ist die Erkenntnis, zu welchem Typ du gehörst, hilfreich bei der Strategie, wie du denen begegnest, die du dir im Leben wünschst. Nicht jede zurückhaltende Frau lehnt dich ab und nicht jeder aufdringliche Typ will nur das eine von dir. Manchmal seid ihr nur zu verschieden, um einander zu erkennen, und unterscheidet euch in der Art, Kontakte zu schließen. Hier hast du es in der Hand, flexibler zu reagieren und dich unvoreingenommener auf den anderen einzulassen.

Wir sind es gewohnt, Menschen durch unsere mentale Brille zu sehen und deren Handlungen entsprechend zu bewerten. Lehnt ein Introvertierter eine Partyeinladung ab, gilt er schnell als desinteressiert und wird kein zweites Mal eingeladen. Ganz anders die extravertierte Gastgeberin, die die Stille ihrer Wohnung vertreiben will und ihr soziales Umfeld mit ihren Festivitäten anzustrengen beginnt.

Es ist nicht immer leicht, das eigene Bedürfnis nach Gesellschaft zu befriedigen, wenn die, um die es uns geht, so ganz andere Vorstellungen von Geselligkeit haben. Dann heißt es, die unterschiedlichen Lebenskonzepte zu akzeptieren oder sich darauf einzulassen. Alternativ bleibt dir die Möglichkeit, nach jenen Ausschau zu halten, die dir ähnlicher sind.

Das hängt aber auch vom Grad unseres Unabhängigkeitsbedürfnisses ab. Nicht jeder sucht im Team die Lösung fürs Leben, sondern braucht den persönlichen Freiraum, um sich zu entfalten. Das bedeutet nicht, dass ein solcher Mensch andere ablehnt, wenn er das Alleinsein vorzieht. Vielmehr braucht er nur öfter einen Rückzugsort, um Kraft für die Kontaktpflege zu tanken.

Wieso dennoch viele Menschen einsam, unglücklich und vom Leben überfordert sind, liegt manchmal auch an der Welt, in der sie sich bewegen. Grund genug, sich damit genauer zu befassen.

SHORTCUT

Es gibt die stillen und die lauten Momente im Leben und ebensolche Menschen, die diese Momente zu genießen wissen. Nicht immer treffen wir dabei auf jene, die unsere Art, der Welt zu begegnen, teilen. Manch einer zieht sich lieber mit einem Glas Wein auf ein gutes Gespräch zurück, während andere dazu Festivalatmosphäre brauchen. Gemeinsam ist aber beiden Temperamenten der Wunsch nach Verbindung. Zu wissen, zu welchem Typ du gehörst, hilft dir, anderen flexibel und unvoreingenommen zu begegnen, und nimmt dir die Scheu im Austausch mit neuen Kontakten. Manchmal reicht es, leise zu sein, um einen lautstarken Auftritt zu haben und positiv aufzufallen.

4. SCHÖNE NEUE SCHEINWELT

Das Leben ist großartig, mondän und luxuriös. Voller wunderschöner Menschen, die ihren Traum leben und so lange mit Freunden auf einer nicht enden wollenden Party tanzen, bis sie mit ihrem Seelenpartner auf der eigenen Insel das Nirwana erreichen.

Das zumindest scheint für viele junge Menschen das erstrebenswerte Ziel zu sein, wenn sie den neuen Göttern der Internetwelt, den sogenannten Influencern, glauben und folgen. Natürlich überzeichne ich hier und ergehe mich in Klischees, um einem Phänomen auf die Spur zu kommen, nämlich der wachsenden Neigung junger Menschen zu Depressionen und Einsamkeit.

Dabei wirken für diese Menschen gerade die sozialen Medien als verlockende Möglichkeit, sich zu vernetzen, auszutauschen und am Leben des anderen teilzuhaben. Bei Menschen mit einem stabilen Freundeskreis funktioniert das auch. Hier unterstützt das Handy die Verbindung und fördert die Kommunikation. Dennoch fühlen sich zahlreiche Millennials statistisch betrachtet einsamer als ihre Eltern und Großeltern im gleichen Alter.

Wie kommt das?

In erster Linie liegt es daran, dass Bilder, Likes sowie Text- oder Sprachnachrichten zwar das Belohnungssystem aktivieren, aber keine echte Verbindung schaffen. Die aber ist es, nach der sich auch junge Menschen sehnen. Es sind die Begegnungen im echten Leben, die uns glücklich machen, nicht die retuschierte und gefilterte Scheinwelt, in der Einsamkeit nur einen Klick entfernt ist.

Es konnte nachgewiesen werden, dass Facebook und Co wie eine Droge wirken und dem Dealer auf dem Schulhof mehr und mehr Konkurrenz machen. Immerhin bedienen diese Plattformen den steten Wunsch, sichtbar zu sein, sich zu zeigen und für das, was man ist, gemocht zu werden. Je mehr Likes und Follower, desto näher scheint man diesem Ziel und fühlt sich von der Welt wertgeschätzt.

Doch diese Dopamindusche endet, sobald die äußeren Zeichen der Anerkennung ausbleiben und die virtuellen Freunde keine Herzen, Emojis oder Hugs mehr vergeben. Dann folgt der kalte Entzug, bemisst sich doch die Wertigkeit der Digital

Natives nach der Anzahl an Followern, deren Likes, Reposts und Kommentare über deren »social proof« bestimmen. Das bedeutet, je mehr Menschen dir folgen, desto höher stehst du auf der sozialen Leiter und desto mehr orientieren sich andere an dir. Das ist die neue Währung im Internet, aber leider keine Garantie, damit auch glücklich zu werden.

> Magdalena rekelt sich im flirrenden Licht des Sommerabends, während das Meer im Hintergrund dem Sonnenuntergang entgegenglitzert. Die Wellen, die gegen den weißen Rumpf der Jacht branden, lassen Schaumkronen im Wasser tanzen. Möwen schreien in der Ferne und sanftes Gläserklirren gibt dem perlenden Gelb im Champagnerglas die würdige Note. Das Video endet und einzelne Selfies mit dem teuren Markengetränk komplettieren Magdalenas Feed. Mit Genugtuung nimmt die junge Frau die wachsende Begeisterung ihrer Follower wahr, kommentiert all die Herzen und Dollar-Emojis und lässt ihre Fanbase wissen, wie dankbar sie für all die Liebe ist. Dann legt sie ihr Mobiltelefon zur Seite, greift wieder nach dem Lappen und setzt ihre Arbeit fort. Der Inhaber der Luxusjacht hatte ihr zwei Stunden gegeben, bis er und seine Gäste auf einem frisch geputzten Boot eigene Selfies machen würden. Magdalena war es egal, auf sie wartete zu Hause niemand.

Einen angesehenen Status zu erhalten, erfordert nämlich ein beständiges Mehr, um die Blicke weiterhin auf sich und die gepostete Illusion des eigenen Lebens zu ziehen. Dieses Mehr hält uns aber vom eigentlichen Ziel ab, nämlich uns mit echten Menschen zu verbinden, diese zu treffen und das Leben zu führen, das uns bislang nur Filter und Retusche ermöglicht haben.

Menschen wollen Menschen und nicht nur deren Worte. Text- und Sprachnachrichten haben längst Telefonanrufe ersetzt, Bilder und Videos die früheren Dia-Abende mit Freunden. Wir leben auf Abstand, weil es so leicht scheint, Nähe digital zu ersetzen. Damit aber verschieben wir unsere Priorität weg vom anderen auf unser Alleinsein und vergrößern den emotionalen Abstand nur noch mehr. Damit wird jedes Selfie zum Manifest der inneren Einsamkeit.

Oft besteht die Angst, sich im realen Außen zu zeigen, darin, die eigene Verletzbarkeit zu spüren, die wir hinter unserem virtuellen Profil verstecken konnten. Viele sind es nicht mehr gewöhnt, auf fremde Menschen zuzugehen, ein echtes, erstes Gespräch von Angesicht zu Angesicht zu führen und dabei auch Fehler machen zu dürfen. Stattdessen muss der Schein gewahrt bleiben. Das Gleiche geschieht an den virtuellen Kontaktbörsen, wo sich Menschen für den kurzen Rausch in den Armen eines anderen feilbieten. Dieser Rausch ist manchmal nur einen Swipe nach rechts entfernt und doch bleibt der eigentliche Wunsch nach einer Beziehung und einem erfüllten Zusammensein auf der Strecke. Der Wühltisch der Liebe verspricht schnelle Abenteuer, die Einsamkeit aber dauert an.

Da helfen auch Hashtags nichts, egal, wie viel Verbindung sie uns mit einer Community vorgaukeln, die sich unter diesem Label zu finden scheint. Diese gemeinsamen Interessen sind flüchtig und enden nicht selten in einem Shitstorm, wenn man der falschen Blase gefolgt ist. Das sorgt dann zwar auch für Aufmerksamkeit, der aber bestenfalls die Bedeutungslosigkeit folgt.

Im ungünstigen Fall führt virtuelle Ausgrenzung auch im echten Leben zur Isolation, wenn dein Leben viral geht, ohne bei jedem auf Gegenliebe zu stoßen. So hat ein rasch gedrehtes Video über den Ärger mit dem Chef schon manches Arbeitsverhältnis beendet. Schließlich kann sich jeder heute ein vorschnelles Urteil über dich und dein Leben bilden, egal, ob die andere Person dich kennt und weiß, welcher Mensch sich hinter deinem Account versteckt. Es ist der schnelle K(l)ick, der unsere Sucht bedient und die Einsamkeit füttert.

Das dabei vermisste Leben findet draußen statt, dort, wo weder Photoshop noch geborgte Statussymbole eine Fantasiewelt erzeugen, für die uns andere beneiden. Denn Neid und Bewunderung ersetzen keine echte Liebe, keine vertrauensvolle Freundschaft. Sie trennen uns vielmehr von den Menschen, die ihr Alleinsein ebenfalls hinter bunten Bildern und lustigen Videos verstecken.

Auch wenn das nur für einen kleinen Teil der Internetcommunity gelten mag: Die Mechanismen im Netz sind darauf angelegt, uns im Feed zu halten, weit weg von denen, die unsere Priorität verdient hätten. Wie du das ändern kannst, soll uns im nächsten Kapitel beschäftigen.

SHORTCUT

Viel zu oft legen wir unser Leben in die Hände anderer und machen unser Glück von deren Urteil abhängig. Eine Steigerung dieser Fremdbestimmung erfährt man in sozialen Netzwerken, in denen die Verpackung über den Wert des Geschenks bestimmt. Geliebt zu werden verkommt zum Beliebtsein, ohne dass echte Gefühle daran mitwirken. Entsprechend bleiben viele hinter ihren Heile-Welt-Fotos im Schatten allein. Mach dir bewusst, dass das echte Leben draußen stattfindet, fernab von Hashtags, Photoshop und zur Schau gestellten Statussymbolen. Genieße dein Leben, so wie es ist, nicht wie dich die virtuelle Scheinwelt glauben lässt, dass es sein müsste.

5. BINDUNGSÖKONOMIE UND ANDERE PRIORITÄTEN

Das Leben ist wie eine Busfahrt, bei der Menschen ein- und wieder aussteigen. Jeder bringt neue Impulse, Inhalte, Werte und Bedürfnisse mit, die mit deinem Leben in Resonanz gehen oder eben nicht.

Das hat viel mit den jeweiligen Lebensumständen zu tun, in denen du Menschen begegnest. Das mag beim Sport sein, im Studium, auf der Arbeit oder am Glascontainer deiner Nachbarschaft. Es gibt unzählige Schnittpunkte, an denen sich Menschen über den Weg laufen und die sich für einen Erstkontakt eignen. Aber es gibt ebenso unzählige Erstkontakte, die im Sande verlaufen.

Bei dem Ganzen geht es weniger um den einen Menschen, der dich aus deiner Einsamkeit reißt. Es geht darum, mit offenem Herzen und ebensolchen Augen die vielen Gelegenheiten im Leben wahrzunehmen und deinem Glück auf die Sprünge zu helfen. Denn all die Menschen, denen du tagtäglich begegnest, sind auf der Suche nach etwas, das sie im Leben erfüllt, glücklich macht und miteinander verbindet. Genau wie du. Und doch scheint die Welt immer weiter auseinanderzurücken, werden die Kontakte flüchtiger und die Gemeinsamkeiten weniger. Das liegt an uns selbst und wird sich erst ändern, wenn wir aufhören, länger auf das Glück zu warten.

Nachdenklich steht Waldemar am Grabstein seiner Frau. Sie waren fast fünfzig Jahre lang verheiratet gewesen, und doch fiel es ihm schwer, sich an gute Zeiten mit Elfriede zu erinnern. Nicht weil sie sich zerstritten hatten, sondern weil sie ihr ganzes Leben damit beschäftigt waren, auf den einen Tag zu warten, an dem sie endlich Zeit für all das haben würden, das sie glücklich machen würde. Nun hat Waldemar die Zeit, die Kinder sind groß, die Rente längst angetreten. Das Leben allerdings ist fast vorbei und Waldemar bleibt allein zurück.

Tatsächlich läufst du deinem Glück nicht über den Weg. Du trägst es in dir. Und du erkennst es am Leuchten deiner Augen, wenn du einem Menschen begegnest, der zu dir passt. Leuchtet nichts, schau dich weiter um. Die Welt ist voller Menschen, die sich für dich und deine Geschichten interessieren. Verschwende nicht deine Zeit, auf den richtigen Moment zu warten. Dieser Moment ist jetzt, und hier findest du auch die zu dir passende Begleitung.

Leider schieben viele Menschen das Leben vor sich her. Sie knüpfen ihre Zufriedenheit an äußere Bedingungen und glauben, dass erst deren Erfüllung sie glücklich macht. Entsprechend richten sie ihre Prioritäten und damit die Wahl ihrer sozialen Aktivitäten daran aus. Doch um in der Zukunft glücklich zu werden, darfst du im Hier und Jetzt lernen, es bereits zu sein.

Menschen sind Teil dieses Glücks. Menschen, die wir andernfalls vertrösten, hinhalten oder ignorieren, nur weil wir einem größeren Ziel hinterherjagen. Am Zielpunkt angelangt, stellen wir dann fest, dass wir genauso unzufrieden sind wie zuvor und ein neues Ziel brauchen, eine neue Illusion des Glücks.

Wer auf dem Weg zur Karriere versäumt, seine Kinder aufwachsen zu sehen, weiß, wovon ich spreche. Wer seinen Partner an ein viel zu großes Haus verliert oder seinem Körper keinen Genuss gönnt, weil er von Idealmaßen träumt, findet sich bald mit sich und dem Leben unzufrieden wieder. Kein Geld der Welt ersetzt die Freunde, die ich nicht einlade, weil ich für eine teure Reise spare.

Hier verschieben sich die Prioritäten weg aus einem realen Leben in eine erträumte Wirklichkeit, die so nie eintreten wird. Denn egal, wie viele Ziele jeder im Leben erreicht, ohne Freunde an der Seite bedeuten sie wenig.

Natürlich entscheiden wir uns selten rein willkürlich für oder gegen einen Kontakt, egal, wie lange der schon besteht. Oft hängt das Engagement von äußeren Umständen ab. Wo Menschen Stunden entfernt leben, wird es schwer, sich spontan auf einen Kaffee zu treffen. Auch verändern Familienplanung oder berufliche Umstände die zur Verfügung stehende Zeit. Hier muss man sich entscheiden und seine Zeit einteilen. Das ist *Bindungsökonomie.*

Menschen haben keine unbegrenzten Ressourcen, die sie beliebig mit anderen teilen können. Weder zeitlich noch räumlich können wir jeder Begegnung die gleiche Bedeutung beimessen. Hier treffen wir also bewusst oder unbewusst eine Auswahl und finden im Nachhinein Gründe, wieso dieser Kontakt eingeschlafen ist.

Trägheit und Gleichgültigkeit sind zwei dieser Gründe. Vielleicht sind es sogar die häufigsten Gründe, wenn es um Kontaktabbrüche geht, ganz im Sinne von: Aus den Augen, aus dem Sinn. Wenn ich ewig nichts mehr von X oder Y gehört habe, kann ich entweder die Ruhephase beenden und die alte Freundschaft neu erblühen lassen. Oder ich verzichte darauf und gestehe mir ein, dass mir weder X noch Y fehlen.

Allerdings ist Trägheit ein gefährliches Ruhekissen aus Routinen und Gewohnheiten. Mag der Alltag uns auch noch so oft daran hindern, unsere sozialen Kontakte zu pflegen, die Belastbarkeit von Freundschaften ist endlich. Denn egal, wie häufig wir versprechen, uns zu melden, jedes Aufschieben vergrößert den Abstand – bis er zu groß wird und die Verbindung reißt.

Daneben gibt es natürlich viele Menschen, die keine Schnittmenge mit dir bilden. Das mag vorübergehend so sein, wenn deren Leben gerade mit anderen Themen voll ist, oder dauerhaft, wenn eure Wellenlängen auf unterschiedlichen Frequenzen funken. Doch das hat nichts mit dir zu tun. Wozu es also persönlich nehmen, wenn Kontakte einschlafen oder erst gar nicht vertieft werden?

Gleichzeitig haben selbst Menschen, die du schon länger und vielleicht sogar gut kennst, ihre Gründe, sich aus deinem Leben zurückzuziehen, wenn ihnen andere Dinge wichtiger werden. Stell dir einmal vor, dein bester Freund wird Vater oder deine engste Freundin soll in den Vorstand befördert werden. Das ändert im Leben dieser dir wichtigen Menschen alles – und damit auch in deinem Leben. Leider nicht immer zu deinem Vorteil, aber daran trägst du keine Schuld. Diese Menschen verlieren nämlich nicht das Interesse an dir, sondern verschieben lediglich ihre Priorität. Egal, ob es die Flucht vor der Steuerbehörde ist oder eine geschlechtsangleichende Operation, Dinge ändern sich und mit ihnen die Kontakte.

Einen Sonderfall erleben wir, wenn einer unserer Freunde plötzlich einen neuen Partner hat und sich nicht mehr meldet. Dann verschiebt die neue Liebe die bisherigen Prioritäten. Hier fehlt rasch die Zeit für frühere Bekanntschaften, die zwar wichtig bleiben, aber meist vorübergehend ausgeblendet werden. Man könnte auch sagen: Leidenschaft schlägt Freundschaft. Langfristig ist das allerdings keine kluge Entscheidung.

Doch auch der neue Partner mag Einfluss auf die Freizeitgestaltung des ehemaligen Freundes oder der einst besten Freundin nehmen und eifersüchtig darüber wachen, nur keine Minute der trauten Zweisamkeit teilen zu müssen. Unter Umständen sind wir ja sogar froh, dem neuen Glück eine Zeit lang nicht zu begegnen. Meist dann, wenn sich alles nur noch um die frisch erblühte Liebe dreht und frühere, gemeinsame Themen in den Hintergrund treten.

Manchmal möchten Menschen auch einfach nur allein sein oder sich um ihre bereits bestehenden Freundschaften kümmern. Manche planen sogar, auszuwandern, und verzichten deshalb auf neue Bekanntschaften. Es kann unzählige Gründe geben, wieso Menschen keinen Kontakt mit dir suchen, aber keiner muss dich betreffen. Vielleicht ändern sich gerade Leben, Ziele und Bedürfnisse der anderen Person. Vielleicht will sie sich weiterentwickeln und wachsen und wechselt dafür ihr bisheriges Umfeld.

Es heißt, wir sind der Durchschnitt der fünf Menschen, mit denen wir die meiste Zeit verbringen. Willst du also dein Leben ändern, verändere deine Gewohnheiten und du ziehst neue Menschen in dein Leben, die dir guttun und dich fördern. Genauso, wie deine Kontakte sich unter Umständen von dir trennen, um sich weiterzuentwickeln, können sie auch stehen bleiben und dich weiterziehen lassen.

Alles im Leben ist im Fluss und dient deiner Entwicklung. So kannst du auch im Alleinsein eine Chance sehen, um dich besser kennenzulernen und zu erkennen, dass dich niemand außer dir selbst glücklich machen kann. Genauso verhält es sich mit anderen Menschen. Wenn du mit dir nichts anzufangen weißt, brauchst du auf andere nicht zu warten.

Allerdings können auch Schicksalsschläge unsere Prioritäten verschieben. Hier wäre ein aufmerksamer Freundeskreis gefordert, im Schweigen des anderen einen Hilferuf zu ahnen. Leider aber ist eher das Gegenteil der Fall, wie wir gleich sehen werden.

SHORTCUT

Wir haben nur ein begrenztes Maß an Zeit und Ressourcen, um unser Leben bestmöglich zu führen. Das beinhaltet auch die Auswahl der Menschen, mit denen wir eben diese Zeit teilen möchten. Dabei spielen Faktoren wie räumliche Nähe oder gemeinsame Interessen eine große Rolle. Manchmal aber ist es bloße Trägheit, die uns an der Fortsetzung von Beziehungen hindert, oder das Verfolgen falscher Ziele, die unsere Prioritäten bestimmen. Meist, um glücklich zu werden. Dabei trägst du dein Glück bereits in dir und musst deine Zeit nicht mit der Suche danach verschwenden. Wähle stattdessen dein Leben und Umfeld so, dass es zu dir und deinem Glück passt.

6. SCHICKSALSSCHLÄGE UND KONFLIKTE

Selbsthilfegruppen sind schlechte Kontaktbörsen, denn so gerne wir gemeinsames Leid teilen, so wenig wollen wir ein Teil dieses Problemkreises bleiben. Dort suchen wir höchstens so lange Halt, bis wir bereit sind, auf eigenen Beinen davonzulaufen.

Ähnlich schwierig ist der Umgang mit dem Leid anderer. Hier setzt rasch Überforderung ein, gepaart mit dem Wunsch, sich aus der individuellen Tragik des anderen zurückzuziehen – vielleicht auch aus Angst, selbst in eine solch ungute Situation zu kommen, wenn man zu lange in den Abgrund des anderen schaut.

Gundula sah in den Spiegel. Ihr Make-up war verwischt, die Haare hingen ihr strähnig in die Stirn, die Augen waren gerötet und ihr Mascara-Rand ließ sie wie ein Waschbär aussehen. Gundula hatte die Nacht durchgeheult und fühlte sich taub. Ihr ganzer Körper schmerzte. Bernfried hatte sie verlassen und ihr das Herz gebrochen. Das war zwar mittlerweile schon zwei Monate her, doch ihr Kummer blieb. Und mit ihm der Wunsch, Bernfried unbedingt zurückzubekommen, ihm die Affäre mit Adelheid zu verzeihen. Leider war sie mit diesem Wunsch allein, denn längst hatten es ihre Freundinnen aufgegeben, sich weiterhin Gundulas Liebeskummer wegen dieses Idioten anzutun.

Wer kennt das nicht, dass Krisen im eigenen Freundeskreis die Begegnungen überschatten und unser Mitgefühl strapazieren. Eine Zeit lang geht das gut, doch irgendwann fehlt die Energie, um weiter Aufbauhilfe zu leisten. Dann wachsen der Wunsch nach Leichtigkeit, Lebensfreude und Spaß und damit der Abstand zum Leidenden.

Zudem sind wir unsicher, wie wir mit den oft unlösbaren Problemen des anderen umgehen sollen. Ein Todesfall in der Familie lässt sich nicht rückgängig machen, ebenso wenig ein Arbeitsplatzverlust oder die Trennung vom Seelenpartner. Hier bleiben Freunde oft hilflos zurück und wenden sich nach einer Zeit des Helfens wieder schöneren Dingen zu, nicht selten auf Dauer. Dabei braucht es gerade in Fällen von Krankheiten, Verlust geliebter Menschen, Scheidungen, unerfülltem Kinderwunsch und all den anderen Schicksalsschlägen im Leben Freunde. Menschen, die einen auffangen und im Schmerz begleiten, die Kraft geben und Geduld haben. Allerdings nicht um jeden Preis. Der Betroffene bleibt für sein eigenes Glück verantwortlich und sollte seinen Schmerz nicht zu lange über die Interessen seiner Umwelt stellen.

Tatsächlich aber verdrängen wir die Probleme anderer lieber, als uns damit auseinanderzusetzen, ganz gleich wie hilfsbedürftig der andere ist. Dessen Leid mag anfänglich Mitleid erzeugen, aber selten sind Menschen bereit, langfristig als Kummerkasten zu dienen. Vielleicht aus Angst, den Schmerz des Leidenden mit den falschen Worten zu vergrößern, oder um ihm das eigene Glück nicht auf die Nase zu binden. Das hat nichts mit Egoismus zu tun, sondern mit notwendigem Selbstschutz, um den Herausforderungen des eigenen Lebens gewachsen zu bleiben. Allerdings gibt es auch Menschen, die durch fremdes Leid erst herausgefordert werden und auf Kosten der eigenen Lebensfreude all ihre Zeit und Kraft in die Unterstützung und Stärkung anderer stecken. Diese Menschen leben fürs Helfen und opfern sich auf, vernachlässigen ihren gesunden Freundeskreis und verlieren umso mehr, je mehr sie geben.

Im Umkehrschluss ist es oft so, dass unglückliche Menschen ganz bewusst nichts gegen ihr Unglück tun, weil sie die besondere Zuwendung und Fürsorge der anderen zu schätzen gelernt haben. Dieser auch sekundärer Krankheitsgewinn genannte Selbstboykott hebt vom Energiekonto der Hilfsbereiten ab, und zwar meist so lange, bis deren Reserven aufgebraucht sind und sie selbst unglücklich werden. Damit endet dann meist auch die Verbindung.

Gelegentlich zieht sich der Leidende aber auch selbst zurück, weil ihn zu vieles im Außen an die verlorene Liebe, den Verlust eines Menschen oder die beendete Karriere erinnert. Dann heißt es, sensibel zu sein und ihm Zeit zu geben, ohne ihn zu vergessen. Ist der Kontakt zu einem leidenden Menschen aber erst einmal eingeschlafen, belassen wir es häufig dabei, vielleicht auch, weil wir uns schämen, nicht genug geholfen zu haben. Vielleicht hat aber auch ein großer Streit zum Bruch zwischen zwei Menschen geführt. In beiden Fällen bedarf es einer gewissen Größe, um über den eigenen Schatten zu springen und den ersten Schritt auf den Verlassenen hin zu tun. Da ziehen manche das Schweigen vor.

Gleichzeitig können schwelende Konflikte für Kontaktabbrüche sorgen, vor allem wenn die Basis der Freundschaft dünn oder bereits brüchig war. Wir scheuen die Konfrontation und weichen lieber einem Streit aus, als uns zu rechtfertigen, insbesondere wenn wir uns im Recht fühlen. Hier soll sich gefälligst der andere entweder melden oder zum Teufel scheren.

In weniger dramatischen Situationen vermeidet der konfliktscheue Mensch die direkte Konfrontation und macht, was sein Gesprächspartner vorschlägt. Das aber verschiebt das Beziehungsgleichgewicht, bis der Harmoniebedürftige seinen bisherigen Freund als zu dominant erlebt und flieht. Leider häufig zu Unrecht, denn wenn einer seine Meinung nicht kundtut, bleibt dem anderen nichts anderes übrig, als für beide zu entscheiden.

Oft enden Beziehungen auch, weil die ehemaligen Freunde zu wenig miteinander gesprochen haben. Solange zwei Menschen nicht unter einem Dach wohnen, sich Kinder oder Haustiere teilen oder zusammenarbeiten, ist die Flucht vor einem Konflikt möglich und wird oft als leichter empfunden, als sich einer klärenden Aussprache zu stellen. In einem solchen Gespräch könnte immerhin die Konfrontation mit eigenen Schwächen drohen – und wer hört die schon gern?

Manchmal allerdings liegen weder ein Problem noch ein Konflikt vor. Dann kann es sein, dass der andere schlicht deine Kontaktdaten verloren hat und auf ein Zeichen von dir wartet, ohne das er sich selbst nicht melden kann. Auch solche profanen Gründe können Schicksal spielen und Menschen voneinander fernhalten. Im ungünstigsten Fall hat sich der lang Verschollene depressiv zurückgezogen oder ist verstorben. Denn leider sind die wirklich Hilfsbedürftigen oft zu schüchtern, um sich zu melden.

In aller Regel aber lässt uns das Unglück von Freunden nicht gleichgültig. Ebenso wenig ist uns ein großer Streit egal, der eine enge Bindung entzweit hat. Helfe ich meinem Gegenüber, seine Krise zu meistern, oder reiche ich ihm zur Versöhnung die Hand, stärkt das die Verbindung und wertet sie auf. Deshalb sei nicht zu schüchtern, für dein eigenes Glück zu sorgen, indem du um Hilfe bittest oder dem anderen vergibst. Doch darum soll es unter anderem im nächsten Kapitel gehen.

SHORTCUT

Viele Menschen sind Zweckoptimisten und verdrängen am liebsten alles, was sie an einer glücklichen Zukunft zweifeln lässt. Darunter fallen auch Kontakte, denen das Leben übel mitgespielt hat und deren Leid die eigene Wohlfühlblase bedroht. Die Hilflosigkeit im Umgang mit Schicksalsschlägen ist ein häufiger Grund, sich nicht mehr zu melden. Ebenso spielt die Konfliktscheu in der Auseinandersetzung mit anderen eine Rolle. Doch gerade in der Not zeichnen sich wahre Freunde aus, die für einen da sind. Das verbindet und stärkt den Halt, den sich Freunde geben. Vorausgesetzt, der Leidende lässt sich helfen, ohne die Hilfsbereitschaft auszunutzen.

7. BEZIEHUNGSTYPEN UND MACHTSPIELCHEN

Die größte Währung in Beziehungen ist Vertrauen. Nun lehrt uns bereits der Volksmund, dass man sich Vertrauen verdienen müsse. Dabei beginnt Vertrauen längst vor dem eigentlichen Kontakt, nämlich im Umgang mit dir selbst. Wie sehr traust du dir selbst und deiner Wirkung auf andere? Gehst du voller Selbstvertrauen auf neue Menschen zu oder suchst du lieber das Weite, aus Angst, abgelehnt oder verurteilt zu werden?

Letzteres erleben vor allem schüchterne Menschen bei der Kontaktsuche. Die Frage ist, wie sie mit der eigenen Schüchternheit umgehen. Hier unterscheidet die Psychologie zwischen Menschen mit einem dynamischen oder einem statischen Selbstbild. Während die einen nach wenigen Minuten eines Erstkontaktes die innere Scheu überwinden und sich dynamisch dem Gesprächsverlauf anpassen, ziehen sich andere in der Vorannahme, nicht zu genügen, möglichst rasch aus dem Kontakt zurück. Meist aus Sorge, was die anderen über sie denken könnten.

Damit verharren sie statisch in ihrem Selbstbild, unattraktiv oder langweilig zu sein. Sie geben dem anderen häufig nicht einmal die Chance, sie vom Gegenteil zu überzeugen. Sie vermeiden Begegnungen oder verbarrikadieren sich hinter ihrem Schutzschild, bis der andere endlich »einsieht«, dass er gar nicht mit einem solch peinlichen Menschen befreundet sein will.

Vermutlich kennst auch du diese Muster, die dich entweder aktiv auf Menschen zugehen lassen oder dich davon abhalten. Fühlst du dich als der Mittelpunkt der Welt oder bist du eher zurückhaltend? Trägst du dein Herz auf der Zunge oder ist dir vieles peinlich?

Die Antworten auf diese Fragen findest du relativ häufig in deiner Kindheit, in deinen Rollenvorbildern und wie du dich selbst als Kind wahrgenommen und wertgeschätzt gefühlt hast. Dort wurden die Grundlagen für Selbstliebe, Wirksamkeit und Resilienz gelegt, die dich gegenüber anderen Menschen verbindlich oder unsicher handeln lassen.

Diese Muster bestimmen selbst in unserem Erwachsenenleben noch, wie wir fühlen, denken, sprechen und handeln und wie wir Kontakte knüpfen und pflegen. Lernen wir früh, uns und anderen vertrauen zu können, werden wir später weniger leicht erschüttert als Menschen, die in ihrem Wunsch nach Bindung regelmäßig enttäuscht wurden. Dieses Maß an Sicherheit zeigt sich in den sogenannten Bindungstypen, von denen jeder von uns Mischformen in sich trägt. Die drei wichtigsten sind:

- Der *sichere Typus* fühlt sich im Umgang mit anderen vertraut und genießt deren Nähe. Angst, verlassen zu werden, hat er nicht. Deshalb kann er Nähe zulassen und auskosten, ohne sich des anderen unsicher zu sein.
- Der *unsicher-vermeidende Typus* fühlt sich in der Nähe anderer unbehaglich. Ihm fällt es schwer, zu vertrauen und sich auf andere einzulassen. Entsprechend selten sucht er intime Nähe zum Partner.
- Der *unsicher-ambivalente Typus* fühlt sich von anderen abgelehnt und misstraut sich selbst, es wert zu sein, geliebt zu werden. Deshalb sucht er intensive Nähe, um sich des anderen zu vergewissern.

Ob es zwischen Menschen funktioniert, egal, ob als Liebespaar oder in Freundschaften, hängt deshalb auch vom jeweiligen Bindungstyp ab und wie stark wir uns gegenseitig vertrauen. Das wiederum entscheidet, wie viel Nähe wir zulassen. Allerdings wirkt sich das in Paarbeziehungen deutlich stärker aus als in Freundschaften, wo das ewige Ringen um Nähe und Distanz weniger stark ausgeprägt ist. Dennoch gilt im Umgang mit Menschen: Wir streben stets nach Freiheit oder Sicherheit und nach Autonomie oder Verbindung – zwei sich ausschließende Bedürfnisse, die aber unser Kontaktverhalten dominieren.

Franz und Friederike teilten nicht nur viele Gemeinsamkeiten, sondern eine Zeit lang auch Tisch und Bett. Es hatte Franz viel Überwindung gekostet, sich Friederike zu offenbaren und um sie zu werben, aber schließlich erhörte sie ihn und schenkte ihm ihr Herz. Die Liebe hielt jedoch kein ganzes Jahr, denn als Franz spürte, dass Friederike immer öfter seine Gesellschaft gegen die ihres großen Freundeskreises tauschte, begann er an ihr, ihrer Liebe und einer gemeinsamen Zukunft zu zweifeln. Mit den Zweifeln kam das Misstrauen, und als ihn auch ihre Liebesschwüre nicht mehr zufriedenstellten, beendete Friederike schweren Herzens die Beziehung. Damit aber hatte Franz nicht gerechnet, der nun auf den Trümmern seiner Liebe kniend um ihre Rückkehr bettelte. Leider vergebens.

Was war geschehen? Kurz gesagt, dem Verliebtsein kam die Liebe in die Quere und mit ihr der wahre Bindungstyp. Während wir uns beim Kennenlernen oft verunsichert auf Augenhöhe begegnen, verschiebt sich das Machtverhältnis mit der

Zeit zu demjenigen hin, der sich in der Beziehung sicher fühlt und Distanz nicht als Ablehnung erfährt. Ganz anders steht es um die Person, die die Nähe braucht, um sich der Verbindung stets aufs Neue zu versichern. Die darin mitschwingende Angst, abgelehnt zu werden, kennen viele Menschen. Deshalb verstehen sich Paare am Anfang ihrer Beziehung oft leidenschaftlich gut. Sobald aber Routine die anfängliche Sorge, nicht zu genügen, ersetzt, tritt der wahre Charakter zutage. Dann wird die bewunderte Selbstsicherheit des einen rasch zur emotionalen Kälte und die anschmiegsame Zärtlichkeit der anderen zum einengenden Klammern.

Damit verschieben sich die Machtverhältnisse und das emotionale Gleichgewicht gerät in Schieflage. Das heißt aber nicht, dass der Nähebedürftige stets zum Opfer des Unnahbaren wird. Vielmehr diktiert in Beziehungen oft das vermeintliche Opfer die Regeln, wie uns das abschließende Beispiel zeigen soll.

Lydia verließ auf Zehenspitzen das abgedunkelte Schlafzimmer, in dem Guntram sich stöhnend den Kopf hielt und nach einem Glas Wasser verlangte. Eigentlich hätten sie heute den gemeinsamen Urlaub planen wollen, über dessen Ziel seit Wochen Streit herrschte, aber Guntram sah sich außerstande. Ein Migräneschub verhinderte jedes Gespräch. Ähnlich wie sein Bauchweh neulich, weshalb Lydia allein zum Elternabend gehen durfte. Auch das Grillfest bei den Wiecherts und der Besuch von Lydias Eltern mussten wegen Guntrams Beschwerden abgesagt werden. Es war an Lydia, Guntrams Gesundheit zu schonen und abzuwarten, bis es seine Kräfte zuließen, dass auch sie mal wieder an sich denken durfte.

Hier zieht einer der Partner seine Macht aus der vermeintlichen Position des Hilfsbedürftigen und nutzt die Empathie, das Mitgefühl oder die Konfliktscheu der Helfenden entsprechend aus.

Diese Opfer-Täter-Umkehr kennst du vielleicht auch aus Freundschaften, wenn einer sich immer als besonders hilfsbedürftig und sensibel zeigt, um die volle Aufmerksamkeit aller auf sich zu ziehen. Doch damit gibt dieser Mensch die Regeln vor, weil er darauf vertraut, dass die anderen aus Angst vor Ablehnung bereitwillig helfen. Das hat auch Einfluss auf die Dynamik innerhalb einer Gruppe, um die wir uns im Folgenden kümmern wollen.

SHORTCUT

Das Bindungsverhalten von Menschen orientiert sich am Grad ihres Nähe-Distanz-Bedürfnisses und der Art, wie sie sich selbst in Verbindungen erleben. Diese Bindungstypen bestimmen dann auch über die Machtverhältnisse einer Beziehung und den Grad des gegenseitigen Vertrauens in den Partner und sich selbst. Das Täter-Opfer-Paradox treibt dieses Machtspiel auf die Spitze und definiert die Regeln neu. Deshalb lerne deine Bindungsmuster kennen und frage dich, wie viel Verantwortung für dein Bindungsverhalten bei dir liegt, bevor du deinen Partner in die Pflicht nimmst. Hierzu können dir psychologische Tests zu deinem Beziehungstyp helfen, die du im Internet finden kannst.

8. FÜNFTES RAD AM WAGEN

Vielen Menschen ist es äußerst unangenehm, der oder die Neue in einer Gruppe zu sein. Egal, ob das früher eine neue Schule, eine neue Arbeitsstelle, der Sportverein oder die verschworene Hausgemeinschaft war. Schnell fühlt sich der Neue beobachtet und bewertet, was oft mehr gefürchtet wird als das Alleinsein zuvor. Dennoch wollen wir dazugehören, Teil einer Gruppe sein und damit in Sicherheit. Diese Gruppe war früher die Horde in der gemeinsamen Höhle und ist heute unser soziales Umfeld, in dem wir uns aufgehoben fühlen wollen. Was aber, wenn wir diese Gruppe verlassen und an einem anderen Ort wieder von vorn beginnen müssen? Dann heißt es, sich einer neuen Gruppe zu stellen.

Irmgard war der Liebe wegen zu ihrem Hubertus gezogen. Fern der Heimat merkte sie bald, dass ihr nicht nur die Familie, sondern auch ihre Freunde, alte Kollegen und der lustige Stammtisch jeden ersten Mittwoch im Monat fehlten. Was also lag näher, als sich einen neuen Freundeskreis aufzubauen? Hierzu lud Hubertus seine Kumpels zum Picknick in die Kleingartenanlage »Gartenzwerg« ein. Die brachten ihre Frauen mit und feierten, soweit es die Kleingartenordnung zuließ. Irmgard nahm ihre Rolle als Gastgeberin ernst und versuchte, mit all ihren Gästen ins Gespräch zu kommen. Als sie nach anstrengenden Stunden leichter Unterhaltung erschöpft neben einer der Ehefrauen zum Sitzen kam, fragte diese Irmgard, ob sie die Neue vom Hubi auch schon kennengelernt hätte? »Die soll ja eine ziemliche Klette sein.«

Mit einem solchen Vorurteil innerhalb einer geschlossenen Gemeinschaft wird es schwer, auf Anschluss zu hoffen und positiv im Gedächtnis zu bleiben. Hier liegt es nicht an Irmgard, wenn ein erstes Kennenlernen noch nicht reicht, um dazuzugehören und zurückgerufen zu werden.

Es erfordert Mut, sich einer neuen Gruppierung zuzuwenden und sich deren Urteil auszusetzen. Mut, der sehr vom jeweiligen Temperament des Einzelnen abhängt und von der Art der neuen Gruppe. Öffentliche Vereine oder Stammtische sind sicher unproblematischer als private Kreise, die sich ihre Mitglieder aussuchen können. Doch wo liegt die eigentliche Herausforderung?

In der Gruppendynamik. Jede äußere Veränderung stört das bestehende und fein austarierte Gleichgewicht innerhalb eines geschlossenen Systems. Das ist gelebte Kybernetik und zeigt sich in allen sozialen Gruppen, wenn jemand geht oder ein Neuer kommt. Dann ändern sich Rollen und Beziehungsmuster, wirken sich Bindungstypen aus und manchmal treten sogar verdrängte Gefühle wieder zutage. Alte Konflikte können aufbrechen oder neue entstehen und die Schuld trägt in den Augen der alten Gruppe meist der Neue. Oft zu Unrecht.

Bevor man sich als Neuzugang aber als das fünfte Rad am Wagen fühlt und sich dauerhaft zurückzieht, lohnt es sich, an all die ersten Male im Leben zurückzudenken, wo wir uns in einem neuen System bewähren mussten oder eine fremde Person integrieren sollten. Wie oft folgten den Anpassungsproblemen gute Freundschaften oder entpuppte sich der Neue als echte Bereicherung? Es ist also neben Mut auch Geduld gefragt und das Vertrauen in sich selbst.

Dabei kommt es nicht unbedingt auf die Gruppengröße an. Auch in einer Dreierkonstellation kann einer zu viel sein und sich ausgeschlossen fühlen. Tatsächlich können größere Gruppen sogar förderlich für die Integration neuer Mitglieder sein, weil diese auf eine höhere Meinungsvielfalt und damit tolerantere Gesamthaltung treffen.

Der wesentliche Unterschied ist, dass festgefügte Gruppen gegenüber losen Neubekanntschaften mehr Zeit hatten, an der Verbindung zu arbeiten. Dabei passt nicht jede Gruppe zu jedem, so wie sich nicht jeder Mensch mit jedem versteht. Zusätzlich greift in Gruppen die Bindungsökonomie stärker als bei Einzelkontakten, denn die Gemeinschaft braucht in der Regel kein neues Mitglied. Hier heißt es, geduldig und von sich überzeugt zu bleiben, um den Widerstand sanft aufzuweichen.

Auf der anderen Seite ist die bloße Zugehörigkeit zu einer Gemeinschaft noch kein Garant für eine stabile Verbindung, ebenso wenig für ein erfülltes Gesellschaftsleben. Vielmehr können Menschen von innen oder außen auf das soziale System einwirken und für Unruhe sorgen. So lässt ein Apfel den gesamten Obstkorb faulen, ganz gleich, zu welchem Zeitpunkt er dazugelegt wurde.

Bringt beispielsweise einer in der Gruppe einen neuen Partner mit, der sich nicht zu integrieren weiß, droht der Ausschluss beider. Das sorgt für Loyalitätskonflikte, die sich ebenfalls stark auf das Gleichgewicht des Systems auswirken können und zur Veränderung der Gruppenzusammensetzung beitragen.

Das Gleiche gilt umgekehrt, wenn Einzelne aus der Gruppe den Neuen ablehnen, egal, wie gut er sich einfügen würde. Hier können Eifersucht oder falsches Besitzdenken dafür sorgen, dass sich der Partner des Neuen vor die Wahl gestellt sieht, sich für die Gruppe oder seinen Lebensgefährten zu entscheiden.

Bei einem Neuzugang ohne partnerschaftliche Anbindung an die Gruppe können beide Prozesse zum Tragen kommen und die Integration erschweren. Entweder stößt das neue Gruppenmitglied auf so starre Strukturen, die es stets daran erinnern, nicht dazuzugehören, oder es fühlt sich im fremden Umfeld nicht wohl und geht von selbst.

Johanna gab anlässlich ihres 20-jährigen Praxisjubiläums eine kleine Feier in den Massageräumen ihres Hauses. Geladen waren Patienten, Freunde und Nachbarn der 1000-Seelen-Gemeinde, in der Johanna wohnte. Rechtzeitig hatte sie einen Aushang am Gemeindebrett angebracht, in der Regionalzeitung inseriert sowie bei jedem ihrer Besuche in Kirche, Verein und Altenheim Einladungen verteilt. Als sie aber unfreiwillig Zeugin eines Gespräches zweier Nachbarn wurde, blieb ihr nur ein Satz in Erinnerung: »Ich glaube nicht, dass ich dorthin gehe. Die ist doch nur zugereist.«

Dieses Beispiel zeigt die andere Seite der Medaille. Prüfe also auch, ob nicht du im falschen Umfeld gelandet bist und dich deshalb unwohl oder fehl am Platz fühlst. So verfehlt ein Buchclub seinen Zweck, wenn die Mitglieder diesen nur zum Vorwand nehmen, um über all jene herzuziehen, die nicht Teil dieser belesenen Gruppe sind. Egal, ob wir uns menschlich oder thematisch nicht zu integrieren wissen, wir sind definitiv außerhalb dieser Verbindung besser aufgehoben.

Ja, das Umfeld hat viel mit den Menschen darin zu tun, und manchmal treffen wir auf die falschen Freunde, mit denen wir uns im abschließenden Kapitel beschäftigen wollen.

SHORTCUT

Sich als Neuer in eine Gruppe hineinzufinden, stellt den Einzelnen in seinem Wunsch nach Nähe vor besondere Herausforderungen. So greift dieser Kontaktversuch in das oft fragile Gleichgewicht einer Gemeinschaft ein, was nicht in jedem Fall auf Gegenliebe stößt. Hier braucht es Geduld und Vertrauen in den eigenen Mehrwert, den jeder Mensch für die Gemeinschaft liefern kann. Und manchmal hilft es, die Gruppe zu wechseln. Bist du hingegen Teil einer festen Gruppierung, sei tolerant und einfühlsam für neue Mitglieder, die sich nach Gemeinschaft sehnen und bei euch um »Einlass« bitten. Denn wer heute noch neu ist, kann morgen schon eine echte Bereicherung sein.

9. VOR FALSCHEN FREUNDEN WIRD GEWARNT

Was ist schlimmer, als keine Freunde zu haben? Richtig: den falschen Freunden zu vertrauen. Die erkennst du daran, dass du dich unter ihnen allein fühlst oder in einer Zweisamkeit einsam bist. In beiden Fällen hat das Konzept Freundschaft versagt und die Gründe können vielfältig sein.

Beginnen wir mit jenen, die sich nur dann melden, wenn sie etwas von dir brauchen: die Nutznießerinnen und Mitesser, die sich deiner dann erinnern, wenn kein anderer Zeit oder Lust hat, bei einem Umzug zu helfen. Das sind Menschen, die sich von eurem Kontakt einen Vorteil versprechen oder dich der angeblichen Freundschaft wegen zu etwas verpflichten wollen. Beispiele hierfür sind Kontakte, die sich nicht scheuen, dir verlustreiche Geldanlagen oder fragwürdige Nahrungsergänzungsmittel anzudrehen, nur weil sie davon profitieren. Für dieses falsche Spiel opfern solche Freunde am Ende sogar eure Verbindung, wenn sich zeigt, dass ihr Gewinn bei dir zum Schaden geführt hat.

Meist erlebst du solche Verbindungen als äußerst einseitig, das heißt, egal, wie viel du gibst, es kommt in den wenigsten Fällen etwas zurück – von einem adäquaten Ausgleich ganz zu schweigen. Hier geraten das Geben und Nehmen in ein solches Ungleichgewicht, dass eure Beziehung auf Dauer ihren Halt verliert. Dann ist es an der Zeit, selbst für den nötigen energetischen Ausgleich zu sorgen.

Zwei Wochen war es nun her, dass Traugott seine geliebte Rosalinde beerdigt hatte. Zwei Wochen, die er hinter einem Schleier aus Tränen und dem Gefühl, selbst sterben zu wollen, verbracht hatte. Doch das Leben rief nach ihm. Nur mit Mühe raffte er sich von seinem Lager hoch und schleppte sich zurück in eine Welt, die ihm das Wertvollste genommen hatte. Zum Glück konnte er sich auf seine Freunde verlassen, die ihm Halt und Stütze sein würden, jetzt, wo er verletzt und allein war. Mit einem schwachen Funken Zuversicht rief Traugott seinen langjährigen Freund und Geschäftspartner Leberecht an, den er seit der Beerdigung nicht mehr gesehen hatte. Der hörte Traugotts tränenreichen Erinnerungen eine Weile zu, dann

> unterbrach er seinen Freund: »Weißt du, auch andere Mütter haben schöne Töchter. Wenn's dir wieder besser geht, sag einfach Bescheid, dann gehen wir mal wieder was trinken.« Damit legte er auf.

Von Freunden, die in der Not nicht für einen da sind, ist es zu wirklich falschen Freunden nicht mehr weit. Also jenen Menschen, die unehrlich genug sind, sich in deiner Nähe als Freunde auszugeben, ohne sich mit dir verbunden zu fühlen. Diesen Menschen ist ausschließlich an sich selbst gelegen, und das nicht selten zu deinem Nachteil.

Freundschaft wird von Unterstützung, Interesse und Zuwendung getragen. Wer sich von deinem Kontakt lediglich Vorteile verspricht, kann dich gern für deine Dienstleistungen bezahlen, doch Freundschaft sieht anders aus. Auch Vertrauen, Loyalität und Ehrlichkeit sind Pfeiler einer jeden Freundschaft. Wenn du einem Freund ein persönliches Geheimnis anvertraust, das kurz darauf die Runde macht und im gemeinsamen Freundeskreis für Unruhe, Empörung oder gar Ächtung sorgt, ist diese Freundschaft abrissreif.

Menschen denken regelmäßig zuerst an sich. Das ist auch so lange kein Problem, wie damit niemandem geschadet wird. Verrät dich aber ein angeblicher Freund, weckt dieser Vertrauensverlust eine Urangst in dir: die Angst, von der eigenen Horde nicht beschützt zu werden und auf sich allein gestellt zu sein. Das geht häufig einher mit dem Lästern über andere, dem Verbreiten von Gerüchten und Unwahrheiten und übler Nachrede, oft, um damit die eigene Position innerhalb der Gruppe zu erhöhen. Das sind Machtspiele zulasten vermeintlich Schwächerer und bilden das Gegenteil einer echten Verbindung.

Nicht selten stecken Eifersucht oder Missgunst hinter einem solchen Vertrauensbruch. Wer mit sich selbst unzufrieden ist, neidet oft anderen das Glück. So streuen einsame Freundinnen Gerüchte über den Liebhaber derjenigen, der man die neue Beziehung nicht gönnt. In anderen Fällen sollen eigene Unzulänglichkeiten, Schwächen, Ängste und Begehrlichkeiten hinter dem ausgeplauderten Geheimnis versteckt werden. So lässt sich vielleicht der eigene Fehltritt hinter der Affäre eines Freundes verstecken.

Hinzu kommt, dass der Verratene selten die Chance bekommt, sich gegen das im Verborgenen verspritzte Gift zu schützen und die Dinge richtigzustellen. Oft bleibt etwas von den Gerüchten hängen und vergiftet frühere Beziehungen. Deshalb lohnt es sich auch nicht, solchen falschen Freunden hinterherzulaufen.

Falsche Freunde sind auch die, die aus persönlichem Interesse in unser Leben eingreifen und sich zum Beispiel zwischen uns und unseren Partner drängen. Modell Seitensprung mit bester Freundin, der Klassiker. Hier schläft Vertrauensbruch mit Loyalitätsverlust und zeugt Ohnmacht, Schmerz und Verachtung. Das Ende einer jeden Liebe.

Im sich daran anschließenden Leid erkennst du die letzte Kategorie von entbehrlichen Kontakten, nämlich jene, die dich nur an sonnigen Tagen begleiten und beim ersten Gegenwind im Regen stehen lassen. Diesen Menschen ist das Leid anderer eine zu hohe Last, um sich damit zu befassen. Sie sind dann entweder mit schnellen Lösungen zur Hand, werten dein Leid durch Beschwichtigungen ab oder verstecken sich hinter leeren Motivationssprüchen. Manche ziehen sich sogar ganz zurück. Damit addieren sich zu deinem finanziellen, emotionalen oder gesundheitlichen Mangel auch noch mangelhafte Freunde, die dir alles Gute wünschen, solange sie nicht dazu beitragen müssen.

Was aber sagt das über dich aus? Eine energetische Regel lautet, dass wir anziehen, was wir ausstrahlen. Was also strahlst du aus, wenn du solche »Freunde« hast? Bist du ein ebenso mangelhafter Freund, wenn sich deine Beziehungen als unehrlich, verletzend und illoyal erweisen? Oder vertraust du dir zu wenig, um mit den richtigen Menschen in Kontakt zu kommen? Hier dürfen wir gern zwischen deinem Verhalten und deiner Wirkung auf andere unterscheiden und beginnen am besten zuerst mit dir.

SHORTCUT

Freunde sind wichtig. Noch wichtiger aber ist, dass du dich unter diesen Freunden wohlfühlst. Denn nicht jeder Kontakt erweist sich im Bedarfsfall als Gewinn, sondern zeigt sein wahres Gesicht erst, wenn du echte Freunde nötig hättest. Solche Schönwetterkapitäne lassen dich in Seenot zurück und versenken lieber das Schiff, als dir dein Glück zu gönnen. Spätestens dann heißt es aber, von Bord zu gehen. Echte Freundschaft hingegen wird von Unterstützung, Interesse, Zuwendung, Vertrauen, Loyalität und Ehrlichkeit getragen. Achte auf diese Pfeiler einer jeden guten Beziehung und sorge für dich selbst, wenn du »falschen Freunden« die Tür weist.

II. WIE BOYKOTTIERST DU DICH SELBST AM BESTEN?

Viele Menschen unterschätzen ihre Wirkung auf andere. Man kann auch sagen, dass Selbst- und Fremdwahrnehmung oft auseinanderfallen. Wo du dich als eloquent, witzig und unterhaltsam siehst, erlebt dich dein Gegenüber vielleicht als geschwätzig und oberflächlich. Wo du dich als einfühlsam, interessiert und vertrauenswürdig geben wolltest, kam beim anderen mitunter übergriffiger Voyeurismus an.

Oder kehren wir den Fall um. Wie oft hast du innerlich gegähnt, während dein Gegenüber mit leuchtenden Augen von seiner Leidenschaft des Fliegenfischens erzählte und sich anschließend für das gute Gespräch bedankte? Kam es vor, dass dir ein Freund von seinem beruflichen Erfolg berichtet hat und du ihn für einen Angeber hieltest? Oder gab es die Momente, wo dich dein neues Date tief in seine Seele blicken ließ und du doch nur Bedürftigkeit wahrgenommen hast?

Wechselte ich also die Perspektive und schaute jedem der beiden Gesprächspartner über die Schulter, käme ich nicht selten zu gegensätzlichen Eindrücken der Selbst- und Fremdwahrnehmung. Dabei stehen die Chancen bei neuen Kontakten gar nicht so schlecht für einen gemeinsamen Weg. Und doch gehen wir regelmäßig allein weiter. Was also läuft schief auf dem Pfad zur Seelenverwandtschaft?

Oft ist es die unterschiedliche Art, die Welt und damit unseren Gesprächspartner wahrzunehmen. Wie wir diesen beurteilen, wird von der Brille beeinflusst, durch die wir das Leben betrachten. Diese Brille steht für unsere Erfahrungen, Überzeugungen und Werte. Damit filtern wir unsere Sinneseindrücke und bewerten sie. Heraus kommt, was wir Realität nennen und oft mit der Wirklichkeit verwechseln. Das ist, als würden wir uns anhand einer Landkarte einen wirklichen Eindruck von der abgebildeten Landschaft machen.

Problematisch dabei ist, dass unsere Wahrnehmung regelmäßig von Vorurteilen geprägt und dennoch von uns für die einzig richtige Wahrheit gehalten wird. Damit stehen sich schnell zwei unverrückbare Meinungen gegenüber und die Verbindung zwischen den Gesprächspartnern droht abzureißen.

Was einerseits in Streitgesprächen gipfelt, kann andererseits auch zu einer zu euphorischen Fehleinschätzung meines Gegenübers führen. Wirken doch die Filter meiner Wahrnehmung in beide Richtungen. So bestimmen frühere Kontakterfahrungen und Erlebnisse mit ähnlichen Menschen, wie wohl ich mich im Beisein des anderen fühle. Beispiel gefällig?

Ottilia suchte auf dem zweiten Beziehungsweg einen Ersatz für ihren Sigismund, den sie in flagranti oder genauer gesagt in der jüngeren Erika erwischt und vor die Tür gesetzt hatte. Der ihr dank Partnerbörse vermittelte Theodor erschien pünktlich am verabredeten Treffpunkt, roch gut und vermochte sich anständig zu kleiden. Auch passten Foto und Realerscheinung zusammen, was alles andere als selbstverständlich war. Es war also ein guter Start in den gemeinsamen Abend, der viel Neues für Ottilia bereithalten sollte – in erster Linie Neues aus dem bunten Leben von Theodor: von seinen bisherigen Dating-Erfahrungen, intimen Details verflossener Ex-Beziehungen und seinem gewinnenden Charme beim Vermitteln von Gebrauchtwagen in seinem eigenen Unternehmen. Bald aber kam sich Ottilia wie eines der in die Jahre gekommenen Modelle auf dem Stellplatz von Theodor vor und suchte immer öfter nach dem Kellner, um sich die Rechnung bringen zu lassen. Theodor schien wie ihr Sigismund dem häufigen Modellwechsel zugetan und auf junge Rennwagen zu stehen. Er hingegen gefiel sich in der Rolle des erfolgreichen Charmeurs und ließ es sich nicht nehmen, Ottilia an diesem Abend großzügig auszuhalten. Als er sich selbst aber noch auf einen Absacker zu Ottilia einlud, winkte diese freundlich ab und überließ es der Zukunft, wie weit sie gehen würde. Theodor steckte die Zurückweisung lächelnd weg, wusste er doch um seine Wirkung auf Frauen. Doch er irrte. Denn Ottilia blieb lieber allein, als sich ein zweites Mal an einen Filou wie ihren Sigismund zu binden.

Niemand weiß, ob Theodor Ottilia genauso enttäuscht hätte wie einst Sigismund. Allein das vertraut unschöne Gefühl, in einem Déjà-vu festzusitzen, genügte, dass sich Ottilia kein weiteres Mal treffen wollte. So schnell (ver-)urteilen wir und spielen Schicksal. In diesem Fall haben Redeanteil, Inhalt der Geschichten und der persönliche Eindruck von Theodor nicht überzeugt.

Jedoch: Endet ein Kontakt oder kommt er erst gar nicht zustande, suchen wir am besten den Grund zuerst bei uns, bevor wir den anderen dafür verurteilen. Danach mag der Blick auf den anderen fallen, in dessen Augen wir uns spiegeln. Deshalb möchte ich im Folgenden zwischen den eigenen Mustern und der Wirkung auf andere unterscheiden. Denn nicht alles, was dein Gegenüber in dir sieht, gehört auch wirklich zu dir. Oft bist du lediglich die Projektionsfläche für die geliebten und ungeliebten Wesenszüge der anderen Person, für die sie blind ist. Manchmal aber hast du es auch selbst in der Hand, andere anzuziehen oder aus deinem Leben zu vertreiben. Wie das geht, zeige ich dir im folgenden Abschnitt.

1. DIE ANGST VORM ERSTEN MAL

Eine Grabrede zu halten wäre für viele schlimmer, als selbst im Sarg zu liegen. Ähnlich verhält es sich, wenn wir einen fremden Menschen ansprechen sollen, für den wir uns interessieren. Da bleibt uns manches Wort im Halse stecken und lässt uns schweigen. Das aber verhindert ebenjene Verbindung, die wir so vermissen, und verwirklicht erst die Angst, die uns schweigen ließ. Zu kompliziert? Keine Sorge, hier folgt Klartext:

> Engelbert versank in Ilses blauen Augen und war fast taub für ihre Worte, so laut flatterten die Schmetterlinge in seinem Bauch. Keinesfalls würde er sie unterbrechen, zu schön bewegten sich ihre vollen, roten Lippen auf und ab und ließen ihn stumm von einem Kuss träumen. Lächelnd nickte er bei den wenigen Pausen, die Ilses Wortfluss verlangsamten, bevor sie wieder ihren Gedanken und Geschichten freien Lauf ließ. Dankbar für den Abend im Schatten dieser Frau übernahm Engelbert die Rechnung, erstarrte kurz, als sie ihm einen Kuss auf die Wange hauchte, und schwebte anschließend heimwärts. Ilse indes löschte seine Nummer. Ihr war Engelbert schlicht zu langweilig, nachdem der den ganzen Abend über kein Wort gesagt hatte, aus Angst, einen schlechten ersten Eindruck zu machen.

Schaue ich mir an, wie wir regelmäßig kommunizieren, drängen sich drei Muster auf: Entweder schweigen wir und lauschen unserem Gesprächspartner, lassen ihn gar nicht erst zu Wort kommen oder fallen uns gegenseitig ins Wort, ohne an das vom anderen Gesagte anzuknüpfen. Es ist die Angst vor der Ablehnung, die uns daran hindert, ein normales Gespräch zu führen.

Auf einer Skala von -5 bis +5:
Wie oft hast du Angst, zu versagen oder abgelehnt zu werden?

Diese Urangst vor Ablehnung ist das fatale Erbe unserer Fell tragenden Ahnen, deren Gemeinschaft überlebensnotwendig für uns war. Eine Vertreibung aus Höhle und Horde hätte unseren sicheren Tod bedeutet. Diese Todesangst lähmt uns noch heute die Zunge oder lässt uns reden, als ob es um unser Leben ginge. Das aber blockiert die ersehnte Verbindung. Es ist fast so, als wollten wir eine Brücke nur von einer Seite der Schlucht her bauen. Hier fehlt es rasch an Halt, und die Konstruktion bricht in sich zusammen. Genauso lässt sich ein Gespräch nur dann wechselseitig führen, wenn sich Geben und Nehmen die Waage halten.

Dabei beginnen Erstkontakte meist lange vor dem ersten Wort. Oft tauschen wir Blicke, studieren die Körpersprache des anderen und arbeiten uns am inneren Dialog ab, der uns vor unzähligen Arten des Sichblamierens warnt. Entsprechend selten greifen wir uns am Ende ein Herz und bieten unserem ersehnten Gegenüber besagtes erstes Wort an. Wir sind zu schüchtern. Wer das nicht kennt, möge einmal in einem Raum voller Menschen das Wort erheben.

Mit diesem Verhalten machen wir uns unsichtbar und wundern uns, wieso uns keiner wahrnimmt. Das ist wie bei dem frühkindlichen Versteckspiel, bei dem man sich die Augen zuhält und hofft, die anderen mögen einen nicht sehen. Im zwischenmenschlichen Bereich funktioniert das genauso. Schenke ich meinem Gegenüber keine Aufmerksamkeit, verschwinde ich in dessen Wahrnehmung.

Fehlt dir also der Mut zum Ansprechen oder hältst du Pausen im wechselseitigen Dialog nicht aus, kann das dazu führen, dass dieser hoffnungsvoll begonnene Kontakt vorzeitig endet. Aber keine Sorge, dem anderen geht es oft genauso, nur vielleicht bei anderen Menschen. Wir alle sind uns ähnlicher, als es uns manchmal lieb ist, und haben alle den Wunsch nach Anerkennung. Mal mehr, mal weniger.

Die Angst vor Ablehnung, die uns schüchtern, hölzern, langweilig oder hilflos wirken lässt, führt erst dazu, dass uns andere nach dem ersten Treffen ablehnen. Ironischerweise bestätigt uns das erst in unserer Angst. Es ist ein Teufelskreis. Dabei ist das, was du glaubst, das der andere über dich denkt, deine eigene Stimme im Kopf.

Gegen diese Angst, abgelehnt und verurteilt zu werden, gibt es kein Heilmittel, außer das Risiko der Blamage einzugehen. Du wirst überrascht sein, wie oft dein Gegenüber sogar dankbar ist, wenn du dich traust, den ersten Schritt zu tun, egal, welchen Geschlechts du bist. Dass der Mann der Mutigere sein soll, hat schon manche Frau um eine glückliche Beziehung gebracht. Dabei spielt das erste Wort keine Rolle. Es muss weder besonders geistreich noch außerordentlich humorvoll sein, denn alles, was beim anderen im Gedächtnis bleibt, ist dein Mut, ihn angesprochen zu haben. Erhältst du dennoch einen Korb, hatte der Angesprochene mit sich selbst genug zu tun. Keinesfalls ist das eine generelle Aussage zu dir und deiner Ausstrahlung. Ebenso wenig wie ein Regentag einen schlechten Sommer macht.

Je öfter du dich also traust, auf einen unbekannten Menschen zuzugehen, desto eher wirst du erleben, dass auch andere Menschen dich ansprechen. Das ist das Gesetz der Resonanz, nach dem du erhältst, was du aussendest. Dein Mut, dich anderen zu zeigen, macht dich für ebenso Mutige sichtbar. Kein Wunder, wenn du dich bald vor Verabredungen nicht mehr retten kannst.

Doch bevor es so weit ist, habe ich noch einen Trick für dich. Überlege dir vor einem Treffen, worüber du gern mit deinem Gegenüber sprechen möchtest. Dabei ist es egal, ob es sich um ein erstes Treffen, eine eingeschlafene Freundschaft oder ein Kritikgespräch mit deinem Chef handelt. Einen Plan im Kopf zu haben, gibt dir Sicherheit und schützt vor peinlichen Pausen. Außerdem stellst du damit sicher, selbst auch zu Wort zu kommen, denn im sich anschließenden Gespräch darf der Redeanteil dann ausgeglichen bleiben. So spannend die andere Person zu erzählen vermag, so sehr interessiert sie sich idealerweise auch für dich. Gibst du aus lauter Verlegenheit aber nichts von dir preis, mag schnell der Eindruck des Langweilers aufkommen – oder noch schlimmer, desjenigen, der etwas zu verbergen hat.

Gegenseitigkeit schafft Ausgeglichenheit, und genau darum geht es bei einem guten Kontakt: um das Gefühl von Fairness und Vertrauen, Wohlbefinden und Entspanntheit. Dazu beizutragen, ist jedes erste Wort wert und lässt dich Pausen aushalten, ohne dass das Schweigen peinlich wird. Damit verschwindet am Ende sogar die Angst vor Ablehnung, und ein neuer Kontakt entsteht.

Nicht selten aber hemmen uns falsche Erwartungen an uns und unser Gegenüber sowie die Angst, enttäuscht zu werden. Wie du damit umgehen kannst, zeige ich dir im nächsten Kapitel.

SHORTCUT

Neue Menschen kennenzulernen fordert jeden von uns heraus. Wir öffnen uns dem anderen und könnten verletzt werden. Wenn du deshalb Angst hast, von deinem Gegenüber abgelehnt zu werden, startest du unter denkbar ungünstigen Bedingungen in ein Gespräch. Diese Angst ist zwar natürlich, aber hinderlich, und sie lässt sich nur überwinden, indem du dich der ängstigenden Situation möglichst oft stellst. So wirst du sie als beherrschbar und dich als souverän erleben, als jemand, zu dem sich andere hingezogen fühlen. Unterstützend kannst du dich auch auf ein erstes Treffen vorbereiten, das schont die Nerven und lässt dich entspannt auf den anderen wirken.

2. ERWARTUNG UND ENTTÄUSCHUNG

Wer nichts erwartet, kann auch nicht enttäuscht werden. Allerdings bekommen wir dann meist auch das, was wir erwarten: nämlich nichts. Doch die wenigsten von uns gehen erwartungslos in ein Gespräch, geschweige denn zu einem Date. Hier liegen die Nerven oft blank und der Abend wird minutiös geplant. So weit die Theorie. Die Praxis sieht oft anders aus.

> Rudolph brauchte ungewöhnlich lange, um sich für ein Hemd zu entscheiden. Normalerweise hätte ein Griff genügt, um irgendein T-Shirt zu wählen. Heute aber wollte er nichts dem Zufall überlassen. Das Restaurant war vorbestellt, sogar mit Kerzen auf dem Tisch. Auf dem Weg zurück kämen sie an dieser kleinen süßen Bar vorbei, in der sie ihm nicht mehr widerstehen würde. Alles war geplant, nur nicht, dass Roberta ihre beste Freundin mitbrachte, das Essen schrecklich schmeckte, die Rechnung höher war, als Rudolph Geld dabeihatte und die Bar geschlossen war. Das Gespräch verlief schleppend, denn alle von ihm vorbereiteten Themen schienen Roberta nicht zu interessieren, und alles, was sie mit ihrer Freundin redete, sagte ihm nichts. Ein totales Desaster, das er so nicht erwartet hätte.

Stattdessen hatte Rudolph ein romantisches Dinner im Sinn gehabt und war enttäuscht worden. Nichts war seiner Vorstellung gerecht geworden, und auch Roberta schien andere Erwartungen an ein gemeinsames Treffen gehabt zu haben. Sonst wäre sie wohl kaum in Begleitung gekommen. Dass sie sich auch noch die Rechnung teilen mussten, dürfte sie zusätzlich enttäuscht haben. Vermutlich war das der letzte gemeinsame Abend.

Vielleicht kennst du das: Du planst tagelang dein erstes Treffen, und dann sagt dein Schwarm kurz vorher ab. Oder es klappt und dir fällt nichts ein, womit du dein Gegenüber unterhalten kannst. Dabei hatte es in deiner Vorstellung bis zum gemeinsamen Händchenhalten kaum vieler Worte bedurft. Nun sitzt ihr euch stumm gegenüber, das Licht ist viel zu grell und der andere schaut alle paar Sekunden auf sein Handy.

Auf einer Skala von -5 bis +5:
Wie oft hast du zu hohe Erwartungen?

Ja, in unserer Fantasie schaut die Welt meist bunter, schöner und aufregender aus, als es uns die nackte Realität erleben lässt. Das erschüttert dann schnell unseren Glauben an uns oder den anderen, wenn sich statt der geplanten Abläufe das blanke Chaos zeigt. Hat es also nicht sein sollen?

Tatsächlich passen Wunsch und Wirklichkeit dann nicht zusammen, wenn wir vor lauter Erwartungen die Wirklichkeit ausblenden und aufhören, im Moment zu leben. Denn nur dort können wir spontan sein und flexibel auf unerwartete Wendungen reagieren. Dort sind wir in der Lage, das Besondere im Moment zu sehen und unsere Vorstellung an die Realität anzupassen, um sie auf eine vielleicht unerwartete Weise erfüllt zu bekommen.

Glauben wir aber, dass alles nur dann ideal läuft, wenn es unseren Erwartungen entspricht, ist die Enttäuschung meist vorprogrammiert. Diese Haltung speist sich aus gelernten Glaubensmustern, wie das Leben zu sein hat. Passt unser Leben dann nicht in dieses Korsett, engt es uns ein und schmerzt. Hier sind wir in einem Schwarz-Weiß-Denken gefangen, das unser Leben grau wirken lässt.

Die gute Nachricht ist, dass eine Ent-Täuschung eine beendete Täuschung ist, nämlich darüber, dass wir jede Situation planen und beherrschen können oder die anderen sich nur ändern müssten, um unsere Erwartungen zu erfüllen. Das schafft neuen Freiraum und kann für Leichtigkeit im Umgang mit anderen sorgen, erst recht, wenn wir dem Zufall Raum geben und aufhören, alles kontrollieren zu wollen.

Dieses Kontrollbedürfnis erwächst unserer Angst, zu versagen und abgelehnt zu werden, zwei der stärksten Einflussnehmer auf unser Leben. Entsprechend wenig überrascht es, wenn wir alles tun, um dieser Angst auszuweichen. Doch wie bei jeder Angst vergrößert sie sich, wenn wir sie verhindern wollen. Unsere düstersten Befürchtungen werden wahr, während sich unsere Erwartungen an einen schönen Abend in Rauch auflösen.

Angst ist immer zukunftsgerichtet. Nichts im Hier und Jetzt ist vergleichbar mit der Sorge, was morgen kommen könnte. Davon leben Versicherungen und Medien, denn kaum etwas verkauft sich besser als Angst und Schrecken. Doch Untersuchungen zeigen, dass mehr als 92 Prozent dessen, was wir an Furchtbarem in der Zukunft erwarten, niemals eintritt.

Sich deshalb der Angst zu stellen und die geplante Situation ergebnisoffen und vertrauensvoll an uns herankommen zu lassen, lässt die Angst auf ein Normalmaß schrumpfen. Dann erleben wir uns selbst viel wirksamer, als wir es ohne Planung erwartet hätten. Außerdem wirkt sich das auf das Wohlbefinden unseres Gesprächspartners aus. Im Zweifel empfiehlt sich die Frage, was denn schlimmstenfalls passieren kann? Die Antwort ist meist, dass wir sogar im absolulten Worst Case handlungsfähig bleiben.

Erwarten wir hingegen, dass alles schiefgeht, was schiefgehen kann, enttäuscht uns das Leben selten. Vielmehr setzen wir mit unserer pessimistischen Haltung die Ursache für ein späteres Scheitern und lassen all unsere Befürchtungen wahr werden. Das nennt sich eine selbsterfüllende Prophezeiung und ist der beste Grund, den eigenen Optimismusregler nach oben zu schieben. Nicht umsonst versteckt sich in »Erwartung« das Wort »Warten«. Es ist also klug, abzuwarten, was morgen bei einem Treffen passiert, ohne dir heute schon Gedanken darüber zu machen. Dann wirst du oft das Gegenteil davon erleben, was dich deine Angst hat glauben lassen.

Deshalb halte es mit dem alten Witz, nach dem du Gott zum Lachen bringst, wenn du ihm von deinen Plänen erzählst. Wie wäre es stattdessen, weniger zu planen und die Umstände nicht für dein Glück verantwortlich zu machen? Du könntest den Rahmen vorgeben und den Rest deiner Intuition überlassen. So wirst du lockerer und authentischer und im Ergebnis glücklicher.

Das hilft nur dann nichts, wenn andere Menschen Erwartungen an dich haben, zum Beispiel sogenannte Freunde, die immer wieder auf deine Hilfsbereitschaft setzen, ohne selbst etwas geben zu wollen. Hier ist die Basis für eine dauerhafte Verbindung gestört und im Ungleichgewicht. Stattdessen gibst du solchen Menschen die Macht über dich, wenn du versuchst, ihren Erwartungen gerecht zu werden. Hier wäre Nein eine gute Antwort. Vielleicht hat das aber auch mit falschen Erwartungen an dich selbst zu tun, was uns im Folgenden beschäftigen soll.

SHORTCUT

Wer seine Zukunft plant, möchte unliebsamen Überraschungen vorbeugen. Damit stellen wir bestimmte Erwartungen an die Zukunft, die meist enttäuscht werden. Und warum? Weil wir Angst haben, die Kontrolle zu verlieren, und dabei vergessen, im Hier und Jetzt zu leben. Aber nur dort können wir Einfluss nehmen, sind wir handlungsfähig. Pläne können dabei unterstützen, Sicherheit geben sie keine. Beruhigen kann jedoch die Frage, was schlimmstenfalls passieren kann. In der Regel lautet die Antwort darauf nämlich: nichts. Vertraue lieber häufiger deiner Intuition. Das verschafft dir Leichtigkeit, macht dich authentischer und lässt dich am Ende glücklicher sein.

3. MEHR SCHEIN ALS SEIN

Mit großen, braunen Rehaugen schaute sie hingerissen auf Mr. Right, fuhr sich lasziv durch die Haare und benetzte mit ihrer Zungenspitze die Lippen. Er war ihr Held und nichts in der Welt würde sie davon abhalten, sich ihm heute hinzugeben …

Klingt wie aus einem Film? Ist es auch. Im echten Leben gibt es kaum Helden, denen man das von außen ansieht und die allein durch ihr Erscheinen Herzen brechen. Und doch glauben viele Menschen, dass sie ein solcher Held sein müssten, um geliebt zu werden.

»Ich bin nicht genug« mag dein ewiges Mantra auf dem Weg zum ersehnten Erfolg, zur vermissten Anerkennung oder zur erträumten Liebe sein. Ans Ziel kommst du mit diesem Credo nicht, denn es wird nie reichen. Weißt du auch, warum? Weil du keine Vorstellung davon hast, wann es denn genug wäre. Mit einer ähnlich diffusen Erwartung starten wir oft in Verabredungen, bei denen wir hoffen, den anderen für uns zu gewinnen. Dafür aber – so zumindest glauben wir – müsste uns der andere für etwas Besonderes halten. Wie das geht? Ganz einfach, indem wir eine Rolle spielen.

Ernst August Wilhelm von Schönleichen lehnte sich zufrieden in seinem Stuhl zurück. Adda, Freifrau von Siechen, schien sichtlich beeindruckt. Sie zog an ihrer Zigarettenspitze aus Mahagoni, blies den Rauch graziös in den blauen Himmel der Côte d'Azur und fächelte sich mit der Dessertkarte Luft zu. »Mit Ihrer eigenen Jacht auf Geheimmission?«, hauchte sie ungläubig und sah sich besorgt um. »Keine Sorge, meine Schöne«, beruhigte sie Ernst August mit gesenkter Stimme. »Ich bin bewaffnet.«

Als der Kellner wenig später zwei leere Champagnerflöten abräumte, waren Karl Heinz und Elfriede bereits unterwegs zu ihren Unterkünften. Karl Heinz hatte sich noch mit einem dezenten Kuss auf Elfriedes Stirn verabschiedet, bevor er sein Zelt auf dem Campingplatz suchte, während sie die Federboa dem Kostümverleih zurückgab. Ob sie sich wohl wiedersehen werden?

Der schöne Schein lässt nur scheinbar Herzen höherschlagen, wenn es darum geht, uns dauerhaft zu binden. Wir mögen uns von der Geschichte des anderen angezogen fühlen, berühren kann uns jedoch nur der Mensch selbst. Der sollte deshalb echt sein. Wenn du also glaubst, nicht zu genügen, ist *das* dein Thema – und nicht der Schein, den du erzeugen möchtest. Sowohl Angebern als auch schüchternen Menschen fehlt die Selbstsicherheit, folgen sie doch beide der Annahme, so wie sie sind, nicht gut genug zu sein.

Wann aber genügen wir? Wenn wir mit uns zufrieden sind. Was aber, wenn wir nie mit uns zufrieden sind, solange uns andere für das, was wir tun, nicht mögen? Denn oft ist es die Zufriedenheit der anderen, von der wir unseren Wert abhängig machen. Das aber ist ein antrainiertes Glaubensmuster, das viele von uns seit der Kindheit begleitet. Wie oft konnten wir es unseren Eltern, Lehrkräften, Freunden oder der nörgelnden Frau vom Hochparterre nicht recht machen, nur weil wir noch zu klein, zu jung, zu ungeschickt oder ihrer Meinung nach schlicht zu dumm waren? Selbst heute, viele Jahre später, triggert uns diese Erwartungshaltung mehr als der Glaube an uns selbst. Um dem gerecht zu werden, strengen wir uns an, verausgaben uns und resignieren schließlich, denn es ist nie genug.

Wozu also das Ganze? Um nicht allein zu sein. Deshalb spielst vielleicht auch du gern mal in einer anderen Liga, gibst dich für jemanden aus, der du gern wärst, und erfindest Geschichten, von denen du glaubst, dass andere sie gern hören würden. Wir flunkern, täuschen und hochstapeln alle einmal, stets in der Hoffnung zu gefallen und geliebt zu werden.

Auf einer Skala von -5 bis +5:
Wie ehrlich bist du bei einem ersten Treffen?

Doch hat das je geklappt? Vermutlich genauso lange, bis die Fantasie von der Realität eingeholt wurde und dein Schauspiel aufzufliegen drohte. Dann musstest du runter von der Bühne und dein wahres Gesicht zeigen. Ob du dann noch Applaus bekommst, hängt davon ab, wie überzeugend dein echtes Ich ist. Denn nur darauf kommt es an.

Dein Ich ist der Rahmen deines Selbstbildes, es ist Ausdruck deiner Identität. Diese versteckt sich oft hinter diversen Rollenmustern, die du glaubst, erfüllen zu müssen. Dabei verlieren sich viele Menschen und vergessen, wer sie wirklich sind, was sie erfüllt und was ihren Wert ausmacht. Sie blicken in den Spiegel und erkennen sich nicht. Zumindest nicht denjenigen, der sich hinter ihrer Maske versteckt. Das zu ändern, war schon Friedrich Nietzsche ein Anliegen, als er jeden von uns aufforderte: »Werde, der du bist.« Dieses (Selbst-)Bild muss nicht jedem gefallen. Wichtig ist, dass du dich darauf erkennst. Jenen, die vor diesem Bild interessiert stehen bleiben, kannst du gerne deine Aufmerksamkeit schenken. Den Rest lass ziehen und sich weiter in der Bildergalerie der Menschen umschauen.

Spiele also besser keine Rolle, wenn du als der geliebt werden willst, der du wirklich bist. Das mag nicht jeden beeindrucken, aber es genügt, wenn es dem oder der Richtigen gefällt. Alle anderen lieben deine Fassade. Die aber blättert schneller ab, als der Herbst dem Sommer folgt und es auch an der Côte d'Azur zu regnen beginnt.

Letztlich erwartet niemand von dir, dass du es allen recht machst. Dennoch kann es vorkommen, dass ein Freund oder Partner seine Zuneigung an Bedingungen knüpft, die dir nicht entsprechen. Erwartet sie sich beispielsweise Blumen als Zeichen seiner Liebe, übersieht sie leicht den von ihm ausgebauten Dachboden für ihr Lesezimmer.

Solche Verknüpfungen sind gefährlich, wenn sich die Dialekte der Liebe widersprechen und unnötige Konflikte hervorrufen. Denn Blumen haben so lange nichts mit Liebe zu tun, bis es dein Partner denkt. Dann heißt es entweder, in die Gärtnerei zu laufen oder klarzustellen, was deine Sprache der Liebe ist.

Auf diese Weise bilden Worte Gespräche, die dazu beitragen, dauerhafte Verbindungen zu knüpfen, die deiner wahren Persönlichkeit entsprechen. Wie das geht, beleuchten wir im nächsten Kapitel.

SHORTCUT

Das Leben ist eine Bühne, auf der wir die Schauspieler sind. Dabei wechselt das Genre beständig zwischen Komödie und Tragödie, Melodrama und Liebesfilm. Meist aber endet es in einer Persiflage, wenn du deine Persönlichkeit opferst, um anderen zu gefallen. Denn wer sich beständig hinter einer Maske versteckt, wird unerkannt bleiben und statt Liebe nur schalen Applaus für seine Rolle erhalten. Deshalb: Spiele keine Rolle, wenn du als der geliebt werden willst, der du wirklich bist. Es mag dich die Angst vor Ablehnung zum Schauspiel verführen. Doch du wirst und musst niemals allen gefallen. Es genügt, wenn die Richtigen auf dich aufmerksam werden.

4. STIMMEN IM KOPF ODER DIE WAHL DER WORTE

Gespräche sind wie Tennis. Ein Ass führt ins Aus, während lange Ballwechsel ermüden können. Die Abwechslung macht's, und damit sind wir mittendrin in der Art, wie wir miteinander kommunizieren und Kontakte pflegen.

Oft erleben wir das öffentliche Miteinander wie einen Überlebenskampf am letzten Wasserloch der Wüste, an dem sich zeigt, wer das Sagen hat. Andere Menschen wiederum begegnen einander wie Rad schlagende Pfaue in ihrer farbenfrohen Eitelkeit. Es ist in jedem Fall ein Theater. Doch welche Rolle wir in diesem Stück spielen, liegt an der Art, wie wir uns selbst einschätzen. Frage dich deshalb einmal, wie du normalerweise kommunizierst.

Bist du der Treibende oder eher die Getriebene? Schlägst du gezielt auf oder wechselt der Ball häufig die Richtung? Gehst du schnell in die Tiefe und verbeißt dich in Details oder genießt du das Treiben auf der Meinungsvielfalt deines Gegenübers? Bildest du dir rasch eine Meinung oder wägst du deine Worte sorgfältig ab, um nur keinen zu verletzen? Lachst du gern oder trüben die Umstände dein Leben? Falls du Schwierigkeiten hast, diese Fragen für dich zu beantworten, frage am besten jemanden, der dich gut kennt und sich traut, ehrlich zu dir zu sein. Schau dann, ob du dich wiedererkennst.

Falls du dich anders eingeschätzt hättest, liegt es vielleicht an der Art, wie du mit dir selbst sprichst. Welche Worte wählst du, wenn dir etwas misslingt? Welche, wenn du dich sorgst oder ärgerst? Welche, wenn du stolz auf dich bist? Vielleicht wendest du an dieser Stelle ein, dass du ja gar nicht stolz auf dich bist. Das solltest du aber sein, denn wer sich selbst nicht wertschätzt, kann auch für andere kein Schatz sein.

Es ist dieser kleine, oft fiese Troll auf unserer Schulter, der so viel besser zu wissen glaubt, was gut für uns ist, selbst wenn er uns damit das Leben erst schwer macht. Er sät die Zweifel, die uns vor einem Kontakt zurückschrecken lassen, und nimmt uns die Leichtigkeit, der zu sein, den wir dem anderen gern zeigen möchten. Er ist der Kritiker in uns, dem wir nichts recht machen können.

Auf einer Skala von -5 bis +5:
Wie oft belästigt dich die Stimme in deinem Kopf?

Dieser Troll mag einst einen guten Zweck gehabt haben, heute behindert er uns oft im Umgang mit anderen Menschen. Deshalb ist es so wichtig, auf unsere Worte zu achten – uns selbst gegenüber und im Gespräch mit anderen: Welche Werte transportiere ich mit meiner Sprache? Sehe ich das Leben schwarz-weiß oder mischen sich Farben in meinen Redefluss? Schaue ich lieber zurück oder nach vorn, und vergesse ich in beiden Fällen das Leben im Jetzt? Ermutigen mich meine eigenen Worte oder schwächen sie mich regelmäßig, getreu dem Motto »Das kannst du besser«?

All das färbt unsere Stimmung, damit die Sprache und schließlich unsere Ausstrahlung. Wir sind, was wir denken, vor allem über uns selbst. Wollen wir uns also von unserer besten Seite zeigen, müssen wir diese kennen und schätzen. Mögen wir uns hingegen nicht, strahlen wir das auch aus und werden vom Gegenüber entsprechend oft abgelehnt. Die wenigsten mögen negative Menschen, die unaufhörlich jammern und klagen. Mag es auch noch so gute Gründe für die innere Gewitterfront geben, der Jammernde bleibt am Ende allein im Regen stehen. Diese negative Energie zieht den anderen eher runter statt an.

Hätte Ottilia aus unserem Eingangsbeispiel anstelle von Theodor das Wort ergriffen und den ganzen Abend lang über ihren untreuen Sigismund gejammert, würde sich Theodor als ihr Date wohl kaum wünschen, die nächste Cabrio-Tour an Ottilias Seite zu machen. Bei dieser Wetterlage bleibt das Verdeck zu und der Beifahrersitz leer.

Wozu also unnötige Selbstkritik, wenn du auch von anderen ungern kritisiert wirst? Genieße lieber dein einmaliges Leben, in dem du die Wahl hast, ob du dir Freund oder Feind bist. Lässt du indes zu, dass dich dein innerer negativer Dialog zum ewigen Opfer der Umstände, falscher Freunde oder unglücklicher Fügungen macht, vertreibst du schlussendlich auch den Geduldigsten. Es mag leicht sein, die Verantwortung für das eigene Leben ins Außen zu verlegen und die Schuld für das persönliche Unglück bei anderen zu suchen. Hilfreich ist es allerdings nicht, weder für das persönliche Wohlbefinden noch für die Kontaktanbahnung. Deshalb spielt das, was du zu dir sagst, auch eine entscheidende Rolle im Umgang mit anderen Menschen.

Gehe also achtsam mit deinen Worten um, denn Worte haben eine ungeheure Macht. Worte können töten und Leben retten, und sie entscheiden letztlich darüber, ob wir einsam bleiben oder geliebt werden. Dabei wirken Worte in zwei Richtungen. In uns hinein und aus uns heraus. Wir erleben diese Wirkung als Gefühle, die auch bei unserem Gegenüber ankommen. Im Idealfall erzeugen wir Resonanz, andernfalls verhindern Disharmonien den Kontakt. Mach dir dabei bewusst, dass du allein für dein Denken, Sprechen und damit auch dein Fühlen verantwortlich bist und auf diese Weise deine Ausstrahlung bestimmst. Du allein triffst die Entscheidung, ob du dich mit dem, was du zu dir sagst, gut oder schlecht fühlen willst. Frage dich also, ob das, was du Störendes denkst, auch wirklich wahr ist? Sonst lasse es los. Das Gleiche gilt dafür, was du nach außen zeigst und dir von dort zu Herzen nimmst. Du gibst dem Energie, worauf du deinen Fokus richtest.

An der Stelle möchte ich klarstellen, dass ich kein Verfechter des nicht totzukriegenden Hypes des »positiven Denkens« und der »Happiness-Industrie« bin. Jedes Gefühl ist wichtig, jedes Gefühl erfüllt seinen Zweck. Echte Probleme zu verdrängen, weil das nicht »positiv« ist, verhindert deren Lösung und kann zu ernst zu nehmenden (psychischen) Erkrankungen führen. Schau besser hin, wie es dir geht und was dir gerade fehlt. Dann handele oder suche dir notfalls Hilfe. Es gibt gute Gründe, traurig, wütend, enttäuscht oder ängstlich zu sein. Das toleriert deine Umwelt. Sich aber zum hilfsbedürftigen Opfer zu machen und auf (Selbst-)Mitleid zu setzen, entfernt dich von dir und anderen.

Stattdessen kannst du wählen, wie du dich fühlen möchtest. Passe deine Worte daran an und erlebe dich im Einklang mit deiner Umwelt, speziell den Menschen, die dir ähnlich sind. Wie du diese erkennst? Ganz einfach. Suche nach einem Menschen, den du für irgendetwas bewunderst, besonders schätzt oder bei dem du dich wohlfühlen würdest. Dann bist du bei dir angekommen, denn du erkennst im anderen oft, was du selbst in dir trägst. Mag das auch noch so verborgen sein, vertraue in das Gesetz der Resonanz, nach dem sich Gleiches anzieht. Deine Worte sind dabei die Resonanzträger im Austausch mit anderen. Berühren sie, erfährst du eine entsprechend berührende Rückmeldung. Bei Verletzungen bist du es auch, der den Schmerz zu spüren bekommt. Wir sind die Spiegel im anderen und sehen uns selbst in dessen Reaktion, denn egal, was du sagst oder tust, erst die Bewertung deiner Worte oder Handlungen durch deinen Gesprächspartner bestimmt über dessen Gefühle und Verhalten. Und warum? Weil auch er sich seine eigenen Gefühle macht, nicht du.

Wenn dich umgekehrt die Worte deines Gegenübers berühren oder verletzen, liegt das an deiner Bewertung. Du gibst den Worten die Bedeutung, die mit deinem Leben zu tun hat. Vielleicht wurden frühe Erinnerungen geweckt, vielleicht wurde eine alte Wunde aufgerissen. In jedem Fall hat dein Gesprächspartner einen emotionalen Punkt in dir getroffen. Doch selbst wenn er dich absichtlich treffen wollte, entscheidest du über dein Gefühl und deine Reaktion.

Du kannst dir also selbst Richter oder Freund sein. Auch hier liegt die Wahl bei dir. Sobald du erkennst, dass der andere nur der Auslöser für die Stimmen in deinem Kopf ist und deine Gefühle durch deine eigene Bewertung entstehen, sorgt das für Erleichterung und die Einsicht, dass du Einfluss auf deine Gefühle hast und dir niemand die seinen aufzwängen kann. Denn alles, was Menschen tun, tun sie aus einer (für sie) positiven Absicht heraus. Beleidigt dich dabei ein anderer, gilt das regelmäßig nicht dir, sondern dem dahinterliegenden Bedürfnis des anderen. Vielleicht will er seiner Angst Herr werden, sich für irgendetwas rächen oder dich zu einer Handlung motivieren, die ihm nutzt. Du allein gibst der Beleidigung Gewicht – oder du ignorierst sie.

Deshalb kannst du den anderen auch nicht für deine Gefühle verantwortlich machen. Deine Gefühle spiegeln dir nur deine Baustellen, nicht seine. Hier empfiehlt es sich, bei dir zu bleiben und nicht alles, was dich erreicht, persönlich zu nehmen. Das trägt maßgeblich zum Erhalt von Kontakten bei und lässt dich dein eigenes Selbst bewusster wahrnehmen. Und je bewusster wir uns damit selbst werden, desto selbstbewusster gehen wir auch in Verbindung.

Ähnlich verhält es sich mit der Wahl des Gesprächsthemas und dem eigenen Redeanteil. Auch hier gehen Fremd- und Selbstwahrnehmung regelmäßig auseinander und führen selten zu einem harmonischen Miteinander. Grund genug, im anschließenden Kapitel einmal genauer hinzuschauen.

SHORTCUT

Wir sind, was wir denken und welche Worte wir dabei an uns selbst richten. Diese Worte prägen unser Selbstbild und bestimmen auch, wie wir uns anderen zeigen.

Damit erzeugen wir Resonanz, die je nach Ausstrahlung verbindend oder trennend wirkt. Insoweit haben wir es mit der Wahl der Worte, die wir an uns und andere richten, selbst in der Hand, die Qualität unserer Verbindung (positiv) zu beeinflussen. Bei all dem entscheidest du, wie du auf die Stimmen in deinem Kopf reagierst und welche Gefühle du dir selbst machst, denn niemand sonst hat die Macht dazu. Letztlich bestimmst du allein, ob du dir Richter oder Freund bist und welches Leben du führst.

5. GEBEN UND NEHMEN

Nirgends werden mehr Klischees bedient als beim Thema Männer versus Frauen, und doch helfen uns Beispiele wie das folgende, unsere Muster zu erkennen – Muster, die ein nachhaltiges Kennenlernen verhindern.

> Nehmen wir den Fall »Junge trifft Mädchen« und verabredet sich mit ihr zum Kaffee. Dann sitzen die beiden zusammen und sie erzählt ihm ihre ganze Lebensgeschichte in allen Details und Verwandtschaftsgraden. Jedem verstorbenen Haustier folgt eine Träne und jeder Ex-Partner bekommt sein Fett weg. Er sitzt stumm dabei, nippt an der dritten Tasse Kaffee und wünscht, es wäre Cognac drin. Sein Redebeitrag besteht weitgehend aus Nicken, Stirnrunzeln, betroffenem Augenaufreißen und gelegentlichem »Ach was?«. Sie merkt gar nicht, dass er bereits zum dritten Mal ein Gähnen unterdrückt und auffällig oft auf die Uhr schaut.

Schließlich fordert der Kaffee seinen Tribut, er muss aufs Klo und zahlt auf dem Rückweg die Zeche. Dann verlässt er – ohne sich zu verabschieden – das Lokal. Das war's.

Was ist schiefgelaufen? Eigentlich gar nichts, denn beide haben sich ihren Ängsten gestellt. Sie hat ein ihr peinliches Schweigen vermieden und er wollte als empathischer Zuhörer glänzen. Wäre da nicht das wichtige Wort »Verhältnismäßigkeit«. Wie schon Paracelsus wusste, macht die Dosis das Gift, und im obigen Beispiel hat die Unverhältnismäßigkeit der Redebeiträge die Verbindung vergiftet.

Dieses Phänomen ist übrigens nicht allein im Dating-Umfeld anzutreffen. Zahlreiche Gespräche verlaufen in einer ungesunden Verteilung der Wortlast, was nicht heißt, dass in guten Gesprächen jeder Ball zurückgeschlagen werden muss. Hier gibt es kein richtiges Maß, keine objektive Wahrheit. Allerdings hat es sich bewährt, seinen eigenen Redebeitrag nach dem Zwei-Ohren-ein-Mund-Prinzip zu gestalten, also zweimal mehr zuzuhören, als zu sprechen. Gar nicht zu Wort zu kommen, wäre allerdings zu vermeiden. Ausgeglichenheit lautet hier das Schlagwort.

Auf einer Skala von -5 bis +5:
Wie ausgeglichen verlaufen deine Gespräche?

Wann aber ist ein Gespräch ausgeglichen? Das hängt von der Situation und dem Thema ab. Manche genießen es, mehr über den anderen und dessen Sicht zu erfahren. Andere wiederum lieben es, selbst einmal zu Wort zu kommen, oder reden einfach gern. Das mag in vielen Fällen passen. Wenn sich aber der süße Typ vom Café nebenan nicht mehr meldet, hat es vermutlich nicht gepasst.

Deshalb achte auf die Zeichen, das heißt, schau deinem Gegenüber ins Gesicht, während du sprichst. Öffnet auch er ab und zu den Mund, um zu reden, statt zu gähnen, scheint es gut für euch zu laufen. Sonst darfst du gern auch mal die Klappe halten oder Fragen stellen, wenn du die Pausen nicht ertragen kannst. So hat dein Gesprächspartner die Möglichkeit, seine Gedanken zu beenden, bevor du ihn mit einer neuen Geschichte zum Schweigen bringst. Letztlich profitierst du selbst davon, denn deine Geschichten kennst du bereits.

Menschen, die den Gesprächspartner nur dazu benutzen, um ihm ihren Seelenmüll, Ärger und Frust vor die Füße zu kippen, bauen Mauern auf, statt sich zu verbinden. Leider lässt sich nicht jeder in seinem Redefluss bremsen, geschweige denn übergibt freiwillig das Gespräch an sein Gegenüber. Dann gerät der Austausch in Schieflage und die Redeanteile verschieben sich einseitig zulasten des schweigenden Zuhörers. Wenn du das kennst, mangelt es dir vermutlich am nötigen Durchsetzungswillen, dich bemerkbar zu machen und einzubringen.

Der sogenannte Vielredner hingegen erlebt sich in seinem Wortfluss als lebendig, spürt sich und kann auf diese Art seine Gedanken klären. Das kann so weit gehen, dass der verstummte Zuhörer zur »Gedanken-Kläranlage« wird, wie es die unvergleichliche Vera F. Birkenbihl zu nennen pflegte. Dann ist Selbstvertrauen gefragt, um sich den fehlenden Respekt selbst zu geben und den Wortdurchfall zu stoppen.

Wenn du also nicht zu Wort kommst, deine Meinung aber wie ein Sektkorken emporzuschießen droht, warte nicht, bis du innerlich explodierst. Das zerstört jede Stimmung, denn wie beim Sekt lässt sich der Korken nicht mehr zurück in die Flasche pressen. Hier ist ein Unterbrechen erlaubt, notfalls mit der klaren Bitte, auch einmal zu Wort kommen zu dürfen. Damit gibst du deinem Gegenüber die Chance, sein Zuviel an Worten zu erkennen.

Ein gutes Gespräch ist dabei wie ein Tanz: Einer darf führen, aber bewegen müssen sich beide. Sich dabei ins Wort zu fallen, mag der wechselseitigen Begeisterung für das gemeinsame Thema geschuldet sein. Meist jedoch wirkt es wie der berühmte Schuh auf dem Zeh des Tanzpartners. In beiden Fällen, also sowohl beim Nicht-zu-Wort-Kommen als auch beim Unterbrochen-Werden, triggern uns regelmäßig negative Gefühle unserer Kindheit. Damals dachten wir vielleicht, die eigenen Eltern interessieren sich nicht für uns. Viel zu oft galt es, den Mund zu halten, wenn die Erwachsenen sprachen. Oder wir wurden im aufgeregten Redefluss gestoppt, noch bevor wir von unseren täglichen Abenteuern berichten konnten. Das hinterließ Narben, die zu schmerzen beginnen, sobald wir heute erneut in einem Gespräch zu kurz kommen.

Wenn du indes der Wortführer bist und dich wunderst, wieso du immer seltener jemand zum Ratschen findest, gebe ich dir folgenden kleinen Tipp: Warte zwischen deinen Sätzen zwei, drei Sekunden. Zeit, in der dein Gegenüber reagieren kann. Diese Sekunden darf sich ein gutes Gespräch nehmen, denn manche Menschen müssen ihre Gedanken fühlen, bevor sie sie aussprechen. Ein paar wenige Sekunden Redepause sind also gut investierte Geduld in einen künftigen Kontakt.

Wenn die Verbindung steht, verändert sich auch die Frequenz von Rede und Gegenrede. Eine neue Studie zeigt, dass

Menschen, die sich ohne Punkt und Komma unterhalten und wechselseitig die Sätze des anderen vervollständigen, einen besonders guten Draht zueinander haben. Kommst du hingegen nie zu Wort, kannst du dich fragen, ob du deinem Gesprächspartner überhaupt die Chance gibst, auch einmal zu schweigen. Manchmal ist es spannender, Fragen zum aktuellen Thema zu stellen, als ein neues zu beginnen. Sich später darüber zu ärgern und den anderen für die eigene Unsichtbarkeit verantwortlich zu machen, mag dir helfen, dich besser zu fühlen. Gerecht ist es aber nicht. Hier ist Selbstfürsorge das Maß der vermissten Wertschätzung, die du dir auch selbst geben kannst.

Ein weiterer Fall gestörter Kommunikation ist das wechselseitige Monologisieren. Hier kommen beide zu Wort, gehen aber nicht auf das eben Gehörte ein. Vielmehr picken sie sich ein beliebiges Stichwort heraus, um eine eigene Geschichte zu erzählen. Am Ende des Abends weiß keiner mehr, worüber der andere gesprochen hat, und beide gehen mit dem schalen Gefühl nach Hause, dass dieser Kontakt wenig ergiebig war.

Wie hält man nun aber das Gespräch im Gleichgewicht? Durch Interesse am anderen, denn wie gesagt: Alles, was du zu erzählen hast, kennst du bereits. Willst du etwas Neues erfahren, muss der andere zu Wort kommen. Auch empfiehlt es sich, den Worten des anderen wertfrei zu folgen, ohne sich im Kopf bereits eine Antwort zurechtzulegen. Sonst gehen wichtige Details verloren und euer Gespräch verliert an Tiefe.

Für deinen Gesprächspartner gilt natürlich das Gleiche. Halten sich beide an das Konzept, sollte das Gespräch ein spannendes Hin und Her sein, ohne dass einer am anderen vorbeiredet. Ein solch ausgewogenes Gespräch setzt aber auch ein Kräftegleichgewicht der miteinander Redenden voraus. Fühlt sich einer von beiden unterlegen, kann das ebenfalls die Verbindung gefährden, wie wir gleich sehen werden.

SHORTCUT

Gute Gespräche sind wie Medizin. Sie heilen, stärken und beleben. Schlechte Gespräche hingegen können eine Beziehung vergiften und dazu beitragen, dass sich die Gesprächspartner gegenseitig unverstanden fühlen. Hier entscheidet der wechselseitige Redeanteil über Wohl und Wehe des Miteinanders, bei dem jeder selbstverantwortlich dafür sorgen kann, ausreichend zu Wort zu kommen. Achte also ganz bewusst auf deinen eigenen Redeanteil in Gesprächen, mache Pausen, stelle Fragen und folge unvoreingenommen den Worten des anderen, ohne dir im Kopf bereits passende Antworten zurechtzulegen. Das ist gelebter Respekt und die Basis einer guten Verbindung.

6. TODSÜNDE NEID

Eine der größten Ängste ist die vor dem eigenen Versagen, und nirgends zeigt sich diese mehr als im Erfolg anderer. Deshalb vermeiden viele Menschen auch Klassentreffen, bei denen alte Rollenmuster nicht nur ebenso alte Wunden aufreißen können, sondern der Vergleich die Tagesordnung bestimmt. Hier vergleicht sich jeder mit jedem:

Mein Job, mein Haus, mein Lover und meine fünf Kinder, alle auf Elite-Unis.

Wer da nicht mithalten kann, steht wie früher am Rand des Pausenhofs und hat statt Milchschnitte nur ein lausiges Käsebrot in der Hand. Bei Klassentreffen schmerzt der Vergleich umso mehr, weil alle mit der gleichen Voraussetzung, dem Schulabschluss, ins Leben gestartet sind. Hier ohne Pulitzer-Preis aufzutauchen, ist gefährlich.

Das Gefühl, in den Augen der anderen versagt zu haben, löst Scham aus und den Wunsch, unsichtbar zu sein. Keine gute Voraussetzung für ein Gespräch und das Bedürfnis nach Verbindung. Treffen sich ehemalige Freunde oder Ex-Partner nach Jahren zufällig wieder, kann diese Scham die Freude am Wiedersehen trüben. Das gilt insbesondere für denjenigen, dessen Leben sich nach der Trennung nicht so entwickelt hat, wie er es sich gewünscht hätte. Dann wird es schwer, die einstige Freundschaft unbelastet fortzusetzen, selbst wenn dem anderen die falschen Entscheidungen des früheren Freundes egal sind.

Ähnlich verhält es sich bei Menschen, die aus eigener Kraft oder dank guter Beziehungen gesellschaftlich aufgestiegen sind, sich im Lichte des Erfolges feiern ließen und dann abstürzten. Da prallt schnell Schadenfreude auf Scham und beendet manchen Kontakt – vielleicht auch aus Angst, für einen Versager gehalten oder neben einem solchen Versager gesehen zu werden.

Auf einer Skala von -5 bis +5:
Wie oft bist du auf andere in deiner Umgebung neidisch?

Sich selbst das eigene Scheitern einzugestehen, ist hart genug. Es anderen gegenüber zu tun fast unmöglich. Deshalb umgeben wir uns gern mit Menschen, die uns ähneln, sei es bezüglich Bildung, Familie, Beruf oder im Hinblick auf wirtschaftlichen Erfolg. Die Blase, in die wir uns damit begeben, bestimmt dann aber auch über unsere weitere Entwicklung und welche neuen Bekanntschaften wir machen. Das gilt ebenso für besonders erfolgreiche Menschen, die weniger erfolgreiche Menschen aus ihren Kontaktlisten aussortieren oder die selbst aussortiert werden.

Agnes dreht die Champagnerflöte bewundernd im Licht des Kristalllüsters. Noch nie hatte sie etwas Teureres als Sekt getrunken und schon gar nicht zum Frühstück. Ihre Freundin Beatrice winkt derweil dem livrierten Pagen in der Ecke des herrschaftlichen Saals. Der eilt herbei, um den Damen nachzuschenken.

»Hübsches Haus hast du hier«, murmelt Agnes eingeschüchtert ob des zur Schau gestellten Reichtums ihrer Freundin. Diese bewohnt nicht nur ihr eigenes Schloss inmitten eines Weinberges. Nein, sie hat sich all das auch selbst erarbeitet. Sie ist Inhaberin ihrer eigenen Künstleragentur, in der mittlerweile alles, was Rang und Namen hat, ein und aus geht. Agnes ist sichtlich beeindruckt von Beatrice, während diese bescheiden abwinkt. »Es hält den Regen ab. Aber genug von mir, was hast du im Leben erreicht?«

»Was hast du im Leben erreicht?« ist die Killerfrage im Angesicht des Erfolges anderer und der sichere Weg, diesen Kontakt zu töten. Niemand möchte zur bloßen Projektionsfläche des Glücks anderer werden, während sich im eigenen Leben die Misserfolge stapeln. Deshalb scheitern Kontakte auch am Gefühl der Unterlegenheit, das wiederum oft mit Neid oder gar Missgunst einhergeht.

Kein Wunder also, dass Agnes mit Genugtuung hört, dass Beatrice hinter der Fassade der Erfolgsfrau einsam ist. Agnes selbst ist in zweiter Ehe unglücklich verheiratet, aber wenigstens hat sie jemanden, über den sie sich ärgern kann.

Hier zeigt sich die Kehrseite des Erfolges, speziell bei Frauen. Je stärker eine Frau ihren Mann steht, desto öfter grenzen sich weniger erfolgreiche Frauen von ihr ab. Die Angst, neben einer erfolgreichen Frau klein, unscheinbar und unattraktiv zu wirken, ist einfach stärker als der Wunsch, von einem solchen Vorbild zu lernen.

Männer hingegen bewundern starke Frauen, schrecken aber gleichzeitig vor ebendieser Stärke zurück, vermutlich, weil auch sie sich im Spiegel einer solchen Frau als nicht rollengerecht wahrnehmen. An eine Partnerschaft ist unter solchen Voraussetzungen nur schwer zu denken.

Das eigene Licht deshalb unter den Scheffel zu stellen oder die persönlichen Erfolge kleinzureden ist sicher kein empfehlenswerter Weg. Es ist eher ein wenig Sensibilität den Lebenskonzepten anderer gegenüber angeraten, die weniger gesegnet oder erfolgreich scheinen. Denn Erfolg bemisst sich nicht immer nur am Bankkonto. Gerade weniger begüterte Menschen fühlen sich oft freier und glücklicher, solange es für ein bescheidenes, aber gelungenes Leben genügt.

Wahren Reichtum erlebt daher auch nur der, dem das, was er hat, reicht. Das gilt für alles im Leben, egal, ob für Gesundheit, Güter, Freiheit oder in besonderem Maße für Menschen. Wir schätzen vieles erst, wenn wir es verlieren. Uns dieser Schätze schon vor ihrem Verlust bewusst zu werden ist wahrer Luxus und mit Geld nicht zu bezahlen. Darauf muss auch niemand neidisch sein, denn diese Erkenntnis steht uns allen offen. Deshalb fokussiere dich nicht auf das Vermögen anderer, sondern auf die gemeinsamen Interessen. Die sind es nämlich, die Brücken bauen, wo uns sonst gesellschaftliche Gräben trennen.

Alles andere liefe auf eine Wettbewerbsspirale hinaus, die wir vom Nachbarschaftsklischee des immer größeren Autos kennen. Wir nehmen beim anderen nur noch wahr, was uns trennt, und versuchen, uns entweder abzugrenzen oder mitzuhalten. In beiden Fällen werden wir getrieben von dem Bedürfnis, besser zu sein und im Außen die Lücke zu stopfen, die uns im Inneren schmerzt, nämlich dort, wo wir uns schwach, unperfekt und unterlegen fühlen.

Neid und Missgunst sind die Stiefgeschwister des Vergleichs und sorgen dabei für einen immer größeren Graben, der uns von denen trennt, mit denen wir eigentlich eine Verbindung suchen. Das reicht zuweilen tief in Familiensysteme hinein und ist oft auch in der Art begründet, wie zum Beispiel Eltern ihre Kinder miteinander verglichen haben. Dieser Wettstreit um die Gunst der Eltern setzt sich dann bis ins hohe Alter fort und wird zum Antreiber vieler unglücklicher Familienstreitereien. Plötzlich spricht niemand mehr miteinander, sondern nur noch über den anderen, was schnell zur Lästerei verkommt – ein Thema, dem wir uns nun zuwenden wollen.

SHORTCUT

Das Bessere ist der Feind des Guten, wusste nicht nur Voltaire. Auch wir vergleichen uns häufig und bewerten unser Leben ebenso oft am Maßstab anderer. Je nachdem, wie wir dabei abschneiden, fühlen wir uns wohl oder meiden den Kontakt, denn geteiltes Glück ist nur dann angenehm, wenn wir die Glücklichen sind. So zerstören Wettbewerb, Neid und Missgunst jede Verbindung und lassen uns einsam zurück. Konzentriere dich lieber auf gemeinsame Interessen statt auf bloße Äußerlichkeiten, die dich vom anderen trennen. Nicht das Haben, sondern das Sein baut Brücken zwischen euren Herzen, wo der Abgleich sonst Gräben reißt. Wer das erkennt, ist wirklich reich.

7. LÄSTERN IST LÄSTIG

Schlecht über andere zu reden macht mich nicht besser, sondern führt umso eher zum Kontaktabbruch, je unwohler sich mein Gegenüber dabei fühlt. Denn was Hans über Peter sagt, verrät mehr über Hans als über Peter. Schauen wir uns dazu mal ein solches Gespräch an:

> Traudel steht an der Konzertkasse an und langweilt sich. Gefühlt warten einhundert Menschen vor ihr, während der Sekundenzeiger ihrer Uhr zu stehen scheint. Da wird sie plötzlich von der Frau

vor ihr in der Reihe angesprochen, die Traudel mit einer alten Freundin verwechselt hat.

»Na, zum Glück«, strahlt die unbekannte Frau, als sie erkennt, dass Traudel nicht besagte Freundin ist. »Die hätte mir gerade noch gefehlt. Ich schulde der noch fünf Euro und du glaubst nicht, was die alte Geizkuh für ein Drama wegen der paar Kröten macht. Vielleicht weil sie selbst drei Kröten daheim durchfüttern muss, ihre missratene Brut. Aber ich sag ja immer, wenn du dir Blagen nicht leisten kannst, vögel halt weniger. Naja, die hat's schon immer gern mit jedem getrieben, der gerade nichts Besseres vorhatte. Kein Wunder, vermutlich hat jedes Kind einen eigenen Vater, nur nicht denselben.«

Das schrille Lachen lässt Traudel zusammenzucken.

»Aber so, wie die aussieht, muss sie ja froh sein, wenn sie überhaupt noch wer anfasst. Schwabbel, wohin du schaust. Grauenhaft, wie die sich seit dem letzten Kind gehen lässt. Da weiß man nie, ob sie schon wieder schwanger oder einfach nur fett ist.«

Das geht so weiter, bis die beiden Frauen am Ticketschalter ankommen. Als Traudel beim Verabschieden nach ihrer Nummer gefragt wird, lügt sie.

Hand aufs Herz: Würdest du dich wohlfühlen, wenn eine neue Bekanntschaft so über andere herzieht? Dabei vergessen wir schnell, wie oft wir selbst über andere urteilen, sie gar verurteilen und uns dabei im Recht fühlen.

Auf einer Skala von -5 bis +5:
Wie oft lästerst du über andere?

Natürlich helfen uns Urteile bei unserer Meinungsbildung und tragen Kategorisierungen dazu bei, Ordnung in unser Leben zu bringen. Doch niemand will selbst in eine solche Schublade gesteckt werden, kaum dass er dem anderen den Rücken zudreht. Lästern füllt diese Schublade mit emotionalem Dung und lässt den Zuhörer nicht selten mit dem Gefühl zurück, sich von diesem Gestank befreien zu müssen.

Dabei hatte Lästern in prähistorischen Zeiten eine wichtige Funktion. Galt doch das Reden über Fremde als eine Schutzmaßnahme, um die Horde vor Eindringlingen zu warnen. Gleichzeitig war Lästern ein wichtiges Bindeglied der Gemeinschaft. Das ist heute nur noch selten der Fall. Will ich heute neue Menschen in mein Leben lassen, sollte ich sie nicht wie Eindringlinge behandeln und kann mit dem Lästern aufhören. Denn über andere herzuziehen, dient heute eher dazu, den eigenen fragilen Selbstwert zu stabilisieren. Menschen, die sich ihrer selbst unsicher sind, sich klein und unbedeutend fühlen, versuchen sich zu erhöhen, indem sie andere erniedrigen. Auch projizieren sie nicht selten eigene Unzulänglichkeiten auf andere, um die eigenen Schwächen nicht sehen zu müssen. Wer das durchschaut, hält sich nicht länger als nötig mit einem solchen Kontakt auf.

Auf der anderen Seite bildet Lästern in seiner milden Form des Tratschens auch heute noch den Kitt, der einander vertraute Menschen verbindet. Man tauscht sich aus, bringt sich auf den neusten Stand und erfährt, was die Gemeinde zusammenhält – manchmal auch, wer mit wem was laufen hat, weil sonst das tägliche Einerlei zu langweilig wäre. Dabei handelt es sich um soziale Interaktionen, die dem Abgleich dienen. Hier gleichen wir unsere Position innerhalb des sozialen

Umfeldes ab und versichern uns der Verbindung mit unserer »Horde«. Solange ich zum »Inner Circle« meiner Umgebung gehöre, bin ich sicher und gut verbunden.

Je mehr ich also von dritter Seite erfahre, desto besser bin ich vernetzt und umso mehr Einfluss habe ich. Der wiederum bestimmt, wie gut ich integriert bin. Bleibt der Austausch innerhalb dieses Rahmens, verletzen wir niemanden, sondern wiederholen nur, was früher der Horde Sicherheit gab.

Anders sieht es aus, wenn wir Menschen damit bewusst schaden wollen. Dann mögen peinliche Anekdoten über andere manchen Zuhörer erheitern. In der Regel aber trennt uns das versprühte Gift von denen, die mental gesund bleiben wollen. Also achte auf deine Worthygiene und die Art, wie du über andere sprichst. Instinktiv fühlen wir uns nämlich zu loyalen Menschen hingezogen, zu Menschen, die tolerant und integer scheinen und auf die wir uns im Ernstfall verlassen können. Das schafft Vertrauen und macht Verbindungen erst möglich. Wer über Missgeschicke anderer auch in deren Abwesenheit wertschätzend spricht, baut Brücken in die Herzen der Menschen. Deshalb schätzen wir auch Friedensstifter höher als Kriegstreiber, oder um es mit einer abgewandelten Redewendung zu sagen:

Menschen mögen die Lästerei, verachten aber den Lästerer.

Andernfalls könnten bei meinem Gesprächspartner Zweifel aufkommen, ob seine privaten Geheimnisse bei mir sicher sind. Wir alle brauchen Orte des Vertrauens, an denen wir uns öffnen und uns verletzlich zeigen können. Orte, an denen wir nackt sind und nicht wollen, dass unser Bild morgen die

Litfaßsäulen ziert. Wird dieses Vertrauen verletzt, entstehen Gräben, über die bald keine Brücke mehr führt. Wie belastend sich aber ein solches Nachtragen auf die Beziehung auswirkt, behandelt unser nächstes Kapitel.

SHORTCUT

Von unseren Freunden erwarten wir Loyalität und die Wahrung anvertrauter Geheimnisse. Das gilt umgekehrt ebenso, weshalb eine Freundschaft ohne Vertrauen nicht möglich ist. Schwierig wird es, wenn jemand hinter dem Rücken eines anderen private Peinlichkeiten zum Besten gibt und mit scharfer Zunge über dessen Missgeschicke lästert. Das löst Fremdschämen aus und Verbindungen auf. Achte also besser darauf, wie du über andere sprichst, denn du weißt nie, ob sie nicht auch über dich reden. Als Faustregel gilt: Ein echter Freund spricht auch gut über Abwesende. Ein Plausch über den Gartenzaun indes stabilisiert nachbarschaftliche Bande und stützt die Gemeinschaft.

8. WENN NACHTRAGEN ZUR LAST WIRD

Trennen sich zwei Menschen, liegt das nicht selten an dem, was der eine zum anderen gesagt oder getan hat beziehungsweise nicht getan hat. Irgendetwas hat die Beziehung verletzt oder belastet und ist stärker als der Wunsch, beisammenzubleiben. Hier liegen Polterabend und Rosenkrieg manchmal direkt nebeneinander. Das heißt aber nicht, dass es weniger kompliziert ist, wenn sich zwei Menschen gerade neu kennenlernen. Schläft der Kontakt bereits nach kurzer Zeit wieder ein, gab es für mindestens einen der beiden gute Gründe, sich zurückzuziehen. Und diese Gründe können vielfältig sein. Allen voran stehen nicht erfüllte Erwartungen. So haben wir alle unser Idealbild von Glück, Beziehung, Sicherheit und Wohlstand und suchen nach dem passenden Mosaikstein, um dieses Bild zu vervollständigen. Erfüllt der neue Kontakt diese Erwartungen augenscheinlich nicht, reagieren wir schnell enttäuscht und ziehen uns zurück.

Oft genügt bereits eine abweichende Meinung zu einem uns wichtigen Thema oder eine Äußerung, die den anderen verletzt. Diese Bemerkung kann willentlich oder unbeabsichtigt erfolgt sein. Das Gefühl, das sie beim anderen auslöst, ist gleichermaßen schmerzhaft und sorgt unter Umständen dafür, dass der Betroffene den Kontakt infrage stellt. Werden dabei Konfliktthema und Person durcheinandergebracht, kann aus einem Missverständnis schnell eine persönliche Abrechnung werden, weil sich einer von beiden nicht gesehen und damit verletzt fühlt.

Je stärker uns die Art des anderen schmerzt, herausfordert, provoziert oder gar beleidigt, desto mehr gehen wir einem künftigen Kontakt aus dem Weg. Auch wenn das empfundene Leid oft nur die Projektion eigener unerfüllter Bedürfnisse ist und wir den anderen zu Unrecht dafür verantwortlich machen, ändert es nichts am Ende manch hoffnungsfroh begonnenen Kennenlernens.

Noch schwieriger wird es innerhalb eines festen Freundeskreises oder der eigenen Beziehung. Hier hängt es von der Stabilität der Verbindung ab, ob und wie ich auf einen (meist inneren) Konflikt reagiere. Ist es der berühmte Tropfen, der das Beziehungsfass zum Überlaufen bringt, werde ich weniger Energie in das Kitten der Risse investieren als im Fall einer tiefen emotionalen Verbindung.

Auf der anderen Seite ist es auch eine Frage meines Selbstbildes, wie mich Handlungen und Worte eines anderen berühren oder gar verletzen können.

Iselinde spürte, wie ihr das Blut ins Gesicht schoss. Ihre Wangen glühten und die feinen Nackenhärchen stellten sich auf. Ein Kribbeln erfasste ihren Hals und um ihren Brustkorb legte sich ein Ring. Sie versuchte vergeblich, Luft zu holen. Noch nie hatte sie jemand derart beleidigt, ohne auch nur eine Miene zu verziehen. Gustav indes schien bester Laune. Er war gerade ins Bad gekommen und hatte seine Frau auf der Körperwaage angetroffen. Ohne auf ihre bekümmerte Miene zu achten, hatte er sie von hinten umarmt und ihr zärtlich ins Ohr geflüstert, dass er jedes Gramm an ihr lieben würde. Das hatte bisher nur einer gewagt, ihr Vater, der Iselinde sein kleines dickes Mädchen genannt hatte und dem sie seither aus dem Weg ging.

Du entscheidest, wie du auf äußere Einflüsse in deinem Leben reagieren möchtest, vorausgesetzt, dass die Lücke zwischen Reiz und deiner Reaktion groß genug ist, damit du ausreichend Zeit zum Abwägen findest. Diese sogenannte Impulskontrolle beschleunigt oder verhindert den Bruch mit einem anderen Menschen. Doch zuerst einmal müssen wir diese Lücke wahrnehmen.

Wie schon mein großes Vorbild Viktor Frankl feststellen musste, liegt zwischen Reiz und Reaktion ein Raum, in dem wir die Wahl haben, wie wir auf diesen Reiz reagieren wollen. In dieser Reaktion liegen unsere Entwicklung und unsere Freiheit. Viel zu oft versagen wir uns diese Freiheit, wenn wir impulsartig auf ein Wort, eine Geste, einen Blick oder eine Handlung reagieren, ohne uns der eigenen Gründe für diese (oft wütende) Reaktion bewusst zu werden.

Stattdessen machen wir unseren Gesprächspartner dafür verantwortlich, wie wir uns fühlen und auf ihn reagieren. Häufig tun wir dies zu Unrecht, denn meist triggern uns frühkindliche Verletzungs- und Ohnmachtserfahrungen, die wir seither in uns herumtragen. Diese katapultieren uns immer wieder zurück in eine Zeit, in der uns keine geeignete Strategie der Abwehr zur Verfügung stand. Nachtragen ist deshalb der untaugliche Versuch, diesen früheren Schmerz zu kontrollieren.

Stell dir nur mal vor, du wirst in einem Gespräch daran erinnert, wie verlassen du dich als Kind in deiner Familie gefühlt hast. Was hilft es da, auf dein Gegenüber wütend zu sein oder ihn für deine Traurigkeit verantwortlich zu machen? Deine Narben beginnen durch den Konflikt zwar erneut zu schmerzen. Die Verletzung selbst ist aber viel älter. Deshalb hast du die Chance, daran zu arbeiten und dich von deinen Urenttäuschungen zu lösen. Die sind es nämlich, die deine aktuellen Gefühle verursachen und dich an diese früheren Verletzungen erinnern. Das würde nicht nur eure Beziehung entlasten, sondern dir auch die Kontrolle über die schmerzbehaftete Situation zurückgeben. All die Selbstzweifel, Ängste und Unsicherheiten, mit denen du dich immer wieder verurteilen und entwerten magst, lassen sich in der Lücke zwischen Reiz und Reaktion anschauen und bearbeiten – und am Ende vielleicht sogar akzeptieren und loslassen.

Du fragst dich völlig zu Recht, wie das gehen soll. Auch hier hilft Achtsamkeit den eigenen Gefühlen gegenüber. Bevor du auf einen Reiz reagierst, musst du ihn beurteilt haben, dir also bewusst geworden sein, ob du dich gut oder schlecht damit fühlst. Je früher du dieses Gefühl in dir hochkommen spürst, desto länger hast du Zeit, darauf zu reagieren und zu beenden, was dir nicht guttut. Das ist der Schlüssel zu einem veränderten Verhalten. Notfalls kannst du auch STOPP zu dir sagen, um den beständigen Gedankenstrom zum Halten zu bringen, der dich im Konflikt hält und dir schlechte Gefühle macht.

Zum Glück vergehen diese Gefühle ziemlich schnell. Du brauchst deshalb nicht lange mit deiner Reaktion zu warten. Zwei, drei Atemzüge genügen, um überlegt zu handeln und nicht deinem ersten Impuls zu folgen. Spürst du also ein ungutes Gefühl in dir aufsteigen, auf das du bisher wütend oder enttäuscht reagierst hast, kannst du es durch bloßes Schweigen entspannen. Dieses kurze Innehalten gibt dir die Kontrolle über den Moment zurück, und du hast Zeit, in dir nach der wirklichen Ursache für dieses Gefühl zu suchen. Das macht den Reiz nicht weniger schmerzvoll, hat aber nichts mit deinem Gesprächspartner zu tun. Denn für deine Gefühle bist du allein verantwortlich.

Auf einer Skala von -5 bis +5:
Wie nachtragend gehst du mit dir und anderen um?

Das heißt nicht, dass dich das Verhalten deines Gegenübers nicht auch verletzen kann. Es gibt zahllose Gründe, wieso wir mit einem anderen in Streit geraten, wütend sind und die Beziehung am Ende vielleicht sogar aufgeben. Niemand muss unhöfliches, achtloses oder abwertendes Verhalten tolerieren. Ziehst du aber alle Auslöser ab, die in dir und nicht im Verhalten deines Gesprächspartners liegen, lassen sich viele Konflikte entschärfen. Andernfalls hältst du die Erinnerung an das einst verletzende Verhalten aufrecht und löst mit jedem neuen Konflikt bei dir den Wunsch aus, dich am eigentlichen Verursacher zu rächen. Nur leider triffst du damit stets den Falschen, nämlich dich selbst. Es ist so, als würdest du dir permanent den Schorf von der Wunde kratzen. Das hilft nicht beim Heilen, sondern hinterlässt Narben, die dich mehr belasten, als du ahnst. Denn wie das Wort »nachtragend« schon sagt, bürdest du dir hier eine Last auf, die du dem anderen hinterherträgst.

Und egal, ob du deine Wut in dich hineinfrisst oder der Welt um die Ohren schlägst, du fütterst deinen Schmerz und verhinderst Heilung. Hier wird Ärger zum Gift, das du in der Hoffnung trinkst, der andere möge daran sterben. Krank an Leib und Seele merkst du dann meist zu spät, wie du dich selbst vergiftet hast und dass Ärger alles nur ärger macht, um den großen Kurt Tepperwein zu zitieren.

Das hat auch mit unserer Vorstellung von Schuld zu tun, also dem Anteil des anderen an unseren negativen Gefühlen. Diese Schuldzuweisung lässt uns an der Trennung festhalten, anstatt dass wir uns mit dem eigenen Anteil auseinandersetzen. Zusätzlich verhindert oftmals falscher Stolz die Versöhnung.

Lernen wir aber, unseren Anteil an diesen negativen Gefühlen zu erkennen, müssen wir niemand anderen dafür verantwortlich machen. Vielmehr können wir selbst eine Lösung finden. Damit trennen wir Reiz und Reaktion und bleiben mit unserem Gegenüber in Verbindung. Manchmal dauert es Jahre, bis in uns die Erkenntnis reift, selbst mitverantwortlich am Ende einer Beziehung gewesen zu sein. Spätestens dann aber lohnt sich ein Lebenszeichen.

Während nicht jeder Kontakt aufrechterhalten werden muss, können wir bei einigen Kontakten hoffen, dass man uns unser Nachtragen nicht nachträgt. Das hängt nicht selten auch davon ab, wie wertvoll dem früheren Freund unsere Beziehung war. Hierzu mehr im folgenden Kapitel.

SHORTCUT

Vieles, was wir Menschen im Laufe unseres Lebens erfahren, hinterlässt Spuren, im schlechtesten Fall sogar Narben. Diese können aufreißen, wenn andere Menschen unsere negativen Erinnerungen wachrufen und den verdrängten Schmerz zurückholen. Häufig geschieht dies ohne jede Absicht und doch tragen wir es dem Verursacher oft lange nach. Indem du diese Last ablegst, entscheidest du über dein emotionales Wohlbefinden und die Zukunft des konfliktträchtigen Kontaktes. Wenn du also negative Gefühle in dir hochkommen spürst, halte kurz inne, um anschließend überlegt zu handeln und nicht dem ersten, oft wütenden Impuls zu folgen. Das schafft inneren Frieden.

9. WERTE SIND VERHANDELBAR

Wir fühlen uns zu Menschen hingezogen, die ähnlich denken, fühlen, sprechen und handeln wie wir selbst. Bekanntes und Bewährtes gibt uns Sicherheit und lässt uns leichter vertrauen. Vertrauen baut demnach auf Gemeinsamkeiten auf, die sich wiederum aus einer ähnlichen Sicht auf die Welt gebildet haben. Diese Sicht ist auch der Maßstab, nach dem wir unser Umfeld bewerten und wertschätzen. Das, was unser Leben wertvoll macht, sind also unsere Werte und die können sich im Laufe des Lebens verändern. Das gilt für eigene Lebenseinstellungen ebenso wie für Themen, die wir mit anderen Menschen teilen. Ändern sich diese Themen, ändert sich auch die Verbindung und reißt gelegentlich ab.

Wo sich Wendelin und Hildgund rührend um die neugeborene Helene kümmern, verdrehen Alma und Korbinian fragend die Augen, weil aus der geplanten Weinprobe im besten Lokal der Stadt ein Couchabend mit Baby wurde, Geschrei und Erbrochenes inklusive. Kein Wunder, wenn Alma und Korbinian künftig lieber mit Hinnerk und Frauke trinken, während die glücklichen Eltern ihresgleichen beim Babyschwimmen treffen.

Was sind eigentlich Werte? In aller Regel verstehen wir darunter Maßstäbe, an denen wir unser Denken, Fühlen, Sprechen und Handeln ausrichten und die wir für unser moralisches Fundament halten. Werte geben uns Sicherheit und können helfen, unsere Welt zu ordnen und einzuteilen: Das heißt, in die Menschen, die unsere Werte teilen, und »die anderen«.

Werte können Freundschaft, Freiheit, Gerechtigkeit, Umverteilung und Umweltschutz sein, aber auch Gewinnstreben, Patriotismus, Glauben, Kultur und der Schutz des ungeborenen Lebens. Entsprechend kontrovers gestalten sich die Weltsichten der einzelnen Menschen. Sie entspringen unseren Bedürfnissen und stützen die meisten unserer Entscheidungen. Weiche ich allerdings von meinen Werten ab, regt sich mein Gewissen und möchte mich zurück auf den gewohnten Weg bringen.

Auf einer Skala von -5 bis +5:
Wie bewusst bist du dir deiner Werte?

Meist übernehmen wir die Werte unserer Familie, Kultur oder Religion. Doch anders als unsere Grundbedürfnisse sind Werte frei wählbar. Dabei können sie uns unterstützen, unsere Welt so zu gestalten, dass sie uns guttut und unsere Ziele erreichen lässt. Oder sie verhindern das.

Mit der Wahl unserer Werte verändern wir unser Leben und nicht selten auch unser soziales Umfeld. Mit Menschen, die unsere Werte teilen, teilen wir auch gern unsere Zeit. Fehlt es an diesem Wertekanon, können Kontakte auseinandergehen und Beziehungen enden. Schade nur, wenn wir dann die gemeinsame Wegstrecke als verloren glauben und die Freundschaft gar als wertlos verurteilen. Tatsächlich sind wir nur an unterschiedlichen Stellen im Leben abgebogen. Führen diese Wege nicht an einem Punkt in der Zukunft wieder zusammen, endet der gemeinsame Spaziergang und neue Menschen kreuzen unseren Weg.

Wenn jedoch das gute Gefühl früherer Gemeinsamkeiten bestehen bleibt, können wir oft Jahre später direkt am Punkt der Trennung anknüpfen, zum Beispiel wenn die Kinder aus dem Haus sind, und alte Freundschaften wieder aufleben lassen. Es ist fast wie eine Zeitreise in unser früheres Ich, in der sich nur die Tränensäcke vergrößert haben. Deshalb scheue dich nicht, alte Lieben aufzufrischen.

Anders verhält es sich, wenn wir beim Erstkontakt auf unterschiedliche Werte treffen, die sich nicht ergänzen, sondern gegenseitig ausschließen. Das endet meist in einer hitzigen Kontroverse, in einem Streitgespräch, das selten den Wunsch weckt, den gegenseitigen Kampf um die Wahrheit fortzusetzen. »Wie wahr ist die Wirklichkeit?«, könnte man in diesen Situationen fragen und lange psychologische Ausführungen zur Realitätsbrille eines jeden Menschen und dessen mentale Filter machen. Doch das allein löst noch keinen Streit. Ohne ähnliche Werte bleibt der Kontakt bestenfalls anspruchsvoll. Man könnte auch sagen: Auf einem salzigen Boden wächst kein guter Wein.

Deshalb meide Streitthemen, wenn dir deine Lebenszeit wertvoll ist, und diskutiere nicht über Politik, Religion oder den guten Geschmack, wenn dir etwas an einem Wiedersehen mit deinem Gegenüber liegt, der vielleicht gänzlich andere Werte hat. Auch Themen wie Geld oder Krankheit können die Stimmung trüben und das Beisammensein vorzeitig beenden.

Du kannst entweder recht oder eine gute Zeit haben. Beides zusammen funktioniert nur, wenn ihr gemeinsame Werte teilt. Sonst teilen eure Werte euch und zwar in die Gruppe dort und die Gruppe hier, die keine Brücke verbindet.

Wenn es dennoch zum Streit kommt, dir aber der Mensch wichtig ist, unterscheide zwischen der Person und der Sache und versuche, den anderen in seiner Meinung zu verstehen. Einfach nur mal kurz die Brille des anderen aufsetzen und das Bedürfnis hinter seinen Argumenten spüren. Dabei hat Verstehen nichts mit Einverstandensein zu tun, nur mit Toleranz der Verbindung wegen. Denn du kannst niemanden ändern, nur dich selbst.

Dazu hilft es auch, sich seiner eigenen Werte und Bedürfnisse bewusst zu sein. Das sind deine Leitplanken im Umgang mit der Welt und den Menschen darin. Weißt du um deine Maßstäbe, erkennst du sie beim anderen leichter, ohne dich gleich angegriffen zu fühlen. Denn auch dein Gegenüber argumentiert aus seinem Wertekanon heraus und glaubt, dass die ganze Welt das ähnlich sehen müsste. Wie schon gesagt, liegt hinter jedem Wert ein Bedürfnis, dessen Erfüllung den Menschen glücklich macht. Und Glück ist die einzige Währung im Leben, die zählt. Wenn es dich also glücklich macht, mit anderen Menschen in Kontakt zu sein, dann wäge diesen Wert gegen das Bedürfnis ab, recht zu haben. Es könnte sein, dass euer Streit dann ganz schnell endet.

Wenn du allerdings nur aus dem Wunsch heraus, nicht allein zu sein, jedem Konflikt aus dem Weg gehst und stets das Wohlbefinden aller im Auge hast, ist der Grat zwischen Bedürfnis und Bedürftigkeit schnell überschritten. Darüber gleich mehr.

SHORTCUT

Menschen lassen sich im Leben von ihren Werten leiten. Wenn wir dabei auf Widerstand treffen, hat das selten mit der Ablehnung unserer Person zu tun als vielmehr mit den Werten des anderen, die sich von unseren unterscheiden. Dann ist es schwer, sich miteinander zu verbinden. Deshalb fühlen wir uns auch eher von Menschen angezogen, die unsere Werte teilen und damit für uns wertvoll werden. Mach dir deine Werte bewusst und vermeide Streitthemen mit den Personen, von denen du weißt, dass sie deine Werte nicht teilen. Dennoch bist du keinem Wert verpflichtet und kannst dein Leben jederzeit neu bewerten, indem du deine Regeln deinem Glück anpasst.

10. BEDÜRFNIS UND BEDÜRFTIGKEIT

Wenn du dich mehr vor dem Wochenende als dem Montag danach fürchtest, du Feiertage hasst und seit Jahren nicht mehr verreist bist, mag es daran liegen, dass du einsam bist. Vermutlich sehnst du dich nach Menschen und nach Austausch und hoffst bei jedem neuen Kontakt auf ein Wiedersehen. Doch solange du den anderen nur für deine Abwechslung brauchst, bleibt dieser Kontakt austauschbar. Deine neue Bekanntschaft merkt dann schnell, ob sie ein Bedürfnis bei dir weckt oder nur deine Bedürftigkeit anspricht. Letzteres wirkt wenig anziehend.

Annegret konnte es kaum erwarten, ihrem Date mitzuteilen, wie nett sie den gemeinsamen Abend gefunden hatte und wie dankbar sie für die gute Unterhaltung war. Für fast drei Stunden hatte sie sogar ihren Ex vergessen können. Es brauchte keine fünf U-Bahn-Stationen, um das in drei Kurznachrichten zu verpacken, garniert mit jeder Menge Herz-Emojis. Als am nächsten Morgen noch immer keine Antwort im Display blinkte, füllten weitere Nachrichten den Speicher des Verstummten. Es sollten nicht die letzten sein, von ihrem Date jedoch hörte sie nie wieder etwas.

Manchmal ist der Wunsch nach Verbindung so überwältigend, dass aus Einsamkeit Besessenheit wird und den gestern noch Interessierten heute in die Flucht schlägt. Menschen spüren, wenn sie nur eine Lücke füllen sollen, die andere gerissen haben. Das folgt dem physikalischen Gesetz von Druck und Gegendruck. Fühlt sich einer von beiden vereinnahmt, also erdrückt, weicht er vor dem Druck aus und damit zurück. Er geht. Intensiviert daraufhin der Bedürftige sein Nähebestreben, neudeutsch klammert, zieht sich das Objekt der Begierde noch weiter zurück, bis die Verbindung reißt.

Bedürftigkeit kann bereits frühester Kindheit entstammen, wenn das Vertrauen in die elterliche Fürsorge schwer erschüttert wurde. Säuglinge, die sich der Zuwendung ihrer Eltern unsicher sind, erleben Todesangst, da sie ohne ihre Eltern nicht überleben würden. So knüpfen Kinder auch in späteren Jahren ihr Überleben an die Liebe ihrer Eltern und tun alles dafür, zu gefallen, ohne aufzufallen. Damit übernehmen Kinder die Verantwortung für das Glück ihrer Eltern und stellen eigene Gefühle wie Wut, Traurigkeit oder Abenteuerlust zurück. Alles nur, um sich der Liebe ihrer Eltern sicher zu sein.

Diesem Muster folgen sie dann bis ins Erwachsenenleben. Im Bedürfnis nach Zuwendung und Gesehenwerden, nach Schutz und Sicherheit fühlen sich sozial unsichere Menschen schnell unsichtbar und abgelehnt – oft nur, weil sie sich selbst nicht zeigen können oder wollen. Je weniger sozial eingebunden sie damit sind, desto stärker tritt die Urangst des Verlassenwerdens hervor. Das lässt solche Menschen unnatürlich stark auf Kontakte reagieren, meist in Form von Besitzdenken, Eifersucht und Klammern.

Gleichzeitig kann soziale Bedürftigkeit auch dem Wunsch nach Anerkennung entspringen, die uns als Kind verwehrt wurde. Hier laufen Programme des Geliebtwerdenwollens und Antreiber, nicht genug zu sein, nicht zu taugen und es allen recht machen zu müssen. Diese Ohnmacht, die im Alleinsein spürbar wird, weckt in Menschen die Angst, nicht dazuzugehören, nicht gemocht zu werden und damit auf sich allein gestellt zu sein. Um diesem zu entgehen, tun Menschen fast alles, selbst über die eigenen Bedürfnisse hinaus.

Das gilt auch für das Miteinander in Freund- oder Partnerschaften. Wenn auch du glaubst, dich für andere zum perfekten Freund oder Partner machen zu müssen, wirst du versuchen, dich so zu verändern, dass dich der andere mag. Damit aber gibst du nicht nur deine Identität auf, sondern übersiehst die wichtigste Frage: Ist das überhaupt der richtige Umgang für mich?

Jeder möchte im Grunde seines Herzens als der geliebt werden, der er ist, ohne sich zu verstellen und eine Rolle spielen zu müssen. Die Tücke besteht nicht zuletzt darin, dass wir die Rolle manchmal gar nicht mehr als solche erkennen, weil sie uns bereits zur zweiten Haut geworden ist. Sei hier besser aufmerksam deinen Interessen gegenüber und offen für die Erfahrung, nicht jedem gefallen zu müssen, um beliebt zu sein. Das ist auch eine Frage des Respekts dir selbst gegenüber.

Doch auch gesund aufgewachsene und sozial gut vernetzte Menschen wundern sich über abreißende Kontakte, erleben Ghosting und bleiben ratlos zurück. Dann heißt es, sich auf die Fülle an Menschen und nicht auf den Mangel des Einzelnen zu konzentrieren und dem Nächsten die Tür zu öffnen.

Schließlich gibt es noch jene, die sich endlich verstanden gefühlt haben und den anderen tief in die eigene Seele blicken ließen. Und doch meldete er sich nicht zurück. Wieso ist das so? Vielleicht wurde hier Vertrauen mit Vertrauensseligkeit verwechselt. Nicht jedes persönliche Wort ist der Schlüssel zum Herzen des anderen, nicht jeder tiefe Blick eine Liebeserklärung. Vertrauen braucht Zeit und Beständigkeit im Umgang mit anderen. Aber genau das fehlt bei einem Erstkontakt, egal, wie intim sich dieser angefühlt haben mag. Deshalb frage dich:

Auf einer Skala von -5 bis +5:
Wie schnell vertraust du anderen Menschen?

Menschen, die sich stark nach Gemeinschaft sehnen, fühlen sich häufig auch für das Wohlbefinden ihrer Umwelt zuständig. Wenn du dir regelmäßig die Frage stellst, wie du auf andere wirkst, gehörst du vielleicht auch dazu. Das kann dazu führen, dass du nur des Gefallens wegen nicht authentisch bist, zu viel oder zu wenig redest und Konflikten aus dem Weg gehst. Entsprechend anstrengend bist du für dich und andere und verhinderst eine wertschätzende Verbindung.

Die Grundhaltung dahinter, nämlich das Interesse am anderen, ist grundsätzlich richtig. Glaubst du aber, die Gesamtverantwortung für das Wohl anderer übernehmen zu müssen, wird aus dieser Stärke eine Schwäche. Denn damit ersetzt du Vertrauen durch Kontrolle, um der Angst vor Ablehnung Herr zu werden. Ohne Vertrauen aber bleibt die Verbindung zum Gegenüber brüchig. Hier hilft es, die ängstigenden Gefühle auszuhalten und dem anderen die Verantwortung für sein Wohlbefinden (bildlich) zurückzugeben. Zu erleben, dass beispielsweise Pausen in einem Gespräch nicht bedrohlich sind und vom anderen möglicherweise sogar geschätzt werden, kann dabei helfen, das eigene Wohlbefinden zu steigern. Dann kann sich der andere auch in deiner Nähe entspannen und aus Bekannten können Freunde werden.

Auf der anderen Seite neigen harmoniesüchtige Menschen dazu, Konflikte zu vermeiden. Das geht manchmal sogar so weit, dass sie Streitpunkte ausblenden und die Verbindung falsch einschätzen. Sie reden dem anderen nach dem Mund oder übersehen offenliegende Konflikte. Das heißt, sie überschätzen das harmonische Miteinander und fühlen sich erschöpft. Und alles nur aus Angst, dem anderen nicht wichtig genug zu sein, nicht zu genügen. In einem solchen Fall werden eigene Gefühle oft verdrängt. Das heißt, die Antennen sind zu weit im Außen, um den inneren Bedürfnissen gerecht werden zu können. Wir spüren uns selbst nicht mehr, während wir die Stimmung des anderen als unsere eigene wahrnehmen. Fühlt sich diese aber gereizt an, wäre das das Signal, sich den eigenen Gefühlen wieder zuzuwenden.

Nutze das Alleinsein, um dir mehrmals am Tag bewusst zu werden, wie du dich gerade fühlst. Wann geht es dir gut, was kommt zu kurz, wo möchtest du nicht hinspüren und welche Empfindungen bereichern deinen Tag? Dazu ist es wichtig, die eigenen Gefühle überhaupt benennen zu können, also Worte für das zu haben, was deine Stimmung prägt. Hier helfen Gefühlswortlisten und ein unregelmäßiger Impuls, deine eigene Gefühlslage zu prüfen. Je häufiger du dir also deiner Emotionen bewusst wirst, desto besser lernst du dich und deine Bedürfnisse kennen und bleibst gegenüber anderen bei dir. Damit wirst du für deine Umwelt authentisch, was anziehend wirkt, ohne dass du darum betteln musst.

Natürlich ist das allein kein Garant dafür, langfristige Verbindungen einzugehen. Menschen sind verletzlich und meist sensibler, als wir denken. Erwidern wir zum Beispiel die Liebe eines anderen nicht, zieht sich der Abgelehnte regelmäßig zurück und schlägt seinerseits das bloße Freundschaftsangebot aus.

Allen Verbindungen gemeinsam ist, dass wir uns mit anderen im Wechselspiel zwischen Autonomie und dem Wunsch nach Nähe bewegen. Wird dieses Gleichgewicht gestört, können Besitzdenken, Eifersucht oder Abhängigkeit das Miteinander gefährden. Grund genug, sich damit näher zu befassen.

SHORTCUT

Nähe zu anderen Menschen ist nicht nur ein Grundbedürfnis, sondern auch wunderschön. Wir möchten dazugehören und geliebt werden, gleichzeitig dem anderen zeigen, wie wichtig er uns ist. Wenn aber aus diesem Bedürfnis Bedürftigkeit wird, wird aus Nähe schnell Beklemmung und der andere zieht sich zurück, um seinem Bedürfnis nach Autonomie nachzukommen. Dann wird es Zeit, sich der dahinterliegenden Verlustangst zu stellen und die Kontrolle aufzugeben. Vertraue dir und deiner Ausstrahlung und fürchte dich nicht vor Konflikten, denn eine erzwungene Harmonie auf Kosten deiner Bedürfnisse macht dich nicht glücklich, sondern einsam. Hier hilft nur loslassen.

11. DEINE LIEBE GEHÖRT MIR!

Menschen brauchen Menschen. Allein dieser Satz zeigt das Dilemma vieler Verbindungen. Denn etwas zu brauchen setzt einen Mangel voraus. Es zeigt also, dass wir ohne Menschen mangelhaft wären und allein nicht genügen. Diese Lücke will aber gestopft werden, denn wenn kein anderer Mensch zur Verfügung steht, fehlt etwas und wir empfinden uns als fehlerhaft. Entsprechend bedürftig erleben wir uns in Momenten der Einsamkeit, wenn wir uns allein, ungeliebt und hilflos fühlen. Wie leicht glauben wir dann, nur in Beziehungen glücklich sein zu können, und stellen die Verbundenheit über alle anderen Bedürfnisse. Wir erfahren uns als unvollständig und abhängig von der Zuwendung Dritter, der Liebe anderer Menschen.

Tatsächlich ist die Liebe die alles erfüllende Energie im Leben, vielleicht sogar das Leben selbst. Menschen, die lieben, bezeichnen sich als glücklich, erfüllt, beseelt und unverwundbar. Kein Thema wurde variantenreicher in Wort, Bild und Ton gefasst als die Liebe, auch wenn wir das Verliebtsein regelmäßig damit verwechseln. Egal, es geht hier nicht um Begriffe, sondern um das Gefühl, im Leben angekommen zu sein, wenn wir lieben und geliebt werden.

Fragt man Menschen, was sie sich am meisten im Leben wünschen oder auf dem Sterbebett bedauern, nicht erlebt zu haben, erhält man zur Antwort, dass sie gern diese Liebe mit anderen teilen würden oder geteilt hätten. Dieses Teilen verbindet uns und lässt Einsamkeit, Kummer, Sorgen und Ärger bedeutungslos zurück. Der Pferdefuß dabei ist, dass wir nur teilen können, was wir haben, und hier beißt sich die Katze in den viel bemühten Schwanz.

Solange wir glauben, nur im Außen diese Liebe finden zu können und vom Wohlwollen und der Zuwendung anderer abhängig zu sein, werden wir nichts zum Teilen haben, weil uns die Liebe fehlt. Wie aber sollen wir uns ohne diese Zuneigung mit anderen verbinden? Der beste Weg wäre, diese Liebe in uns zu finden, das heißt, uns so zu akzeptieren, wie wir sind, und uns dafür zu lieben. Wenn das nur nicht so schwer wäre. Sich selbst zu lieben ist das Hochreck jeder Persönlichkeitsentwicklung und stellt viele Menschen vor eine schier unlösbare Aufgabe. Warum? Weil wir es nie gelernt haben. Wer von uns wurde allein dafür geliebt, dass es ihn gab?

Viel zu früh erfahren wir das Wechselspiel von Erwartung und Enttäuschung und lernen nach den Regeln anderer zu leben, und zwar nur, um dafür geliebt zu werden. Diesen Verhaltensmustern folgen wir häufig bis ins Erwachsenenleben, selbst wenn wir damit unglücklich sind. Denn mit jedem gescheiterten Kontaktversuch fühlst du dich in deinem Mantra, nicht liebenswert und damit nicht gut genug zu sein, bestätigt und glaubst, noch härter die Regeln anderer befolgen zu müssen. Dabei senkst du kontinuierlich deinen Selbstwert und näherst dich deinem verzerrten Selbstbild, nicht zu genügen. Dieses Bild löst paradoxerweise ein vertrautes Gefühl aus, nämlich du selbst zu sein, wenn auch mangelhaft. Das verschafft dir Sicherheit, weil du das Gefühl kennst. Und immer wenn wir Dinge erleben, die wir kennen und damit auch beherrschen, fühlen wir uns sicher, weil wir Kontrolle über unsere Angst bekommen.

Das heißt, dein Glaubenssatz, nicht liebenswert zu sein, dient nur dazu, keine Angst zu haben, weil du diesen Zustand bereits kennst. Plötzlich zu sagen, *ich bin liebenswert*, würde ja bedeuten, etwas zu erleben, das dir unbekannt ist und dir wieder Angst macht. Diese Angst vor Veränderung hält dich klein und ungenügend und verhindert, dass du dich selbst zu lieben beginnst.

Finden wir schließlich doch die Liebe im Außen, also in der Zuwendung eines anderen Menschen, wächst auch die Sorge, diesen wieder zu verlieren. Je mehr wir lieben, desto mehr fragen wir uns, ob wir genügen, ob der andere uns auch liebt und wir die Liebe verdient haben. Entsprechend fragil wird unser Fundament, auf dem wir diese Verbindung aufbauen.

Was also tun wir, um diese Liebe möglichst lange zu erhalten? Wir halten sie fest, wir klammern und erklären den Partner zu unserem Besitz.

Winfried wusste, wenn er Heidemarie jetzt widerspräche, würde er die nächsten drei Nächte auf dem Sofa campieren dürfen. Auch wenn er gegen das altbekannte Gefühl von Erniedrigung, Enttäuschung und Wut ankämpfen musste, schwieg er und ertrug

> Heidemaries Tirade über seine verkommenen Freunde. Dabei hatte er ihr nur von dem geplanten Motorradwochenende mit seinen Kumpels im Ötztal erzählt. Doch damit hatte er ihren ganzen Zorn auf sich gezogen. Wenn er sie lieben würde, könnte er auf ein Gelage mit seinen Saufkumpanen verzichten, war ihre Begründung. Sie würde sich lieber scheiden lassen, als länger die Nummer zwei für ihn zu sein. Winfried kannte diese Drohung bereits. Auch seine Mutter sprach kaum noch mit ihm, seit er und Heidemarie geheiratet hatten.

Wir üben Kontrolle aus, um die Angst vor Verlust und Ablehnung zu beherrschen. Diese Kontrolle nennt sich Eifersucht und ist der Ausdruck einer ins Groteske verzerrten Liebe. Hier wurde eine der größten Stärken zu einer Schwäche, die uns all die Energie wieder nimmt, die uns die Liebe einst gab. Es ist der Anfang vom Ende und der Wegbereiter der Schmerzen, die jeder kennt, der schon einmal unglücklich verliebt war oder eine Trennung durchleben musste.

Auf einer Skala von -5 bis +5:
Wie eifersüchtig bist du?

Eifersucht ist dabei der Mangel an Vertrauen in uns selbst. Nicht dem Partner misstrauen wir, sondern unserer Wirkung auf ihn, die möglicherweise nicht genügt, um ihn zu halten. Dieser Mangel an Selbstvertrauen und innerer Liebe bereitet nicht nur den Boden für ein albtraumhaftes Kopfkino. Er nimmt dem Miteinander auch jede Zukunft, verwirklichen wir damit doch erst unsere tiefsten Ängste, während wir gleichzeitig den anderen dafür verantwortlich machen.

Eifersucht zeigt sich aber auch in dem Versuch, unsere Liebe an von uns aufgestellte Bedingungen knüpfen. Es ist das erlernte Muster, wie vielen von uns als Kind Liebe verkauft wurde. Damit aber missbrauchen wir unsere Liebe und verwandeln unsere Beziehung in ein Abhängigkeitsverhältnis, das vom ständigen Wechselspiel zwischen Hoffnung und Ohnmacht geprägt ist – je nachdem, wer gerade die Macht innehat. Dabei spielt es keine Rolle, ob es sich um eine Partner- oder eine Freundschaft handelt. Sobald wir Exklusivität im Umgang mit einem anderen Menschen beanspruchen, belasten wir die Verbindung und sorgen dafür, dass das System brüchig wird.

So kann es dazu kommen, dass wir uns die Liebe aus Angst vor einer Trennung gar nicht erst erlauben. Stattdessen entziehen wir uns jeder Verbindung, sobald sie droht, ernst zu werden. Der gefürchtete Trennungsschmerz lässt uns die Beziehung beenden, bevor der andere Schluss machen kann. Damit kehren wir den Opfer-Täter-Status um und tun unserem Partner genau das an, wovor wir uns am meisten fürchten.

Menschen, die so ticken, wollen den Partner besitzen, ohne sich an ihn zu binden. Entsprechend schnell ziehen sie sich auch wieder zurück. Nimmt der andere den Abstand hin, dreht sich das Programm und der Flüchtende möchte den Ex-Partner erneut besitzen. Eine toxische Verbindung entsteht und vergiftet die Partner- oder Freundschaft und oft auch das gesamte Umfeld. Denn auch innerhalb sozialer Gefüge wie Familien oder Freundeskreise laufen vergleichbare Dynamiken. Die sorgen mit der Trias von Besitzwunsch, Eifersucht und der Angst, allein zu bleiben, für ungesunde Beziehungsmuster und Konflikte. Freunde werden vor die Wahl gestellt, sich für oder gegen andere Personen zu entscheiden und damit den Bruch der Beziehung zu riskieren. Damit zerstören wir, was wir vorgeben zu lieben, und suchen mit Eifer nach etwas, das Leiden schafft. Was aber ist die Alternative?

Vertrauen. Vertrauen in dich, deinen Partner und die Macht der Liebe. Liebe, die du verdienst, denn nur die Liebe selbst kann dir deine Angst nehmen. Weder Besitz noch eifersüchtige Kontrolle können sie halten, denn die Liebe ist ebenso flüchtig wie das Glück selbst. Zu glauben, wir könnten die Liebe festhalten, ist, als ob wir mit einem Sieb Wasser schöpfen würden. Die Liebe bleibt, wo sie sich wohlfühlt. Wird sie eingesperrt, stirbt sie. Fühlst du dich indes in deiner Beziehung eingesperrt, steht auch dir die Tür offen, um zu gehen.

Letztlich bist du es, der das Drehbuch seines Lebens umschreiben kann und damit Einfluss auf die Qualität der Verbindung nimmt. Niemand kann dich verletzen, wenn du es nicht zulässt und stattdessen erkennst, dass negative Gefühle nur Mangelprogramme deiner Kindheit sind, die dir Angst machen.

Willst du also, dass deine Beziehung erhalten bleibt, dass sich deine Kontakte zurückmelden und du gar als die geliebt wirst, die du bist, darfst du aufhören, etwas im Außen zu suchen, was du zuerst in dir finden musst. Du bist, wer du bist, und damit bist du gut genug, denn das Leben kennt nur Gewinner, und einer davon bist du.

Liebe lässt sich nicht erzwingen. Sie fühlt sich nur von ihresgleichen angezogen, also von Menschen, die die Liebe in sich tragen. Findet sie dich, lass sie frei. Verschenke sie und sie wird wachsen. Willst du sie hingegen besitzen, wirst du sie verlieren. Dann hilft auch kein Jammern, Klagen oder Wüten – Gefühle, mit denen wir uns nun beschäftigen wollen.

SHORTCUT

Ohne Vertrauen kann keine Beziehung bestehen, keine Liebe überleben. Sobald wir aber an unserer Liebe zweifeln, wir den Partner oder Freund besitzen wollen und dem Mindfuck Eifersucht die Tür öffnen, wird aus einer machtvollen Beziehung ein ohnmächtiger Kampf gegen die Angst vorm Alleinsein. Diesen Kampf verlieren wir, wenn wir nicht in uns die eine Antwort auf alle Zweifel finden: die Liebe zu uns selbst. Dazu darfst du alte Gewohnheiten ablegen, die dich darin bestärken, nicht liebenswert zu sein. Diesen Mustern vertraust du auch nur, weil du sie kennst, nicht weil sie dir guttun. Also weg damit, denn Liebe will frei sein, um bei dir zu bleiben.

12. JAMMERLAPPEN UND GRIESGRÄMER

Die Welt ist, wie wir sie wahrnehmen. Entsprechend wichtig ist, durch welche Brille wir auf die Welt, unser Leben und unsere Beziehungen schauen. Das bestimmt unsere Haltung und strahlt auf andere aus. Dabei ist jedoch nicht jeder, der strahlt, auch ein Stern. Manche Menschen erleben wir eher als radioaktives Endlager und meiden sie. So sind Menschen, die sich ständig beklagen, die über Gott und die Welt jammern und sich den lieben, langen Tag beschweren, keine angenehmen Zeitgenossen. Im Gegenteil. Statt sich um ihr Glück zu kümmern, machen sie alles und jeden für ihr Unglück verantwortlich. Deren Brillengläser sind stumpf und zerkratzt und spiegeln eine Welt wider, in der niemand von uns leben möchte. Entsprechend rar dürften die Kontakte solcher Menschen sein, was diese in ihrem negativen Bild von der Welt meist nur bestärkt.

Doch wieso jammern oder klagen Menschen überhaupt? Geht es ihnen damit besser? Wird hierdurch das Leid weniger, oder bringen sie andere dazu, sich zu verändern? Eher nicht. Ärger und andere negative Gefühle sind lediglich Ausdruck eines unerfüllten Bedürfnisses, quasi das Warnlicht der mentalen Öldruckanzeige. Diese ärgerlichen Gedanken dennoch weiterzudenken, ist aber ähnlich sinnvoll, wie das blinkende Warnlicht im Auto abzukleben, um den Motorschaden zu verhindern, an dem sonst der Hersteller schuld ist.

In hohem Bogen spuckte Walter den Rotwein zurück ins Glas und winkte nach dem Kellner. Der eilte herbei und fragte höflich nach dem Befinden. Barsch unterbrach ihn Walter und zeigte empört auf die Weinflasche. »Die Plörre korkt«, bellte er dem Kellner entgegen, während Bertram, Olf und Idlind erschrockene Blicke tauschten. Gemeinsam wollten sie mit ihrem Chef Walter auf das gute letzte Quartal anstoßen, doch offensichtlich nicht mit dem servierten Wein. Der Kellner verzog keine Miene, als er sich entschuldigte, den Wein mit in die Küche nahm und gegen eine andere Flasche der gleichen Sorte austauschte. Zurück am Tisch öffnete er den Schraubverschluss, schenkte ein und reichte Walter das Glas zum Kosten. Der nippte, verzog die Lippen und nickte schließlich gnädig, auf dass sich der Kellner entfernte.

»Wird man wohl noch was sagen dürfen«, brummte Walter, als er in die irritierten Gesichter seiner Mitarbeiter blickte.

Was wir von uns und der Welt denken, senden wir aus und finden es in allem wieder, das uns umgibt und unser Leben bestimmt. Was also wird Walter von sich denken, wenn er es für erforderlich hält, sich gegenüber anderen auf diese Art zu profilieren? Vermutlich hält er sich hier für das Opfer. Es kann an einer Erfahrung liegen, die ihn vielleicht schon seit seiner Kindheit begleitet und ihn gelehrt hat, für seine Interessen zu kämpfen. Die Art, mit der er das tut, grenzt ihn allerdings aus, ebenso wie er andere ausgrenzt.

Hinter einer solchen passiv-aggressiven Umgangsform kämpft das Bedürfnis, gesehen zu werden, mit der Angst vor Ablehnung. Die sucht einerseits Harmonie, fühlt sich andererseits aber stets benachteiligt. Das ist eine anstrengende Mischung, vor allem für die, die es abbekommen.

Pessimisten hingegen glauben, sich durch ihre Schwarzmalerei vor Enttäuschungen zu schützen, und sehen nicht, dass sie damit erst die Möglichkeit fataler Entwicklungen in ihre Welt einladen. Ebenso anstrengend sind Menschen, auf die man sich nicht verlassen kann. Stell dir vor, du wirst auf eine Party eingeladen und schiebst die Zusage so lange auf, bis du weißt, dass sich nichts Besseres findet. Dann musst du dich nicht wundern, wenn du von den Gästelisten deiner Freunde gestrichen wirst. Verlässlichkeit ist nicht nur eine Frage der Verbindlichkeit und damit Fairness dem anderen gegenüber. Sie zeigt auch, wie sehr du am anderen interessiert bist und wie respektvoll du deine Kontakte pflegst. Menschen, die dazu neigen, sich stets eine Tür offenzuhalten, neigen auch dazu,

Ausreden zu erfinden, wenn sie ihre vagen Zusagen doch nicht einhalten möchten. Das ist verletzend und führt mittelfristig zum Kontaktende.

Ähnlich verhält es sich mit Menschen, die ihre Welt gern in richtig und falsch, schwarz oder weiß einteilen – vereinfacht gesagt Menschen, denen Empathie im Umgang mit anderen fehlt und die glauben, auf alles eine Antwort zu haben. Diesen Typus erkennst du leicht an schnellen Lösungen, die dazu dienen, sich die Probleme anderer vom Hals zu halten. Das heißt natürlich nicht, dass du dich für alle Befindlichkeiten deines Umfeldes interessieren musst. Ich zum Beispiel war mehrfach Gast eines Männerstammtisches, bei dem ich eine Handvoll vom Leben verstimmter Männer mittleren Alters antraf und mich denkbar unwohl fühlte. Hier stand nicht das Miteinander unter Männern, sondern das Klagen über Frauen im Vordergrund. Nach drei Besuchen hatte ich genug von dieser Jammerrunde.

Es ist daher gut, regelmäßig den eigenen Umgang mit Problemen zu überprüfen. Wie siehst du deine Welt? Ist sie voller Hindernisse, Ungerechtigkeiten und Täter, die dir dein Leben schwer machen? Oder siehst du in jedem Problem eine Chance, lernst aus deinen Fehlern und bist lieber aktiv, als nur klagend auf die Mängel dieser Welt zu reagieren? Die Welt mag nicht immer gut sein, aber wir haben keine andere. Wozu also jammern?

Auf einer Skala von -5 bis +5:
Wie häufig beklagst du dich oder jammerst du?

Davon möchte ich explizit jene ausnehmen, die ein schwerer Schicksalsschlag getroffen hat und die eine Schulter suchen, um die eigene Last teilen zu können. Diese Menschen verdienen unser Mitgefühl und unsere Geduld, haben aber ihrerseits oft nicht die Kraft zur Kontaktpflege. Allerdings gibt es auch hier Grenzen. Denn wenn Menschen ewig nicht aus ihrem Jammertal herausfinden, darf sich der Freundeskreis fragen, ob hier die Fürsorge nicht zum sekundären Krankheitsgewinn verkommen ist. Darunter versteht man den Vorteil, den der Leidende aus der Zuwendung anderer zieht und der ihn daran hindert, wieder in alter Stärke ins Leben zurückzukehren. Das ständige Wiederholen von Leidensgeschichten löst nämlich den Schmerz nicht, sondern vertieft ihn durch das beständige Wiederdurchleben und Offenhalten der Wunde. Das erhöht das Leiden beim Erzählenden und beim Zuhörer.

Eine letzte Gruppe anstrengender Zeitgenossen sind jene, die wie Walter in unserem Beispiel andere erniedrigen, um sich selbst aufzuwerten. Damit werden eigene Schwächen hinter der Fassade von Aggression, Arroganz, Rassismus oder Diskriminierung versteckt, und alles, was diese Menschen verunsichern könnte, wird in typischer Ich-gegen-die-Welt-Rhetorik verurteilt. Das sorgt nicht gerade für Sympathie und den Wunsch, solche Kontakte aufrechtzuerhalten. Ebenso wenig wie es Menschen tun, die mit sich und der Welt notorisch unzufrieden sind und bei allem und jedem das Haar in der Suppe finden. Eine Abwandlung davon sind Menschen, die sich nicht demonstrativ beschweren, aber zu allem eine andere und meist aus ihrer Sicht bessere Meinung haben.

Ob du zu dieser Gruppe gehörst, merkst du unter anderem daran, ob du bei Themen, bei denen du anderer Meinung bist, innerlich in Widerstand gehst. Dieser Widerstand äußert sich in der Form, dass du glaubst, dich verteidigen zu müssen, oder allein der Opposition wegen dagegenargumentierst. Du möchtest dich abgrenzen, weil du nicht sicher bist, ob dich der andere mit seiner Meinung vielleicht angreift. Oder du erlebst dich regelmäßig als Opfer deiner Umstände und fühlst dich ungerecht behandelt. Dann bleibt deine Sollerwartung ans Leben hinter dem aktuellen Istzustand zurück und du spürst den Widerstand in Form unguter Gefühle in dir aufsteigen.

Das ist so lange unproblematisch, wie du Gespräche nicht ständig im Streit enden lässt. Solche Streithansel sind äußerst anstrengend und saugen ihre Mitmenschen energetisch aus. Deshalb wenden wir uns im letzten Kapitel den sogenannten Energievampiren zu.

SHORTCUT

Menschen, die den lieben langen Tag jammern, klagen, sich streiten oder zum Opfer der Welt erklären, sind mit ihrem eigenen Leben oft notorisch unzufrieden und lassen das ihren Freundeskreis spüren – vorausgesetzt, sie haben überhaupt noch Freunde, denn den meisten Menschen geht im Umgang mit solch anstrengenden Kontakten schnell die Energie aus und sie verlassen die Kampfarena. Überprüfe deshalb deinen Umgang mit Problemen: Siehst du in jedem Hindernis einen persönlichen Angriff, ärgerst du dich über Gott und die Welt oder fühlst du dich oft ungerecht behandelt? Alternativ kannst du in den Umwegen des Lebens auch eine Chance sehen, das zu kurz gekommene Bedürfnis konstruktiver zu befriedigen.

13. ENERGIEVAMPIRE

Der Umgang mit Menschen ähnelt einem Bankkonto. Die einen zahlen ein und erhöhen deinen Kontostand, die anderen heben ab. Je nach Wahl deiner Kontakte erlebst du dich dann als bereichert oder knapp bei Kasse. Im schlimmsten Fall droht die Insolvenz, das heißt der Rückzug aus dem sozialen Leben.

Die Währung dieses Kontos ist deine Lebensenergie. Die wird durch alles, was dich glücklich macht, erhöht, während alles Anstrengende, Unangenehme und Kräftezehrende deinen Energiepegel sinken lässt. Genauso ist es mit Menschen. Auch hier gibt es wahre Inseln der Entspannung, auf denen wir auftanken und unsere Seele Heimat findet. Manchmal aber zerren uns düstere Gestalten in ihre Höhlen und kippen uns all ihr Leid und Elend vor die Füße. Das sind sogenannte Energievampire, die sich an unserem Glück laben, bis wir blutleer und erschöpft zurückgelassen werden, einsam und ausgebrannt.

Arminia starrte lange auf ihr Mobiltelefon. Schon zum dritten Mal in diesem Monat hatte sich Sieglinde gemeldet. Zweimal war Arminia eine gute Ausrede eingefallen, heute hatte sie einfach keine Lust. Sieglindes Leben schien derart angefüllt mit Problemen, Sorgen, Ängsten und Nöten, dass sich jedes Treffen wie die Arbeit in einem Steinbruch anfühlte. Arminia war gern für andere da, aber bei Sieglinde gingen selbst ihr die Kräfte aus. Weder kam sie zu Wort noch schien sich Sieglinde für ihre Ratschläge zu interessieren. Es war fast, als ob es ihr lediglich darum ging, ihre Last abzuladen. Arminia aber war es leid. Ihr stand der Sinn nach Freude und Leichtigkeit, weshalb sie beschloss, Sieglinde nicht mehr zu antworten. Stattdessen löschte sie deren Nummer.

Wir spüren die Wirkung solcher Blutsauger, wenn wir uns nach einem Treffen müde und ausgelaugt fühlen. Dann brauchen wir erst einmal Pause von diesen Menschen. Wenn dich also einzelne Menschen anstrengen oder du nach jeder Begegnung zum Schnaps greifen magst, könntest du Opfer von Energievampiren geworden sein. Solche Menschen knüpfen ihre Freundschaft häufig an Bedingungen, binden deine Aufmerksamkeit oder nutzen deine Hilfsbereitschaft einseitig aus.

Umgekehrt lohnt sich der Blick in den Spiegel, wenn sich keiner deiner Kontakte von sich aus bei dir meldet. Dann könnte es sein, dass du deren Energiekonto leer geräumt hast.

Auf einer Skala von -5 bis +5:
Wie oft melden sich deine Freunde und Bekannten bei dir?

Ähnlich verhält es sich mit Menschen, die zwar über fehlende Kontakte klagen und dich dafür rügen, dass du dich rarmachst, die selbst aber zu träge sind, sich aktiv bei anderen zu melden. Hier empfehle ich, diese Menschen ziehen zu lassen und deine Energie für echte Freunde aufzusparen.

Am besten schaust du mal auf die Zahl der Menschen, die sich von dir auf ein Bier einladen lassen, und auf jene, die dir auch nachts um vier bei einem Umzug helfen würden. Das ist die Spannweite zwischen Quantität und Qualität deines sozialen Umfeldes. Fehlt es an beidem, hast du eventuell zu viel Energie von anderen Lebenskonten abgebucht. Kurz gesagt, deine Mitmenschen fühlen sich in deinem Beisein unwohl und meiden dich.

Suchen hingegen Menschen, die du gerade erst kennengelernt hast, deine Nähe, hast du offenbar auf deren Energiekonto eingezahlt. Aber auch Menschen, die dich bereits länger kennen, spiegeln dir dein Kontaktverhalten. Brauchst du einen Kalender, um deine Verabredungen zu koordinieren, wirft dein Energiekonto ordentlich Zinsen ab. Hat sich dein Freundeskreis hingegen stark verkleinert, könnte das ein Warnsignal sein. Dann ist es an der Zeit für eine Einzahlung. Zeige dich deinen Kontakten gegenüber als einfühlsam und aufgeschlossen für deren Geschichten. Höre auf zu jammern und gib mindestens das zurück, was du erhältst. Das tust du, indem du nicht zuerst an dich und deine Vorteile denkst, kaum dass dich ein anderer um etwas gebeten hat.

Eine wichtige Hilfe im Umgang mit anderen Menschen, speziell dem Partner, ist hierzu die »Fünf-zu-eins-Regel«. Die besagt, dass du euer Beziehungskonto mit einer Negativbotschaft fünfmal mehr belastest als mit einem netten Wort. Dich kostet also ein Streit fünf Liebes-/Freundesbeweise, um auf null zu kommen. Ein solcher Beweis kann eine nette Geste, eine Aufmerksamkeit oder auch Zeit sein, die du in die Beziehung investierst. Versetze dich in den anderen hinein und überlege, was du an seiner Stelle erwarten würdest oder was dessen Dialekte der Liebe sind. Zur Auswahl stehen: Anerkennung, Geschenke, Hilfsbereitschaft, Zweisamkeit und Zärtlichkeiten. Ob Kuss oder Karibikurlaub hängt also davon ab, wie tief du das Beziehungskonto überzogen hast.

Tatsächlich ist das Leben viel zu kurz, um sich beständig darüber zu beschweren oder deine Umwelt für dein Glück oder

Unglück verantwortlich zu machen. Ich mag mich wiederholen, doch Glück entsteht in dir, und wenn du es teilst, vermehrst du nicht nur deine eigene Zufriedenheit, sondern auch deinen Freundeskreis. Nicht umsonst steckt in Zufriedenheit das Wort Frieden. Es ist etwas, das Menschen magisch anzieht. Dabei folgt die Energie der Aufmerksamkeit. Das heißt, richte deinen Blick auf das, was in deinem Leben funktioniert und sich gut anfühlt. Dann fühlt sich auch die Welt gut bei dir.

Überlege dir dazu abends vor dem Einschlafen, wem du morgen etwas Gutes tun kannst. Hier reicht eine winzige Kleinigkeit wie ein freundliches Wort oder ein Lächeln, ein Kompliment oder eine Kaffeeeinladung. Du wirst sehen, dieser Anstoß des Guten setzt eine Kettenreaktion positiver Impulse in Gang, die zu dir zurückkommt. Das bringt dich in Verbindung und macht dich für Menschen sichtbar.

Fehlt es dir indes an Energie, schau dich nach Menschen in deiner Umgebung um, die mit ihrem Leben zufrieden sind und Freude daran haben. Teilst du diese Freude, wächst sie auch in dir. Dann kannst auch du Menschen mit dem Vorsatz begegnen, dass sie sich nach einem Gespräch mit dir besser fühlen als zuvor. Dazu achtest du am besten auf den Energielevel deines Gesprächspartners. Strahlen die Augen nach eurem Gespräch, hast du alles richtig gemacht und dem anderen einen guten Grund gegeben, sich wieder bei dir zu melden.

Stecke deine Energie also lieber in das Schließen neuer Bekanntschaften und die Pflege echter Freundschaften. Damit bereicherst du nicht nur dein Leben, sondern auch das derjenigen, die sich zu dir hingezogen fühlen. Wie du der Spiegel wirst, in dem sich andere schön finden, behandeln wir im nächsten Abschnitt.

SHORTCUT

Jeder Mensch hat nur eine begrenzte Menge an persönlicher Energie, über die er im Austausch mit anderen verfügen kann. Überziehen wir diese Reserve, fehlt uns die Kraft für ein weiteres Miteinander und wir ziehen uns zurück. Die Gründe liegen meist in der fordernden und energiesaugenden Art unseres Gegenübers, der damit sein eigenes Energiekonto auf Kosten seiner Kontakte auflädt, bis die emotionale Insolvenz droht. Achte deshalb auf dein Energielevel und das deines Gegenübers und mache dein eigenes Glück nicht von den Umständen abhängig. Das kostet dich nur Energie. Suche es lieber in dir und teile es mit anderen. Das ist der Schlüssel zu guten Beziehungen.

III. WIE VERTREIBST DU MENSCHEN AM ERFOLGREICHSTEN?

Bis hierher haben wir uns eine Vielzahl möglicher Gründe angeschaut, wieso sich Menschen plötzlich nicht mehr bei dir melden. Gleichzeitig gute Gründe, um dich zu fragen, wie es so weit kommen konnte und warum der andere nichts gesagt hat.

Oft scheitern gesunder Menschenverstand, Erziehung oder das viel bemühte Bauchgefühl. Stattdessen hilft schlichte Psychologie, genauer gesagt ein Perspektivwechsel vom vermeintlichen Täter zum Opfer. Oft schweigt einer von beiden nämlich nur, weil er oder sie sich im Beisein des anderen unwohl fühlt, manchmal sogar, ohne genau zu wissen, wieso. Dann zieht man sich lieber zurück, als sich einer unnötigen Diskussion auszusetzen. So gesehen ist der Rückzug deines Gegenübers am Ende nur eine Schutzstrategie, eine Art Notwehr gegen das Ungleichgewicht eures Miteinanders. Startet ein erstes Treffen bereits unter solchen Vorzeichen, ist es zudem der ökonomischere und damit natürlichere Weg, dort zu bleiben, wo man sich wohlfühlt. Kurz gesagt, wenn der Kontakt anstrengend beginnt, taugt er nichts.

Allerdings sind die wenigstens Menschen geborene Kommunikatoren. Eher erleben wir uns als Opfer einer zumeist widersprüchlichen Gesprächskultur, die bereits Friedemann

Schulz von Thun in seinen Kommunikationsmodellen treffsicher darzustellen wusste. Ein Minenfeld an Missverständnissen, Fehldeutungen und erahnten Gedanken, die uns vom anderen trennen, statt zu verbinden.

Frédéric stand Zähne putzend vor dem Badspiegel, als sich Frieda neben ihn stellte, sich an die Hüfte griff und meinte, dass ihr wahrscheinlich etwas Bewegung guttäte. Verdutzt hielt Frédéric mit der Zahnpflege inne und sah seine Frau an. Schlank und durchtrainiert, schien nichts an Frieda darauf hinzudeuten, dass ihr Bewegung fehlen würde. Eher hatte sie ein paar Gramm zu wenig auf den Hüften. Dann sah er an sich hinab und ahnte, was seine Frau wohl wirklich mit ihrer Aussage gemeint haben könnte. Drei Mahlzeiten am Tag zeichneten sich sanft unter seinem T-Shirt ab und ließen einen kleinen Wohlstandsbauch erahnen. Hinzu kam, dass sie erst gestern über die nutzlose Fitnessclub-Mitgliedschaft gestritten hatten. Empört spülte Frédéric die Zahnbürste unter dem Wasserhahn aus und zischte seine Frau an. »Wenn ich so viel Zeit wie du hätte, würde ich auch jeden Tag laufen gehen.« Frieda runzelte die Stirn. Dann holte sie tief Luft, aber bevor sie etwas erwidern konnte, hatte Frédéric das Bad verlassen. Empört wollte sie ihm hinterher, als ihr erneut der Schmerz in die Hüfte schoss und sie sich stöhnend am Waschbecken abstützen musste. Sie hatte sich beim Laufen einen Nerv geklemmt und sehnte sich nach etwas Dehnung. Wieso aber Frédéric plötzlich so sauer reagiert hatte, war ihr unbegreiflich.

Nicht alles, was wir hören, wurde auch gesagt, und vieles, was wir denken, sollten wir nicht glauben. Besonders problematisch ist die verbreitete Annahme, Gedanken lesen zu können, also zu wissen, was der andere gemeint haben könnte. Bei einer solchen Selbstüberschätzung sind Missverständnisse und Kontaktabbrüche unvermeidbar. Das gilt umkehrt auch für den unerfüllbaren Anspruch an unser Umfeld, unsere Bedürfnisse zu erahnen, bevor wir sie selbst aussprechen.

Wir kommunizieren auf vielen Ebenen, bei denen Sprache und Körpersignale nur die bekanntesten sind. Darüber hinaus senden wir zahllose Signale an unser Gegenüber, die auf bewusster und unbewusster Ebene gelesen, verarbeitet und interpretiert werden. Entsprechend vielfältig reagieren Menschen auf unsere Mitteilungen, sei es in Form von Zustimmung, Ablehnung oder Irritation.

Sich auszutauschen heißt auch, mit unserer Umwelt in Resonanz zu gehen. Das zeigt sich daran, ob wir uns bereits nach wenigen Sätzen zu einem Menschen hingezogen oder von ihm abgestoßen fühlen. Wir können selten sagen, was uns am anderen anspricht oder von ihm trennt, spüren aber ganz genau, wie es uns in seiner Nähe geht. Diese energetische Verbindung ist eine Schwingung, deren Frequenz uns verbindet oder getrennte Wege gehen lässt. Dabei ist das Gespräch die Königsdisziplin menschlichen Miteinanders. Wenn du mit Menschen nicht im Gespräch bleibst, »verlernst« du sie kennen.

Entsprechend wichtig ist daher, das Miteinanderreden zu erlernen und zu üben. Verbuche Rückschläge als Erfahrung und lass die Lücke zwischen Reiz und Reaktion so groß werden, dass du in der Lage bist, dir beim Sprechen selbst zuzuhören. Erst dann hast du die Zeit, dich deinem Gesprächspartner wirklich zu zeigen und auch seine Worte buchstäblich zu begreifen. Das öffnet dir die Tür zum anderen und schlägt eine Brücke zum Wir.

Das setzt voraus, dass du dich traust, auf Menschen zuzugehen, und dich zeigst. Jeder hat etwas, das andere Menschen interessieren könnte und uns einzigartig macht. Auch du. Wenn du dich hingegen abwertest und für das, was du sagst oder tust, schämst, nimmst du dem anderen die Möglichkeit des Kennenlernens und vergibst die Chance auf ein Wir.

Dann vertreibst du die Menschen, mit denen du eigentlich in Kontakt kommen wolltest. Mehr dazu liest du auf den nächsten Seiten.

1. SELBST- UND FREMDWAHRNEHMUNG

Während wir im vorangegangenen Abschnitt den Fokus auf das jeweilige Verhalten, die Wortwahl und die Redeanteile des einen gelegt haben, möchte ich mich jetzt mit den (Aus-)Wirkungen dieser und anderer Punkte auf den anderen beschäftigen. Nehmen wir ein kleines Beispiel:

> Ingeborg und Gottfried lernen sich auf einem Single-Segelturn kennen. Gottfried, oder – wie Freunde ihn nennen – Gott, hat offensichtliches Interesse an der feschen Ingeborg. Sie ist das erste Mal auf einem Segelboot und noch etwas wackelig auf den Beinen, weshalb es nicht lange dauert und Gott ihr den Arm zum Halt anbieten kann. Dankbar greift Ingeborg danach und denkt sich: »Wow, was für kräftige Unterarme.« Gottfried hingegen schaut über seine Unterarme hinweg auf die Bluse von Ingeborg und erspart uns seine Gedanken. Während die fesche

Ingeborg noch an Gottes Muskeln denkt, beginnt der mit einer Bootsführung und ergeht sich in wildem Seemannsgarn, das darin gipfelt, dass ihm noch keine Seejungfrau so gut gefallen habe wie die Ingeborg. Geschmeichelt errötet die junge Frau pflichtgemäß, was Gottfried motiviert, mit seiner Mär vom wilden Seemannsleben fortzufahren, bis unbemerkt vor Capri die Sonne im Meer versinkt und Ingeborg zu frösteln beginnt. Auch beginnt sie Gottfrieds Geschichte langsam zu langweilen, und sie schaut sich nach einem alternativen Gesprächspartner um, der sie vielleicht auch einmal zu Wort kommen lässt.

Gottfried bemerkt ihren Blick und mutmaßt, ganz der Seemann mit einer Geliebten in jedem Hafen, dass sich die frisch gefangene Meernixe nach einem etwas intimeren Plätzchen umschaut. Gentlemenlike bugsiert er Ingeborg in den Schatten der Takelage, drückt sie an den Mast und versucht, sie zu küssen. Der Schmerz, den er Sekunden später zwischen den Beinen verspürt, kam von keinem Dreizack, sondern von der erbosten Ingeborg, die nun das Weite sucht.

Vermutlich wundert es niemanden, dass Ingeborg und Gottfried am Ende des Segeltrips keine Nummern tauschten und er auch sonst nicht mehr recht zum Schuss kam. Der Grund lag im unterschiedlichen Selbst- und Fremdbild, das sich Gottfried und Ingeborg voneinander gemacht haben.

Nicht jeder Mann, dem eine Frau ihr Ohr leiht, ist bereits am Ziel, auch wenn sich Gottfried in unserem klischeebeladenen Beispiel für den Tiger der sieben Meere hielt. Die sanfte Art, mit der ihm Ingeborg ihre Aufmerksamkeit schenkte, die Rötung ihres von Wind und Gischt ausgekühlten Gesichts sowie die Höflichkeit, ihn nicht zu unterbrechen, weckten bei ihm den Eindruck, er würde gefallen. Was anfänglich durchaus im Bereich des Möglichen lag, verlor sich auf dem weiteren Weg, als Gottfried Ingeborgs Signale falsch deutete – oder sich erst gar nicht dafür interessierte. Er sah nur die untergehende Sonne in Ingeborgs Augen und hielt den roten Schimmer für das lodernde Feuer einer frisch entfachten Liebe. Ingeborgs Zittern infolge der kühlen Meeresbrise wurde in Gottfrieds Welt zum Zeichen wachsender Erregung und ihr hilfesuchender Blick zur Einladung, es sich gemütlicher zu machen. So kam es zu einem verhängnisvollen Missverständnis, nur weil sich Gottfried anders wahrnahm, als er tatsächlich auf Ingeborg wirkte. Die Moral von der Geschichte ist einfach: Wenn du seekrank wirst, gehe auf kein Schiff, oder, anders ausgedrückt, nicht alle roten Lippen sind zum Küssen da.

Wie du auf andere wirkst, findest du am besten heraus, indem du dein Gegenüber selbst einmal zu Wort kommen lässt. Achte auf die Reaktion des anderen, ohne ihm oder ihr deine Sicht auf die Dinge überzustülpen. Denn nicht alles, was du glaubst, das der andere von dir denkt, entspricht auch der Realität. Manchmal ist ein offen stehender Mund keine Bewunderung, sondern der missglückte Versuch, ein Gähnen zu unterdrücken. Deshalb lohnt es sich, den anderen ausreden zu lassen, Pausen auszuhalten und im Zweifel nachzufragen, bevor du dir eine Meinung bildest. Hätte sich Gottfried weniger für sich als für Ingeborg interessiert, wäre es vielleicht nicht nur bei der Bewunderung seiner starken Unterarme geblieben. So wurde ein guter erster Eindruck ohne Not zum Mängelblick und das Designerstück zur Mangelware, womit wir bereits im nächsten Kapitel ankommen.

SHORTCUT

Die Welt teilt sich auf in dich und in alle anderen. Entsprechend vielfältig fällt das Urteil der Welt auch über dich aus, wenn du dich ihr stellst. Dabei magst du überrascht sein, wie unterschiedlich dein eigenes Bild von anderen wahrgenommen wird und sich von deiner Selbstbewertung unterscheidet. Wundere dich also nicht, wenn dich Menschen mehr lieben als du dich selbst oder wenn sie von deiner Großartigkeit enttäuscht sind. Wir aber spiegeln uns im Auge des Betrachters und dürfen lernen, in dessen Reaktion unser eigenes Verhalten zu erkennen. Das heißt nicht, sich allem anzupassen, nur aufmerksam zu sein, wenn wir auf dem Irrweg sind.

2. MÄNGELBLICK UND MANGELWARE

Nicht selten begegnen sich Menschen mit ähnlichen Lebensthemen und spüren im Schmerz Verbundenheit. Nur machen zwei angeschlagene Tassen noch kein Service. Stattdessen führt Problemtalk zu zwei neuen Problemen, der Mangelware und dem Mängelblick. Was meine ich damit?

Hinrich und Eberhard sitzen einsam an der Hotelbar und bemerken einander erst, als die gemeinsame Nüsschenschale zwischen ihnen leer ist. Ein Wort ergibt das andere und kurz darauf singen sie das Hohelied der Klage auf die Frauen, den Job und das Leben im Allgemeinen. Wohin man sieht, geht es bergab, daheim herrscht tote Hose und auch sonst war früher alles besser. Mit jedem von da an gemeinsam getrunkenen Bier trübt sich die Stimmung weiter ein und sinken die Wolken düsterer herab. Schließlich hilft nur noch Schnaps. Der Kater am nächsten Morgen erinnert Hinrich und Eberhard an die neue Bekanntschaft, und als sie sich beim hastigen Auschecken in der Lobby begegnen, bleibt es beim stummen Zunicken. Keiner von beiden wollte länger mit einem solchen Griesgram zu tun haben.

Hier handelt es sich weniger um zwei angeschlagene Tassen als vielmehr um zwei halbvolle Biergläser, denen der Blick auf die Welt getrübt ist. Das macht sie für Menschen, die auf der Suche nach Licht und Freude sind, unsichtbar. Aber auch miteinander können solche Griesgrame nicht, denn der ständige Mängelblick des einen lässt auch den anderen sich mangelhaft fühlen. So ein Kontakt verstärkt den Selbstzweifel und endet schließlich auf einem Brückengeländer.

Das liegt daran, dass sich Menschen zwar gern vergleichen, aber nur ungern das eigene Elend im Leben des anderen gespiegelt bekommen. Wenn es uns schlecht geht, mag das Leid anderer tröstlich sein. Energie indes ziehen wir aus Momenten, die uns Hoffnung geben, aus Menschen, die uns von der eigenen Schwermut ablenken. Menschen hingegen, die gern andere kritisieren oder herabwürdigen, um sich selbst zu erhöhen, stehlen uns diese Energie wieder. Also diejenigen, die an allem etwas auszusetzen haben, andere verspotten oder sich mit Schwächeren vergleichen, nur um kein Verlierer zu sein. Leider gelingt das nicht, weil ein solches Mangeldenken den Blick auf Gewinn und Erfolg verstellt.

Umgekehrt richten manche Menschen den Mängelblick auch auf sich selbst. Sie machen sich klein und werten sich ab. Sie sehen nur ihre Schwächen und übersehen, wie stark sie eigentlich sind. Dabei schämen sie sich häufig und fürchten, was andere über sie denken könnten. Auf Außenstehende wirken solche Menschen bestenfalls bescheiden, oft aber wie ein fünfjähriges Kind, das Angst vor den Eltern hat und seine Umwelt für das eigene Elend verantwortlich macht. Deshalb meiden wir Menschen, die uns mit ihrem steten Klagen und Jammern, ihrem Schwarzsehen und Pessimismus an unsere eigenen Probleme erinnern und Kraft kosten. Hier ist es wichtig zu erkennen, dass uns nur Menschen runterziehen können, die bereits unter uns stehen, sei es moralisch, emotional oder mental.

Dabei war der Mängelblick einst überlebensnotwendig, hat er uns doch am Wasserloch davor bewahrt, vor lauter Durst den im seichten Wasser lauernden Alligator zu übersehen. Unser Hirn scannt die Umwelt nach Gefahren ab und meldet uns jeden erkannten Fehler. Dabei blendet es alles aus, das uns davon ablenken könnte, wie Rosen auf dem Teich oder cin Lächeln im Gesicht des anderen.

Doch was können wir gegen den Drang zum Jammern und Kritisieren tun? Am besten ist es, wenn wir das Bedürfnis hinter dem negativen Gefühl erkennen und es möglichst rasch befriedigen. Sich zu beschweren ist ein reaktives Muster, das unsere Angst, nicht zu genügen, nur verstärkt. Das Gleiche gilt für ein ständiges Sichsorgen, also einen in die Zukunft projizierten Ärger. Auch hier treibt die Angst unfruchtbare Blüten und lähmt uns im Hier und Jetzt.

In beiden Fällen liegt die Lösung im Tun, das heißt im aktiven Abarbeiten unserer inneren To-do-Liste, um die vermeintlichen Probleme zu lösen und unsere Bedürfnisse zu befriedigen. Solange wir vor Problemen weglaufen, vergrößern sie sich. Gehen wir sie aber gezielt an, merken wir rasch, dass der Grund des Ärgers unerreichbar in der Vergangenheit liegt und sich die Sorgen als Illusion einer ungeschriebenen Zukunft herausstellen. Tatsächlich ist das Leben im Hier und Jetzt oft frei von Ärger und Sorgen. Leider ticken wir oft komplizierter, als es das Leben erfordern würde.

Wie aber gehen wir mit einem Menschen um, der sich im Opfermodus befindet und die Welt da draußen für sein Elend verantwortlich macht? Zuallererst sollten wir diese Person in ihrem Schmerz sehen und annehmen. Auf jedem anderen Ohr ist der Klagende in seinem Leid taub. Dabei darfst du in dir an das Potenzial im anderen glauben, ihn gar lieben und zuversichtlich sein, dass er eine Lösung finden wird. Nur sage es dem anderen nicht, der Glaube an ihn genügt.

Erst wenn sich der Klagende verstanden und in seinem Schmerz gesehen fühlt, kann sich sein Tunnelblick weiten und der Fokus auf Ressourcen und Potenziale gerichtet werden. Dann sind Lösungen möglich und der Kummer kann gehen.

Wir meiden aber auch Menschen, neben denen wir uns wie das Vorher-Bild einer Selbstoptimierungsshow fühlen. Deren vermeintlich perfekte Fassade erinnert uns zu sehr an die staubigen Ecken in unserem eigenen Leben.

Ursula geht es nicht gut. Traurig sieht sie ins Gesicht von Ernestin, die ihr mitfühlend über den Arm streift.

»Das wird schon wieder, mir ging es früher genauso, und schau mich jetzt an. Dank meiner persönlichen Weiterentwicklung kann ich heute über solche Probleme nur lachen, und glaube mir, das kannst du auch bald.«

Ursula nickt tapfer, doch bevor sie das Thema beenden kann, fällt ihr Ernestin ins Wort.

»Du darfst gar nicht erst zulassen, dass man so mit dir umspringt. Du musst anfangen, Grenzen zu setzen, und dich selbst besser behandeln. Denn wenn du dich nicht liebst, wer denn dann? Ja, ich liebe mich sehr, und schau, schon stehen die Kerle Schlange und mein Chef hat mich befördert. Es ist nur eine Frage des Wollens und Sichentscheidens, ob es uns gut geht. Glück ist Verhandlungssache.«

Ursula schluckt. Neben Ernestin kam sie sich jetzt noch kleiner vor. Statt Anteilnahme und Verständnis hatte sie Ratschläge aus einer anderen Welt erhalten. Sie war also selbst schuld an ihrem Unglück. Solche Schläge schmerzten. Trauriger als zuvor verabschiedet sie sich von Ernestin, die ihr noch nachruft: »Das Leben ist schön, schau mich an.«

Vermutlich hat sich Ursula nie wieder bei Ernestin gemeldet, zumindest nicht, um von deren perfektem Leben zu hören. Sich im Beisein eines anderen wie ein Mängelexemplar zu fühlen, an dem man erst alles verändern muss, bevor es funktioniert, ist kaum das, was einen Menschen in Verbindung bringt.

Natürlich meinen wir es oft gut, wenn wir aus eigener Erfahrung heraus Lösungen aufzeigen. Dabei aber die Probleme des anderen herunterzuspielen, hilft nicht, sondern lässt diesen sich nur noch kleiner und unbedeutender fühlen. Damit geben wir dem Opfer zusätzlich die Schuld und vergrößern das Leid, statt hilfreich zu sein, und machen aus einem Designerstück Mangelware. Das führt aber auch dazu, dass Menschen, die sich in deiner Nähe klein und unbedeutend fühlen, dich für dieses schlechte Gefühl verantwortlich machen. Das heißt, nicht ihr Problem, sondern du bleibst als Ursache dieser Gefühle im Gedächtnis und musst dich nicht wundern, wenn du gemieden wirst. Gut gemeint ist eben auch in diesem Fall selten gut gemacht.

Manchmal sind Schweigen und bloßes Zuhören die größere Hilfe und damit der bessere Weg ins Herz des anderen. Niemand möchte in seinem Schmerz allein sein. Gibt man dem anderen aber das Gefühl, unzureichend und damit selbst schuld am eigenen Unglück zu sein, fühlt sich das verdammt einsam an. Dabei mag der »Rat-Schlagende« mit allem, was er sagt, recht haben. Geliebt wird er dafür nicht, ebenso wenig für das leuchtende Vorbild, wie es richtig ginge.

Höre also auf, dich und dein Leben als die Lösung anzubieten und damit dem anderen die eigene Schwäche und Unvollkommenheit vor Augen zu führen. Das nimmt diesem Energie, statt sie ihm zurückzugeben, und ist nicht mehr als der Spiegel eigener Muster, um die es im folgenden Kapitel gehen soll.

SHORTCUT

Menschen, für die hinter jedem Busch eine Gefahr lauert, werden entweder Gesundheitsminister oder unglücklich. Ein solcher Mängelblick lässt uns all das übersehen, was wir zum Glücklichsein brauchen, zum Beispiel andere Menschen. Die aber ziehen wir mit unserem

Klagen runter. Sich stattdessen dem Problem zu stellen, heißt auch, aktiv etwas zum eigenen Glück beizutragen. Andere Menschen machen wir hingegen glücklich, wenn wir sie nicht zur Mangelware erklären, indem wir ihnen das eigene, beklagenswerte Leben spiegeln oder glauben besser zu wissen, was gut für sie ist. Sonst meiden sie dich lieber, als sich von dir mit Rat schlagen zu lassen.

3. ERFAHRUNGEN UND VORURTEILE

Die bequemste Art, sein Leben zu führen, ist, sich Routinen zuzulegen. Routinen sind Gewohnheiten, die uns leiten und uns viele ermüdende Entscheidungen abnehmen. Das hat die Evolution klug eingerichtet, um Energie zu sparen und den Fokus für die wirklich wichtigen Momente im Leben freizuhalten.

Einerseits hat uns das geholfen zu überleben, andererseits verhindern Gewohnheiten, dass wir uns weiterentwickeln. Kurz gesagt, wir sind unsere Gewohnheiten, und ändern die sich nicht, bleiben wir, wer wir sind, selbst wenn wir uns damit längst nicht mehr wohlfühlen.

Wie aber bilden sich solche Muster? In erster Linie durch Erfahrungen, die wir beim Erlernen einer Handlung machen und die uns zum erwünschten Ziel führen. Wiederholen wir diese Handlung und kommen abermals zum gesuchten Ziel, prägen wir eine feste Verknüpfung und bleiben künftig auf diesem Weg. Problematisch wird es, wenn sich das Ziel verändert oder das einst erzielte Ergebnis nicht mehr zu unserem Leben passt. Angenommen, du bist gewohnt, nach jedem Essen eine Zigarette zu rauchen. Wie schwer fällt es dann, auf ein solches Ritual zu verzichten? Gewohnheiten sind mächtige Pfeiler, auf denen unser Leben ruht. Leider auch die Dächer von Mausoleen.

Das Gleiche geschieht mit Gedanken, die du dir über dich, andere und die Welt machst. Auch hier führt ein immer wieder gedachter Gedanke zum immer gleichen Bild, das wir Leben nennen, ob es uns nun gefällt oder nicht.

Friedbert seufzte. Diesen Blick kannte er. Wie hatte er sich nur so in Adele täuschen können. Sie war wie alle anderen Frauen auch, berechnend und an seinem Geld interessiert. Es war nur ein kurzer Blick gewesen, doch Friedbert hatte er genügt, um hinter die Fassade dieser bis eben noch sympathischen jungen Frau zu schauen. Ihm war seine Black Card, die schwarze Visakarte, zu Boden gefallen und Adele hatte sie aufgehoben. Als sie ihm die Karte zurückgab, blitzte ein anerkennendes Lächeln in ihren Augen und Friedbert war enttäuscht. Zu enttäuscht, um ihr eine zweite Chance zu geben. Zu oft war er schon auf Frauen wie sie hereingefallen, die nur sein Geld liebten.

Was wir mit Menschen erlebt haben, prägt unsere Erwartungen an künftige Begegnungen. Hier vergleichen wir alte Enttäuschungen mit neuen Erfahrungen und suchen nach der Bestätigung unserer (Vor-)Urteile. Damit schaffen wir eine sich selbst verstärkende, aber in sich stimmig wirkende Realität, in der wir uns wohl oder unwohl fühlen. Kein Wunder, dass Friedbert denkt, dass alle Frauen nur hinter seinem Geld her sind. Egal, wie oft für ihn diese Realität gestimmt haben mag, sie hat grundsätzlich nichts mit der Wirklichkeit zu tun. Denn das sind lediglich Schatten unserer inneren Muster, mit denen wir die Welt betrachten und die uns dabei helfen, möglichst bequem durchs Leben zu kommen. Nur ist bequem nicht immer auch angenehm. Denn dieser Blick auf die Welt verhindert oft unsere Verbindung mit anderen Menschen. Dann bleiben wir allein auf der Couch, mag die auch noch so komfortabel sein.

Der Preis dieser Bequemlichkeit sind Vorurteile, mit denen wir unserem Gegenüber begegnen. Wir haben dem neuen Reiz eine alte Reaktion nachgeschaltet, die uns daran hindert, unvoreingenommen, offen und neugierig auf neue Menschen zuzugehen. Egal, wie diese darauf reagieren, wir haben bereits unser Urteil gefällt und uns eine Meinung gebildet. Denn sobald alte Muster bedient werden, glauben wir zwingend an die uns bekannten Folgen. Aber auf diese Art verurteilen wir uns auch selbst. Wir schreiben uns aus bloßer Gewohnheit Eigenschaften zu, von denen wir glauben, dass sie uns widerspiegeln. Das sind jedoch selten positiv stärkende Bilder, sondern Sätze wie: »Ich genüge nicht. Ich bin nicht liebenswert. Niemand mag mich.«

Wenn du also glaubst, dass dein Wert von der Meinung anderer abhängt, gibst du den Pinsel zu deinem Selbstbild aus der Hand. Das verzerrt die Wirklichkeit ebenso wie all die Bilder, die du dir regelmäßig über andere Menschen machst, nur weil sie dich an frühere Kontakte erinnern.

Die Wahrheit ist, dass kein Mensch dem anderen gleicht, so ähnlich wir uns manchmal auch sein mögen. Jeder Mensch ist eine neue Farbe und jedes Bild kann übermalt werden. Du hast es in der Hand, deine Sicht auf die Welt zu hinterfragen und deine Muster zu erkennen. Welche Schubladen stehen in deinem Kopf offen? Und brauchst du sie wirklich, um dich sicher zu fühlen?

Stereotypes Denken schafft einerseits Ordnung in unserem Kopf und sorgt für eine klare Einteilung unserer Welt in Gut und Böse, in »möchte ich haben« und »das kann weg«. Es sorgt für eine uns vertraute Welt und erleichtert uns, Freund von Feind zu unterscheiden. Leider verhindert das andererseits auch, neue Freunde zu finden, wenn wir auf alte Muster vertrauen, die bislang nicht zu engen Verbindungen geführt haben. Wenn du nämlich immer wieder versuchst, mit den ewig gleichen Handlungen neue Ergebnisse in dein Leben zu ziehen, etwa über vergebliche Flirtversuche, lass dir gesagt sein: Das bringt nichts. Mag sich in früheren Jahren dieses Vorgehen ein-, zweimal bewährt haben, kann es heute das Gegenteil erzeugen oder dich wahnsinnig machen. In jedem Fall verschwendest du deine Energie und solltest deine Strategie ändern.

Das fiele allerdings leichter, wenn uns Veränderungen nicht solche Angst machen würden. Die Furcht vor dem Unbekannten ist oft stärker als der Schmerz, der uns aktuell quält. Nicht ohne Grund halten Menschen sogar an toxischen Beziehungen fest, weil die Angst vor dem Alleinsein schlimmer scheint. Aber auch sein gewohntes Umfeld zu verlassen, um neue Menschen kennenzulernen, ist eine Herausforderung, der wir uns immer seltener stellen. Was, wenn uns die anderen bewerten, Erwartungen an uns stellen oder gar ablehnen?

Will ich ein anderes Leben, muss ich meine Gewohnheiten und Handlungen ändern. Dabei haben und hatten Gewohnheiten ihren guten Zweck. Wenn dieser Zweck aber nicht mehr seine ursprüngliche Funktion erfüllt, ist es an uns, alte Muster zu erkennen, abzulegen und durch neue Handlungsweisen zu ersetzen. Wenn ich aus Angst vor falschen Freunden allen Menschen aus dem Weg gehe, habe ich am Ende gar keine Freunde.

Neue Handlungen schaffen neue Erfahrungen und bilden entsprechend veränderte Gewohnheiten, die den Unterschied in deinem Leben machen können. Wenn eine Frau zum Beispiel glaubt, der Mann müsse immer den ersten Schritt machen, kann das klappen. Oder sie spricht ihn selbst an, dann klappt es ganz bestimmt. Denn ein verändertes Handeln führt zwangsläufig auch zu einem anderen Ergebnis.

Willst du also nicht länger allein sein, kannst du das nur erreichen, indem du deine Gewohnheiten änderst und vorurteilsfrei Neues ausprobierst. Versteckst du dich hingegen weiter hinter alten Routinen, Gewohnheiten und Mustern, bleibt alles beim Alten und neue Kontakte meiden dich. Dennoch sind Erfahrungen wichtig, wenn sie uns vor solchen Menschen schützen, denen wir uns nun zuwenden wollen.

SHORTCUT

Der Mensch ist die Summe seiner Gewohnheiten. Das hilft uns, Energie zu sparen, und lässt uns in einer vertrauten Welt leben. Zumindest so lange, bis uns diese Welt zu eng wird und wir uns nach etwas Neuem sehnen. Dann stehen Veränderungen an, die uns helfen, neue Gewohnheiten zu etablieren, uns manchmal aber auch ängstigen. Denn Veränderungen können unbequem sein und Energie kosten. Unglück aber auch, wenn du zu lange daran festhältst. Erkenne also deine Muster und wage den Schritt, deine Gewohnheiten zu ändern. Denn nur wenn du Neuem ohne Vorurteile begegnest, kannst du andere Ergebnisse herbeiführen, als du in der Vergangenheit erzielt hast.

4. NARZISSEN FÜR NARZISSTEN

»Halb zog sie ihn, halb sank er hin.« Schon Goethe wusste um die Magie der Anziehung im Geschlechterkampf. Das ist beim Finden von Freunden nicht anders. Auch hier begegnen wir Menschen, die uns vom ersten Moment an faszinieren, und solchen, bei denen sich wenigstens der zweite Blick lohnt. Gleichzeitig begegnen wir aber auch jenen, bei denen wir das drängende Gefühl haben, die Beine unter den Arm nehmen und fliehen zu müssen. Diese lösen entweder böse Ahnungen aus oder wecken unschöne Erinnerungen, die wir aus gutem Grund verdrängt haben.

Die dritte und gefährlichste Kategorie sind die faszinierenden Menschen, vor denen wir uns in Acht nehmen sollten. Das sind nicht selten jene, die sich stets in einem Pulk von Leuten aufhalten und uns das Gefühl geben, draußen bleiben zu müssen. Leider ist dies für manchen Grund genug, die Herausforderung anzunehmen.

Ein Lächeln umspielte Hermanns Mund. Auguste spürte, wie ihr die Röte ins Gesicht stieg, zum Glück war es dämmrig an der Bar. Es hatte sich wie ein Kompliment angefühlt und doch war sich Auguste unsicher. Unsicher, wie weit dieser geheimnisvolle Mann gehen würde. Sie zögerte, seine Einladung auf sein Zimmer anzunehmen. Sie waren sich gerade erst begegnet und doch schien er sie wie niemand zuvor zu kennen. Er hatte ihren Schmerz gesehen und vorgeschlagen, die Nacht nicht länger allein zu verbringen. Auguste seufzte, während Hermann zahlte. Später würde er ihr weitere Komplimente machen und am Morgen danach nicht einmal einen Abschiedsgruß hinterlassen.

Vielleicht sehnst auch du dich öfter danach, gesehen zu werden, möchtest, dass jemand erkennt, welch wunderbarer Mensch in dir steckt, und dich so liebt, wie du bist. Damit bist du nicht allein, verschafft dir ein solches Gesehenwerden doch das Ansehen, das dir Bedeutung gibt – und erfüllt damit dein Grundbedürfnis nach Anerkennung. Kein Wunder also, wenn wir ohne eine solche Wertschätzung oft einsam sind und uns nach Begegnungen sehnen, in denen wir uns verstanden und angenommen fühlen. Das sind die schönsten Momente auf der Suche nach einer Verbindung – und auch die gefährlichsten. Denn nicht jeder verständnisvolle Mensch ist ein Empath. Mancher hat dort, wo du ein Herz vermutest, eine Lücke und versucht diese auf deine Kosten zu füllen. Wir möchten Menschen aber gern vertrauen, was uns empfänglich für jene macht, die Souveränität und Sicherheit ausstrahlen und doch zu schwach sind, es ehrlich mit uns zu meinen.

Solche Menschen brauchen unsere Aufmerksamkeit, ohne selbst etwas dafür geben zu wollen. Sie inszenieren sich und erzeugen den Schein besonderer Anziehung, ähnlich der filigranen Schönheit eines Spinnennetzes. Verfangen wir uns darin, geben wir diesen Menschen die Macht zur (Ver-)Führung, der wir anfangs gerne folgen. Hoffend, endlich am Ziel unserer Suche, endlich nicht mehr allein und endlich in Sicherheit zu sein. Der Kater folgt auf den Rausch, wenn sich der Seelenverwandte plötzlich als berechnend, manipulativ und selbstbezogen erweist und unsere Sehnsucht zu seinem Vergnügen ausgenutzt hat. Nicht selten erkennen wir dann einen höchst instabilen und von Selbstzweifeln zerfressenen Menschen, der unsere Schwäche für sein Ego brauchte und benutzte.

Das ist die erwähnte Lücke, in die wir unser ganzes Selbst gelegt haben, um endlich den Halt im Leben zu finden, den Freunde und Partner bieten. Leider erweisen sich manche Verbindungen als alles andere als stabil und lassen uns hart aufschlagen. Es sind toxische Menschen, die ihre eigene Verlorenheit zur Lebendfalle ihrer emotionalen Opfer machen.

Dabei beginnen diese Begegnungen höchst faszinierend. Der andere scheint uns zu kennen und blickt tief auf den Grund unserer Seele. Wir fühlen uns verstanden und in der Suche nach dem gemeinsamen Glück vereint. Plötzlich ist dieser eine Mensch da und hält unsere Hand, verspricht uns eine glänzende Zukunft oder lädt uns ein, an seinem aufregenden Leben teilzuhaben. Der Preis dafür ist aber hoch. Es ist der Verlust des Urvertrauens in unser Gefühl und eine weitere Mauer um unser Herz.

Deshalb blicke gern tief in die Augen deines Gegenübers, aber bleibe deiner Intuition treu. Gesehen zu werden vermag Ansehen verleihen, doch Menschen brauchen Zeit, einander kennenzulernen. Niemand weiß am ersten Abend, was gut für dich ist und wie sich deine Sehnsüchte erfüllen lassen. Vertraue dir und deinem Bauchgefühl und nimm dir Zeit. Denn wenn der andere es ehrlich mit dir meint, lässt er dir auch die Zeit, ohne sich deiner Gefühle zu bemächtigen.

Ein weiteres Indiz, achtsam mit deinen Bedürfnissen und Gefühlen neuen Kontakten gegenüber zu sein, ist eure Art miteinander zu reden. Wie viel Raum nimmt deine Meinung ein? Wie reagiert der andere auf ein Nein aus deinem Mund? Knüpft er seine Liebe an Bedingungen oder könnt ihr unterschiedliche Sichtweisen teilen und akzeptieren? Oder wirst du abgelehnt und ausgegrenzt, sobald du deinem bislang empathischen Gegenüber widersprichst?

Hier zeigt sich der wahre Kern deines Schwarms. Manche Menschen brauchen die Bühne, das Scheinwerferlicht oder ein Podest, um sich gut zu fühlen, und werten alles ab, das ihnen diese Position streitig machen könnte. Entsprechend schwach ist ihr wahrer Selbstwert und morsch der Pfeiler, auf den du diese Beziehung stellen würdest.

Aber nicht immer steckt hinter einem Konflikt eine toxische Verbindung. Umgangsformen richten sich oft auch danach, wie sicher wir uns in einer Verbindung fühlen. Hier gibt es Menschen, die immer aggressiver werden, je weiter sich der andere von ihnen entfernt und damit Unsicherheit erzeugt. Und es gibt jene, die sich gegen zu viel Nähe wehren, weil sie sich erdrückt fühlen und ihr Freiheitsbedürfnis gefährdet sehen.

Auf der anderen Seite kennen wir sicher alle das Phänomen, dass wir zu unseren Liebsten, egal, ob Familie oder Freunde, oft ekelhafter sind, als wir es zu Fremden wären. Das liegt daran, dass wir uns ihrer sicher wähnen und die Beziehung für stabil genug halten. Dieses oft kräftezehrende Konfliktverhalten erleben Eltern mit ihren Teenagern, junge Mütter mit wohlmeinenden Großeltern oder gestresste Partner, die sich zwischen Karriere und Familie zerrissen fühlen und sich gegen den Vorwurf wehren, die falschen Prioritäten zu setzen. Aber auch eine solche Verbindung kann auseinanderbrechen, wenn die Last unserer Erwartungen daran zu schwer wird und wir die Toleranz anderer überschätzen.

Ein gesundes Miteinander hält Konflikte aus und versucht sie im gegenseitigen Interesse zu lösen. Oft helfen Geduld, eine wertschätzende Aussprache oder der Versuch, sich in den anderen hineinzuversetzen. Alles andere sorgt nur für Drama im Leben, das wir uns nun genauer anschauen wollen.

SHORTCUT

Was in der Natur die Venusfalle, ist der Narzisst auf dem Singlemarkt: eine manchmal tödliche Begegnung für Menschen, die ausgehungert nach Liebe auf Partnersuche sind. Hier dürfen die Alarmglocken schrillen, wenn der attraktive Neukontakt wirkt, als ob ihr euch schon Jahre kennen würdet. Wenn dessen Komplimente aber bitter schmecken und im Bauch Hornissen flattern, heißt es: Achtsam sein! Achtsamkeit hilft auch beim Umgang mit den Menschen, denen wir uns am sichersten sind. Dort sind wir oft ungerechter, als es der Beziehung guttut, und verletzen, was wir lieben. In beiden Fällen können wir Konflikte vermeiden, wenn wir auf uns und den anderen achten.

5. DRAMAQUEEN UND SUPERMAN

Wo Narzissten zu Tätern werden, sind Opfer meist nicht weit. Und wo Opfer um Hilfe rufen, lassen sich auch Retter selten lange bitten. So entsteht ein munterer Kreislauf, der uns mitten hinein ins Drama zahlreicher Konflikte führt.

In einer Welt voller Idioten, in der viele Angst vor ihrem eigenen Schatten haben oder glauben, die Welt retten zu müssen, bilden wir manchmal ungesunde Verstrickungen. Das heißt, wir verbinden uns mit Menschen, die uns nicht guttun oder denen wir (ungewollt) schaden. Grund genug, unser Urteil über die Welt und die daraus erwachsene Rolle im sogenannten Dramadreieck zu hinterfragen.

Das Konzept der Transaktionsanalyse (TA) deckt unheilvolle Verstrickungen auf, in die sich Menschen freiwillig oder unfreiwillig begeben. Oft tun sie dies, um Gutes zu wollen, erzeugen aber Schmerz. In jedem Fall hat es Folgen für unsere Beziehungen, Kontakte und Freundschaften. Es beschreibt ein Grundmuster menschlichen Miteinanders und dient der Regulierung von Nähe und Distanz. Willkommen in der Welt von Tätern, Opfern und Rettern, dem Schauplatz vieler Beziehungstode. Dabei fing alles so harmlos an.

Hedwig nickt mitfühlend, als ihr Agathe weinend vom letzten Streit mit Ralph-Rüdiger erzählt. Sie versucht, ihre Freundin aufzumuntern, und rät ihr, sich nicht alles gefallen zu lassen. Kein Mann sei es wert, so zu leiden. Offenbar irrte Hedwig, denn keine Woche später kommt Agathe mit der gleichen Geschichte und weint fast zwei Stunden über ihr Unglück. Hedwig weiß noch immer Rat und hofft, zu Agathe durchgedrungen zu sein. Bis die wenige Tage später mit einem blauen Auge, aber einem Verlobungsring vor ihr sitzt. Hedwig kann es nicht fassen. Anstatt diesen tumben Toren zu verlassen, will Agathe ihn nun sogar heiraten. Wozu dann all die Hilfe, all das Geheule? Wütend zerreißt Hedwig die Einladung zum Polterabend und heißt ihre Freundin eine dumme Gans. Dann rauscht sie davon.

Damit hat Agathe nicht nur einen Konflikt mit ihrem Göttergatten auf Zeit, sondern auch mit ihrer besten Freundin Hedwig, ebenjener, die doch nur helfen wollte. Ja, Hilfe kann manchmal ganz schön verletzend sein, vor allem wenn man nicht das Wohl des anderen, sondern das eigene Ego im Blick hat. Denn Grund einer solchen Verstrickung ist häufig der Wunsch nach Anerkennung und Aufmerksamkeit, und zwar auf beiden Seiten des Dramas, weil jeder Täter ein Opfer braucht, das wiederum ohne Retter nicht auskommt.

Voraussetzung ist eine Beziehung zwischen mindestens zwei Menschen, die wechselseitig in die Rolle des Täters, Opfers oder Retters schlüpfen. Das allein ist noch nicht ungesund. Erst die Art, wie wir diese Rollen ausüben, erzeugt das eigentliche (Kommunikations-)Drama, um das es mir im Folgenden geht.

Jeder von uns ist mal das Denkmal, mal die Taube. Und mal der, der die Hinterlassenschaften wegzuputzen hat. Das heißt, wir wechseln beständig zwischen der Täter-, Opfer- und Retter-Perspektive, häufig, ohne es wahrzunehmen. Wollen wir doch ebenso oft helfen wie Hilfe erhalten oder sagen, was zu tun ist. Nur was steckt hinter diesen Rollen?

Der Täter, oder auch Verfolger genannt, hat recht. Er ist wichtig und kennt die Regeln, die er unerbittlich durchzusetzen weiß.

Er sieht die Schuldigen und zeigt auf sie. Er belehrt, kritisiert und stellt bloß. Anders wäre die ihm wichtige Ordnung auch nicht aufrechtzuerhalten. Kompromisslos übt der Täter die Kontrolle aus, oft gegen jeden Widerstand. Er weiß, was richtig und falsch ist, was sich gehört und wo es lang geht. Er ist Gott.

Leider sieht es in ihm gar nicht so göttlich aus. Hier versteckt sich das kleinlaute Bedürfnis nach Macht und Aufmerksamkeit. Der Wunsch, gesehen zu werden. Vielleicht, weil ihm das als Kind verwehrt wurde. Um gesehen zu werden, muss sich der Verfolger aber erhöhen. Dies tut er meist, indem er andere erniedrigt und sich für besser als den Rest der Idioten da draußen hält. Funktioniert das nicht, sind regelmäßig Wut und Aggression die Folge.

Damit es funktioniert, braucht er ein Opfer, dem er die Schuldgefühle einreden kann, das sich erniedrigen lässt und kleinmacht. Dabei kann es gar nichts dafür. Schuld sind stets die anderen. Das Opfer braucht Hilfe und ist überfordert, wenn es Verantwortung übernehmen soll. Schon seit Kindertagen weiß das Opfer, dass es nichts kann, nichts darf und für nichts gut genug ist. Es leidet um des Leidens willen.

Doch ganz so leidvoll ist ein Opferleben gar nicht. Im Gegensatz zu echten Opfern, die ohne ihr Zutun in Notlagen geraten, tragen Opfer im Sinne des Dramadreiecks zu ihrer eigenen Situation selbst bei. Deshalb unternehmen sie auch nichts, um sich daraus zu befreien. Sie genießen es eher, beachtet und unterstützt zu werden. Das ist der Gewinn des Opfers, den es mit Zähnen und Klauen verteidigt und sich lieber retten lässt, als sich dem Täter zu stellen.

Der Retter fühlt sich in seiner Rolle des Kümmerers, der Mutter der Nation und des Friedensstifters sehr wohl. Helfersyndrom und Samariterkomplex lassen ihn fürsorglich, aufopferungsvoll und hilfsbereit scheinen. Sein Herz ist groß und die Schultern breit für all die Last da draußen. Er ist der Held auf weißem Ross, der sich für die Opferprinzessin dem Täterdrachen entgegenwirft.

Dabei sind seine wahren Motive gar nicht so heldenhaft. Vielmehr will der Retter wertvoll sein und gebraucht werden. Falsche Bescheidenheit täuscht über den Wunsch nach Akzeptanz und Anerkennung hinweg. Das gibt ihm den Selbstwert, den er seit seiner Kindheit vermisst. Leider setzt helfen zu wollen Defizite bei anderen voraus. Entsprechend fokussiert ist der Retter auf die Schwächen seiner Umwelt und stets mit schnellen Lösungen zur Hand. Mit ungefragten Ratschlägen hält er das Opfer klein und wird damit selbst zum Täter.

In jedem der Fälle enttäuscht der Rolleninhaber seine Mitspieler: entweder weil er undankbar die Hilfe des anderen ablehnt oder weil er nicht tut, was er richtigerweise tun sollte. Auch sorgen Erniedrigung und Abwertungen für Widerstand beim Opfer. Das fördert Konflikte, in denen wir munter zwischen den Rollen hin und her tauschen, damit sich am Ende alle mies fühlen können.

Besonders perfide zeigt sich das bei der Co-Abhängigkeit von Suchtkranken und ihren Partnern. Statt dem Süchtigen dabei zu helfen, zurück in die Selbstverantwortung zu kommen, unterstützt der Partner die Sucht, indem er den Erkrankten vor seiner Umwelt deckt, ihm Alltägliches abnimmt und im schlechtesten Fall den benötigten Stoff sogar selbst besorgt.

Dieses Retter-Opfer-Drama gipfelt dann im »Teufelskreismodell« von Friedemann Schulz von Thun. Hierin hält der

Retter das Opfer für so hilfsbedürftig, dass er ihm vorsorglich Aufgaben abnimmt, die es selbst noch erfüllen könnte. Damit bestärkt der Retter das Opfer aber erst in dessen Glauben, besonders hilfsbedürftig zu sein. Die Folge ist, dass sich das Opfer noch mehr Aufgaben abnehmen lässt, was dem Retter recht zu geben scheint und ihn zum Täter macht. Der diabolische Kreislauf beginnt.

Im Kleinen beginnt diese Abwärtsspirale bereits mit dem verbreiteten Phänomen des ungefragten »Rat-Schlagens«, also der Annahme, besser zu wissen, was der andere will. Warum aber wollen wir überhaupt helfen, ohne zu spüren, wann wir übergriffig werden? Die Antwort scheint auf der Hand zu liegen: Weil wir offene Enden hassen. Wir halten es nicht aus, wenn Fragen unbeantwortet und Probleme ungelöst bleiben. Stattdessen wollen wir mit dem Thema abschließen. Zudem fordert es uns emotional heraus, einen nahestehenden Menschen leiden zu sehen. Dann möchten wir mit unserem Hilfsangebot das eigene Unwohlsein beenden. Eigentlich dient unser Ratschlag mehr uns selbst als dem »Geschlagenen«.

Gib es einen Ausweg? Ja, den gibt es und der liegt in uns selbst. Zuallererst dürfen wir erkennen, ob und welche dieser Rollen wir regelmäßig ausüben. Jammere ich lieber statt anderen zu sagen, wo es langgeht, oder weiß ich zu allem einen Rat? Im zweiten Schritt kann ich mich gegen dieses Drama entscheiden und aus meiner Rolle aussteigen. Ich kann mich abgrenzen, Nein sagen oder nichts tun und abwarten, was passiert. Ich kann mich ebenso in den anderen hineinversetzen und mich fragen, ob er wirklich unfähig ist oder ich ihm nur nichts zutraue. Traut der sich dann doch, erfährt das frühere Opfer Selbstwirksamkeit und kann sich auf anderem Weg

Anerkennung holen. Das ist Hilfe zur Selbsthilfe, ganz ohne erhobenen Zeigefinger oder Papiertaschentuch zum Tränentrocknen.

Der Retter sollte die Eigenverantwortung seines erwählten Opfers fördern und sich selbst mehr Beachtung schenken. Der Täter darf wohlwollender, kritikoffen und zurückhaltender in seinen (Ver-)Urteilungen werden. Und das Opfer hat gute Gründe, sein Leben selbst in die Hand zu nehmen.

So weit die Theorie. In der Praxis setzen leider viele Menschen weiterhin ihre Beziehungen aufs Spiel, wenn sie glauben, besser zu wissen, was für ihre Umwelt gut ist. Vielleicht hilft es, sich diesem Thema jetzt zuzuwenden.

SHORTCUT

Wenn zwei sich streiten, freut sich der Dritte. Im Dramadreieck stehen sich Täter, Opfer und Retter in einer ungesunden Verstrickung gegenüber und sorgen dafür, dass nicht viel Grund zum Freuen übrig bleibt. Aus dem Wunsch nach Aufmerksamkeit wählen Menschen ihre jeweilige Rolle und lösen jede Menge Konflikte aus. Diese oft manipulativen Psychospiele führen ins Drama, wenn du nicht bereit bist, auszusteigen. Doch dazu musst du dir deiner eigenen Rolle erst einmal bewusst werden. Erst im zweiten Schritt kannst du daran arbeiten, dich von dieser Rolle zu lösen, und aufhören, die Welt aus der Opfer- oder Tätersicht zu sehen oder sie retten zu wollen.

6. ICH WEISS, WAS GUT FÜR DICH IST

Hilfreich sei der Mensch, edel und gut. Wenn Hilfsbereitschaft den anderen aber erst hilfsbedürftig macht, verkehrt sich der fromme Wunsch in sein Gegenteil und drückt den Ertrinkenden unter Wasser. Metaphorisch gesprochen. Tatsächlich ist nicht jeder Mensch, der dein Ohr sucht, ein Problemfall.

Almut greift nach Alfreds Hand. Die Geschichte seiner verflossenen Liebe rührt sie. Auch sie hatte einst ähnliche Probleme und glaubt zu wissen, was Alfred fehlt. Er habe sich zu klein gemacht, lässt Almut ihn wissen, sich in seiner Liebe nicht gezeigt. Das käme vermutlich aus seiner Kindheit und würde erst vergehen, wenn er sich selbst annehmen könnte. Am besten mit »Innerer-Kind-Arbeit« und Vergebungsritualen. Das würde ihn liebenswert und damit zu einem besseren Menschen machen.

Alfred nickt stumm. Offenbar ist er ein schlechter Mensch, der keine Liebe verdient hat. Schmerz steigt in ihm auf und Tränen füllen seine Augen. Almut nickt mitfühlend, verkennt aber, dass Alfred kein Ritual braucht, sondern echte Freunde, die ihn so nehmen, wie er ist.

Wenn du willst, dass sich dein Gegenüber wie ein Problem auf zwei Beinen fühlt, mach aus allem, was dein Gesprächspartner erzählt, ein Problem. Nein, noch besser, mach ihn zum Problem. Zusätzlich kannst du ihm deinen ungefragten Rat aufdrängen, mit dem du das Problem lösen würdest, wärest du an seiner Stelle. Ironie aus, denn du bist nicht an seiner Stelle und deine Analysen helfen ebenso wenig wie deine Ratschläge. Im Gegenteil, sie verletzen. Nicht nur, dass dein Gegenüber sich dir unterlegen oder gar schwach fühlt. Nein, es fühlt sich als Therapiefall. Das aber entspricht sicher nicht dem Bild, das dein Gesprächspartner von sich zeigen wollte. Eher hoffte er auf deine Anteilnahme statt einer Meinung.

Leider bleibt es oft nicht nur bei einer Meinung. Manch ein Gesprächspartner glaubt, viel besser zu wissen, was gut für den anderen ist, und teilt es diesem auch ungefragt mit. Dann nehmen schnelle Lösungen dem Betroffenen den Raum, seine Gefühle zu zeigen, sich zu offenbaren und anzuvertrauen. Statt einer haltgebenden Freundschaft gewinnt der Bedürftige so den Eindruck, dass du seine Probleme nicht aushältst oder dich erst gar nicht dafür interessierst. Oder er fühlt sich, als sei er dir etwas schuldig, was ebenfalls keine gute Basis für ein Gespräch auf Augenhöhe ist.

Schließlich projiziert er seine gespiegelten Probleme auf dich, den Ratschlag Gebenden, zurück, um sie nicht bei sich selbst sehen zu müssen. Damit wirst du zum Zerrbild seines Schmerzes und ein weiterer Grund, sich schlecht zu fühlen.

Es ist wie bei einer Hängebrücke. Stehen sich die entfernt liegenden Ufer nicht einigermaßen gleich hoch gegenüber, bietet die Verbindung zu wenig Stabilität, um den Graben sicher zu überbrücken. Wenn du also Hilfe ohne Auftrag anbietest, störst du das Gleichgewicht eures Kontaktes und verlierst die Augenhöhe. Der sichere Weg, vom anderen künftig gemieden zu werden.

Dabei magst du die konkrete Situation noch so oft selbst erlebt haben. Nichts macht dich zum Experten für das Leben eines anderen Menschen, es sei denn, er bittet dich um deine

Meinung, besser noch um deinen Rat. Sonst ist jedes noch so gut gemeinte Hilfsangebot eine zusätzliche Last. Immerhin sprichst du deinem Kontakt die Fähigkeit ab, das eigene Problem ohne deine Hilfe klären zu können. Das ist kein Grund, stolz darauf zu sein, denn was lösen wir damit beim Gegenüber aus? Spoiler-Alarm: jedenfalls keine Bindung.

Frage dich deshalb, ob du Freund oder Therapeut sein möchtest. Das prägt deinen Umgang mit anderen Menschen. Neigst du dazu, anderen deine Hilfe aufzudrängen, setzt du diese herab und löst die Verbindung. Das mag wohlgemeint sein, ist aber selten wohlgetan, um eine Küchenpsychologiephrase zu missbrauchen. Und weil es gerade so schön ist, gleich noch eine: Weniger ist mehr. Das bedeutet, weniger Text und mehr Ohr, wenn dir jemand sein Herz ausschüttet, sich öffnet und dein Verständnis sucht. Das ist gelebte Wertschätzung und hilfreicher als manch vorschneller Ratschlag. Letzterer entwertet deinen Gesprächspartner nur und lässt zu, dass sich dieser in deinem Beisein schwach und hilflos fühlt. Entsprechend lustlos wird er ein solches Treffen wiederholen wollen.

Vielleicht versuchst du stattdessen, dem anderen Raum zu geben, damit er ihn mit seinem Thema füllen kann. Das können Männer oft sogar besser als Frauen, weil die sich selten für Experten weiblicher Emotionen halten. Männer untereinander lösen solche Probleme hingegen meist pragmatisch, indem sie weniger reden und dem Leben danach eine feuchtfröhliche Chance geben.

Doch auch Männer tappen in die »Arroganzfalle des Helfenwollens«, wenn sie – von der weiblichen Emotionalität überfordert – denken, dass hier nur eine schnelle Lösung hilft.

Das aber macht aus Helden Affen, die besser nie ihre Höhle verlassen hätten. Frauen lieben Männer, die ihnen die Reifen wechseln und sie über Schwellen tragen. Männlicher Pragmatismus in emotionalen Dingen gehört regelmäßig nicht dazu.

Ich gebe zu, es mag schmeicheln, wenn sich ein Freund gesehen fühlt und einem vertraut. Doch wie leicht kann sich der auch durchschaut und damit nackt und verletzlich fühlen? Das heißt im Umkehrschluss nicht, mit eigenen Problemen oder Schicksalsschlägen wettzueifern und damit die Last des anderen abzuwerten. Es geht vielmehr um ein gleichberechtigtes Miteinander.

Bittet dich hingegen ein Freund wirklich um deine Meinung, lass ihn seine eigene Lösung finden. Gib ihm Hilfe zur Selbsthilfe, indem du ihn dabei unterstützt, die Perspektive auf seine Situation zu verändern. Lass ihn Alternativen aus seiner aktuellen Denkfalle finden. Denn das System mit den meisten Optionen ist das erfolgreichste.

Ein Sonderfall ist das gelegentlich auftretende Phänomen des Welterklärers, also jenes Menschen, der sich dank selbst ernannter Überlegenheit dazu aufschwingt, anderen zu sagen, was richtig oder falsch ist. Das dient dann einer zum Allgemeingut erklärten Moral und zeigt sich in Plattitüden wie »Das macht man nicht!« oder »Das ist verantwortungslos!« oder gar in untauglichen Geschichtsvergleichen.

Menschen mit einem solchen Sendungsbewusstsein sind oft angstgeleitet und suchen nach Sicherheit, am liebsten, indem sie sich über alles stellen, was sie verunsichert. Oder sie erleben sich in einer Machtposition, aus der heraus sie ungestraft urteilen und verurteilen können. Vorausgesetzt, sie können sich einer schweigenden Mehrheit im Rücken sicher sein.

Spätestens dann aber tritt der Wunsch nach Verbundenheit in den Hintergrund und das Bedürfnis nach Macht und Bedeutung übernimmt die Führung.

Mit dieser Führung schwindet auch das Interesse am anderen, der in seine Schranken gewiesen werden soll und sich unverstanden fühlt. Dass spätestens hier die Verbindung reißt, wird das folgende Kapitel zeigen.

SHORTCUT

Menschen zu helfen, ist ein Grundbedürfnis, das uns verbindet und Kontakte wertvoll macht. Ob aus Hilfe aber eine Last wird, hängt davon ab, ob der andere bereitwillig meine Unterstützung sucht oder ob ich sie ihm aufdränge, getreu dem Motto: Ich weiß, was gut für dich ist. Wenn du Hilfe anbietest, dann sollte es Hilfe zur Selbsthilfe sein. Oft genügt es dabei schon, einen Perspektivwechsel auf alles, was noch funktioniert, anzuregen und dem anderen damit zu helfen, sein eigenes Leben mit neuen Augen zu sehen. Dieses Ziel verfehlen all jene, die von sich glauben, den einzig richtigen Weg im Leben zu kennen und anderen die Welt erklären zu müssen.

7. STOLPERFALLEN UND FUSSANGELN

Die meisten Menschen sind sich selbst am wichtigsten. Das ist völlig in Ordnung und hat nichts mit Egoismus oder gar Narzissmus zu tun. Es entspringt dem Selbsterhaltungstrieb, ohne den wir längst ausgestorben wären. Am zweitwichtigsten ist dem Menschen die Gemeinschaft, denn auch ohne seine Horde wäre der Mensch nicht überlebensfähig und die Menschheit längst vom Erdball verschwunden. Und weil sich Menschen selbst wichtig sind, lieben sie es auch, über sich zu erzählen. Das setzt ein Gegenüber voraus, das sich für die Geschichten interessiert und sie sich anhört. Dabei entstehen echte Nähe und eine Atmosphäre der Wertschätzung und des Vertrauens – beste Basis für eine lang anhaltende Freundschaft.

Interesse aber zeigt sich nicht allein im Zuhören. Auch was und wie wir antworten, kann uns für den anderen interessant machen. Dafür müssen wir den anderen verstehen, ohne etwas in seine Worte hineinzuinterpretieren. Das ist allerdings gar nicht so leicht.

Einem Gespräch zu folgen, bedeutet, der erzählenden Person zu folgen, sie wahrzunehmen und Anteil an dem zu haben, was sie zum Besten gibt. Oft aber liegt zwischen dem, was uns erzählt wird, und dem, was bei uns ankommt, eine Diskrepanz, eine Lücke, die überbrückt werden will. Das gelingt, indem wir uns ein paar Kommunikationsregeln bewusst machen.

Jede Botschaft adressiert ihren Inhalt auf verschiedenen Ebenen – man könnte auch Kanäle sagen, ähnlich den Frequenzen eines Radios. Jeder Kanal übermittelt eine andere Seite dieser Botschaft, wie die Sachebene oder die persönliche Beziehung. Manchmal versteckt sich hinter der Botschaft auch nur ein Wunsch. Diese Inhalte müssen beim Empfänger entschlüsselt und damit verstehbar gemacht werden. Immerhin empfangen wir auf ebenso vielen Ebenen das Gesagte und interpretieren das Gehörte. Missverständnisse passieren dann, wenn sich die falschen Ebenen kreuzen. Wenn du dich beispielsweise sachlich zum Tun deines Freundes äußerst, stellst du in dessen Ohren eventuell die Beziehung infrage. Das klingt dann wie das Suchen eines Senders im Radio.

Nachdenklich betrachtet Ansgar das rosafarbene Garagentor am Ende seiner Einfahrt. Sein Freund Tillmann hatte ganze Arbeit geleistet. Von den alten Rostflecken war ebenso wenig zu sehen wie von der wenig schmeichelhaften Schmiererei der Nachbarskinder. Die hatten sich dafür gerächt, dass die beiden Männer im Haus Nummer 13 lieber ihre eigene Halloweenparty gefeiert hatten, statt den Kindern Süßigkeiten zu schenken. Nun strahlt das frisch gestrichene Tor und lässt keinen Zweifel daran, wer die farbenfrohste Garage der Nachbarschaft hat. Tillmann tritt hinzu und wartet auf Ansgars Urteil. Der zögert. Schließlich legt er seine Hand auf Tillmanns Schulter und sagt: »Es ist rosa.« Tillmann dreht sich unter der Hand seines Partners weg und geht beleidigt zurück ins Haus. Er hatte geahnt, dass sein Freund etwas an ihm auszusetzen haben würde.

Auch neigen wir dazu, nicht alles, was wir denken, auch auszusprechen. Die dadurch entstehenden Lücken nennt man Tilgungen oder Löschungen. Die machen das Gesagte unvollständig und damit unter Umständen unverständlich. Was zum Beispiel meint der Zugschaffner, wenn er an deinen Platz tritt und fragt: »Fahrkarte?« Entweder will er deinen Fahrschein sehen oder dir einen verkaufen. Ein Unterschied, der schnell 60 Euro ausmachen kann.

Der Hörende versucht automatisch, solche Lücken zu schließen, indem er sie mit Eigeninterpretationen füllt. Das ist gefährlich, trägt doch der Zuhörer nach wie vor seine individuelle Realitätsbrille, die sein Weltbild prägt und unterstellt, dass der Erzählende genauso denkt wie er selbst. Das aber wäre Gedankenlesen und gehört ins Reich der Fantasie. Will ich also wirklich verstehen, muss ich zuerst die Lücke wahrnehmen, mir also bewusst machen, dass etwas *nicht* gesagt wurde. Etwas, das mir zum Verstehen fehlt.

In der Regel ergibt sich der fehlende Teil der Botschaft aus dem Kontext oder der Lebenserfahrung. Manchmal aber gehen die Absicht des Sprechers und die Annahme des Hörers auseinander. Dann laufen wir in unterschiedliche Richtungen und verlieren einander. In diesen Fällen empfiehlt es sich, die Tilgungen anzusprechen und nachzufragen, was gemeint ist. Das ist auch ein Zeichen von Respekt dem Erzählenden gegenüber. Immerhin möchte der ebenso verstanden werden, wie wir verstehen wollen. Fülle ich hingegen die Lücken mit meinen Gedanken, kann es zu Missverständnissen kommen, die den anderen eventuell verletzen.

Wir haben zwar keinen Einfluss auf die Gefühle, die unsere Worte beim anderen auslösen. Wir können aber an der Reaktion unseres Gegenübers erahnen, ob unsere Antwort ihr Ziel erreicht hat oder nicht. Dabei lohnt es sich, auch auf die Mimik und Körpersprache des Gesprächspartners zu achten.

Hieraus ergeben sich oft interessante Erkenntnisse, nicht zuletzt Widersprüche, die uns verraten, ob wir ihn vielleicht missverstanden haben. Es ist nämlich gar nicht so selten, dass Menschen ihre Realität verzerrt wahrnehmen und falsche Schlüsse aus dem ziehen, was sie glauben, gehört zu haben. Dann unterstellen sie leicht Dinge, die nie gesagt wurden, oder überdramatisieren Banalitäten. Darauf einzugehen ist die hohe Schule echter Empathie.

Wäre da nicht der Wunsch mancher Menschen, möglichst unbelastet von den Problemen anderer durch die Welt zu gehen. Denen geht es weniger darum, den anderen zu verstehen, als vielmehr darum, von dessen Konflikten und Sorgen verschont zu bleiben. Diese Einstellung ergibt sich nicht immer aus eigennützigen Gründen. Manchmal halten wir es einfach nicht aus, Freunde leiden zu sehen. Dann möchten wir das Gehörte nicht akzeptieren und versuchen mit unserer Reaktion das Erleben des Erzählenden zu verändern. Oder einfacher ausgedrückt: Wir überstreichen die Verletzung mit rosa Farbe.

Dafür stehen uns zahlreiche Methoden zur Verfügung, mit denen wir das Gehörte entwerten und den Erzählenden auf Abstand halten, allen voran das bereits mehrfach erwähnte Anbieten schneller Lösungen. Aber auch unser Trösten und Beruhigen kann den Leidenden auf die Palme bringen – wenn er da nicht schon hockt, weil wir auf seinen Schmerz nichts Besseres zu sagen wussten als: »Das wird schon wieder.«

Interesse schaut anders aus, Empathie ebenso. Um sich für einen anderen Menschen zu interessieren, braucht es nämlich etwas, das uns am anderen interessiert und das wir an ihm mögen könnten. Das aber hängt von der individuellen Wahrnehmung ab, um die es uns im nächsten Kapitel gehen soll.

SHORTCUT 

Menschen unser Ohr zu leihen ist eine der vertrauensbildenden Möglichkeiten, mit anderen in Kontakt zu kommen und in Verbindung zu bleiben. Hier bestimmen Interesse, Wertschätzung und Empathie das Maß gegenseitigen Respekts und die Art, wie wir miteinander kommunizieren. Voraussetzung ist, dass wir den anderen verstehen und selbst verstanden werden. Hier lauern Missverständnisse, die vermeidbar sind. In erster Linie hilft es, dem anderen wirklich zuzuhören, um ihn zu verstehen und nichts in das Gehörte hineinzuinterpretieren. Statt Gedanken zu lesen, können wir lieber nachfragen und so für Klarheit sorgen. Das ist gelebter Respekt im Umgang mit anderen.

8. WAHRNEHMUNGSFILTER

Du bist der Spiegel, in dem sich dein Gegenüber erkennt. Doch niemand sieht gern eigene Defizite, so zielsicher sie ihm auch bei anderen auffallen. Genauer gesagt, wollen wir in keinen Spiegel schauen, der uns unsere Mängel zeigt. Lieber projizieren wir diese auf den Spiegel zurück, also auf unseren Gesprächspartner. Deshalb hängt die Zukunft eures Kontaktes maßgeblich davon ab, wie dich dein Gegenüber wahrnimmt.

Wir Menschen nehmen unsere Umwelt durch die Filter unserer Sinne, Erfahrungen und Bewertungen wahr. Man könnte auch sagen, unsere Identität bestimmt, was wir sehen. Das Gleiche gilt für unsere Gespräche und das, was wir hören, verstehen oder glauben, selbst gesagt zu haben. Entsprechend kompliziert ist deshalb auch Kommunikation. Denn wir hören nicht, was der andere sagt, sondern das, was wir verstanden haben. Das hängt abermals von unseren mentalen Filtern ab. Diese werden durch unsere Gefühle bestimmt, die nach zwei einfachen Prinzipien funktionieren: Allem, was uns Lust bereitet, folgen wir, während wir parallel versuchen, Unlust zu vermeiden. Das heißt, Menschen, bei denen wir uns wohlfühlen, ziehen uns an, während wir denen aus dem Weg gehen, die bei uns Unwohlsein auslösen, selbst wenn sie es gut mit uns meinen.

Das ist natürlich eine Herausforderung, wenn es darum geht, in Kontakt zu kommen und bei unserem Gegenüber in positiver Erinnerung zu bleiben. Hier hängt alles von der Art ab, wie du verstanden wirst, also, ob du bei deinem Gesprächspartner mit dem, was du sagst, Lust oder Unlust, Schmerz oder Freude auslöst. Achte auf die Betonung, denn nicht *du* löst diese Gefühle aus, sondern die Art, wie dein Gegenüber das Gehörte verarbeitet. Fühlt er sich verstanden, verbindet er Freude mit dir, andernfalls lehnt er dich ab, weil er Unlust vermeiden möchte. Seine mentalen Filter verursachen diese Gefühle bei ihm und sagen mehr über seine Beziehung zu sich als über euer Gespräch aus.

Du bist nur die Projektionsfläche, auf der sich der andere selbst wahrnimmt. Manchmal tut er das leider höchst selektiv. So vermag eine leise Kritik jedes laute Kompliment zum Schweigen zu bringen oder vertreibt ein Augenrollen dein Lächeln.

Käthe schaut gedankenverloren aus dem Fenster, wischt mit dem Finger über die beschlagene Scheibe und sagt laut in den Raum: »Mir fällt ein, dass ich auch mal wieder Scheiben putzen müsste.« Daphne, bei der Käthe gerade zu Besuch ist, stutzt. Dann runzelt sie die Stirn und sieht sich in ihrem Wohnzimmer um. Überall liegen Dinge herum. Die Polster auf dem Sofa stehen schief und auf der Kommode hatte sich eine feine Staubschicht gebildet. Käthe musste sie für eine schrecklich unordentliche Frau halten, wenn sie bereits die Fenster dreckig fand. Dabei hatte Daphne diese erst letzte Woche geputzt.

Frostig übergeht Daphne die Unverschämtheit ihrer Freundin, und als sie sich wenig später verabschieden, nimmt sie sich vor, Käthe niemals wieder einzuladen.

Kaum ist Käthe wieder zu Hause, begrüßt sie ihren Mann: »Bevor wir Daphne zu uns einladen, muss ich unbedingt putzen. Sogar ihre Fenster waren streifenfrei sauber.«

Ein klassisches Missverständnis wie dieses kommt tausendfach unter Menschen vor und dürfte jedem von uns bekannt sein. Es gibt einfach zu viele Ebenen, auf denen wir Botschaften aufnehmen und fehlinterpretieren können. Egal, wie sachlich eine Aussage auch gemeint ist, sie berührt uns immer auch auf der Beziehungsebene, und dort entstehen oder lösen sich Verbindungen.

Wir hören unsere eigenen Gedanken aus dem Mund des anderen und nicken zu dem, was uns gefällt. Missfällt uns aber etwas, lehnen wir es ab. Dabei erleben wir gute oder negative Gefühle, die wir mit dem anderen verbinden. Tatsächlich aber machen wir uns diese Gefühle selbst, für die wir im negativen Fall lediglich die Verantwortung nicht übernehmen wollen. So können deine Worte bei deinem Gegenüber zu einem »Weg-von-Gefühl« führen, wenn sie ihm seinen eigenen Schmerz spiegeln. Die Verbindung bricht ab. Wenn du aber an einer Verbindung interessiert bist, sollte sich dein Gegenüber im Spiegel deiner Worte wohlfühlen. Deine Worte sollten bei ihm also ein »Hin-zu-Gefühl« auslösen, das heißt den Wunsch, mit dir in Kontakt bleiben zu wollen.

Wie das geht? Mit Achtsamkeit deinen Worten und der Reaktion des Gesprächspartners gegenüber. Betone, was dir am anderen gefällt, ohne ihm nach dem Mund zu reden. Menschen neigen dazu, sich negativer zu bewerten, als sie von anderen wahrgenommen werden. Nimmst du ihnen diesen Filter, relativiert sich ihre Selbstkritik und sie fühlen sich wohl. Das zeigt sich dann in ihrem Gesichtsausdruck, der Mimik oder einem veränderten Tonfall, kurz gesagt: Sie strahlen.

Spiegelst du deinem Gesprächspartner hingegen seine Defizite und bestärkst ihn im Gefühl, nicht zu genügen, wechselt er abrupt das Thema oder beginnt, sich wortreich zu erklären. Oder er bricht einen Streit vom Zaun – das untrügliche Zeichen eines Missverständnisses. Steigst du dann auf den Streit ein, kannst du besser gleich deine Sachen packen und verschwinden.

In einem solchen Konfliktfall hilft es, bei dir zu bleiben, über deine Gefühle zu sprechen und das Verbindende im Streit zu suchen. Es geht nie um Positionen, Rechte oder Ansprüche, sondern stets um unerfüllte Bedürfnisse. In denen seid ihr euch vielleicht näher, als es dem ersten Anschein nach ist. Sprich von dir, wenn du dich angegriffen fühlst, und erläutere, was bei dir ankommt, und nicht, was du glaubst, dass der andere gemeint haben könnte. Hier ein genauer Beobachter und empathisch für die Energie im Raum und die Gefühlslage des anderen zu sein hilft, solche Stolpersteine der Kommunikation zu vermeiden. Notfalls kann eine vorwurfsfreie Nachfrage für Klärung sorgen oder ein schlichtes »Es tut mir leid«.

Der sicherste Weg, einem Konflikt eskalationsfrei zu entgehen, sind die schönsten drei Worte, die du zumindest einer Frau sagen kannst: »Du hast recht …«, während du dir denkst: »… und ich auch.«

Ob Kooperation oder Konfrontation, Menschen sehen alles, was sie wahrnehmen, durch ihre individuelle Brille und ziehen entsprechende Schlüsse für ihre Entscheidungen. Erkennst du diese Filter, kannst du bereits bei deiner Wortwahl vieles richtig machen, und noch mehr bei deiner Reaktion auf das Verhalten des anderen. Das sorgt für einen Lustgewinn und die nötige Attraktivität, um im Gedächtnis zu bleiben.

Manchmal aber suchen Menschen nur vorübergehend deine Nähe. Sie benötigen lediglich dein Expertenwissen oder eine andere Fähigkeit von dir, um ein Problem zu lösen oder ein eigenes Bedürfnis zu stillen. Ist das erfolgt, hat der Kontakt seine Schuldigkeit getan. Hier ist deine Sensibilität gefordert, zwischen Wunsch und Wirklichkeit deiner eigenen Erwartungen an diesen Kontakt zu unterscheiden.

Letztlich wird der Mensch mit dir in Verbindung bleiben, der sich in deiner Nähe wohlfühlt. Lass daher den anderen erstrahlen, indem du ihn anstrahlst. Werde dir dazu deiner eigenen Filter bewusst und sieh deine Mitmenschen, wie sie sich selbst gerne sehen würden. Das verleiht ihnen Ansehen und lässt sie sich wertvoll fühlen. Doch blende dabei keinen, denn das hat Folgen, mit denen wir uns im Weiteren befassen wollen.

SHORTCUT

Wie wir auf Menschen wirken, bestimmt, wie wohl sich diese in unserer Nähe fühlen. Dabei spiegeln wir meist nur das Wesen des anderen wider, der sich von uns erkannt oder abgestoßen fühlt. Die Art, wie sich der andere im Umgang mit uns erlebt erlebt, hängt von seinen mentalen Filtern ab, mit denen er die Welt um sich herum wahrnimmt und bewertet. Passt du in diese Welt, steht einer Verbindung nichts im Weg. Das Geheimnis dabei ist zu erkennen, dass jeder seine eigene Welt sieht, die deiner nicht gleichen muss. Entsprechend unterschiedlich bewerten Menschen ihre Umwelt und damit oft auch ihre individuelle Wahrheit. Respektiere das und du wirst respektiert.

9. WERTETYRANNEI

Jeder Mensch hat Bedürfnisse. Viele davon teilt er mit anderen Menschen, nur nicht immer in gleichem Maß und Umfang. Sich diese Bedürfnisse regelmäßig zu erfüllen, ist überlebensnotwendig, tragen sie doch maßgeblich zu unserem Lebensglück bei.

Wollen wir dieses Glück mit anderen Menschen, etwa Freunden oder einem Partner, teilen, genügt es nicht, die eigenen Bedürfnisse zu kennen und sich zu erfüllen. Wir müssen auch die Bedürfnisse des anderen respektieren. Das klingt einfacher, als es ist. Häufig legen wir nämlich unseren persönlichen Maßstab an, wenn wir andere und deren Tun beurteilen. Dabei glauben wir zu wissen, was Recht oder Unrecht ist und was man tut oder besser lässt. Ähnlich verhält es sich mit Werten und Bedürfnissen. Auch hier lassen wir uns regelmäßig von den eigenen Motiven im Leben leiten und setzen voraus, dass jeder so denkt oder denken müsste wie wir.

Dabei übersehen wir eine wichtige Regel aus dem neurolinguistischen Programmieren, nämlich dass die Landkarte nicht die Landschaft ist. Das bedeutet, dass unser Blick auf die Welt ein anderer ist als der jedes anderen Menschen. Wir sehen, was wir kennen, nicht, was objektiv erkennbar wäre. Oft ähneln sich diese Sichtweisen, solange es um objektivierbare Dinge wie Tisch, Stuhl, Uhrzeit oder einen Vulkanausbruch geht. Gefühle hingegen, Erfahrungen, Erinnerungen oder eben Bedürfnisse sind höchst individuell und werden von jedem anders wahrgenommen. Diese uneinheitliche Sicht auf die Welt hindert uns allerdings nicht, andere Menschen in ihrem Handeln, Denken, Sprechen oder Fühlen zu bewerten.

Grundlage dafür sind unsere Werte und der Wunsch, glücklich und zufrieden zu sein. Zufriedenheit hängt aber unmittelbar davon ab, wie wir unsere Bedürfnisse erfüllen und die sich daraus ergebenden Werte leben. Kurz gesagt: Wir sind dann zufrieden, wenn wir mit uns selbst im Frieden sind. Entsprechend friedlich oder aggressiv nehmen wir unsere Umwelt wahr und reagieren auf sie.

Vieles davon hat mit unserem Nähebedürfnis zu anderen Menschen zu tun. Nähe gibt uns Sicherheit, bis sie uns einengt. Dann greift das Autonomiebedürfnis und lässt uns wieder Abstand suchen. Das macht es uns oft schwer, ein Gleichgewicht zwischen Sicherheit und Freiheit zu finden. Man kann auch sagen, dass wir Nähe zu denen suchen, die uns Sicherheit geben, weil sie unsere Bedürfnisse und Werte teilen. Fühlen wir uns aber unverstanden, erleben uns gar im Widerspruch zu unseren eigenen Lebensregeln, bleibt die Verbindung brüchig und reißt schließlich ganz ab. Dann fühlen wir uns sicher und wählen lieber die Freiheit.

Giesbert und Reimund sind sich einig. Einig, dass der andere unrecht hat. Niemals, so Giesbert, könne man nur der Freiheit wegen auf Regeln verzichten. Das würde zu Chaos führen und zur Bedrohung des öffentlichen Friedens. Unsinn, widerspricht Reimund, der gerade in der sklavischen Befolgung von Regeln das Erstarken despotischer Strukturen und damit eine Schwächung des öffentlichen Friedens zu erkennen glaubt.

Das Gespräch endet in unversöhnlichen Widersprüchen und dem Gefühl unnötiger Anstrengung, den anderen von der eigenen Meinung zu überzeugen. Giesbert plant, den Kontakt mit Reimund künftig einzuschränken, und ist sich damit abermals mit Reimund einig.

Solche unergiebigen Grundsatzdiskussionen sind ein typisches Zeichen für die Unversöhnlichkeit mancher Werte. Hier blockiert uns erneut der mentale Filter, dem zufolge wir die Welt so sehen, wie es unsere Wertebrille zulässt. Entsprechend bewerten wir auch das Verhalten anderer und urteilen über unseren Gesprächspartner, wenn dieser unsere Weltsicht nicht teilt.

Das kann in extremen Fällen dazu führen, dass sich Menschen aus dem eigenen Werteverständnis heraus über andere

Menschen stellen und den Anspruch erheben, im Besitz der allgemeinen Wahrheit zu sein. Das ist Wertetyrannei, denn kein Wert steht automatisch höher als ein anderer. Hier mögen gesellschaftliche Normen, Ethik und Moral sowie Kultur ihren Einfluss nehmen, eine Besserstellung Einzelner lässt sich daraus nicht ableiten.

Wer sich aber über andere hinwegsetzt und sie gar ausgrenzt, gefährdet damit jede Verbindung. Denn eine solche Hybris entwertet die Weltsicht des anderen und erzeugt Widerstand. Fehlt es doch an Gemeinsamkeiten, die diesen Kontakt tragen. Unterwerfen wir uns dennoch und sagen zu Situationen, die wir innerlich ablehnen, zu oft Ja, sinkt unser Zufriedenheitslevel, bis wir morgens nicht mehr ohne Medikamente aus dem Bett kommen. Und warum das alles? Weil wir gefallen möchten und uns scheuen, Grenzen zu setzen. Dabei wäre das respektvolle Nein zu Wertetyrannen ein wertschätzendes Ja zu uns. Und damit ein selbstbewusstes Zeichen, uns unseres Selbst bewusst zu sein.

Gleichzeitig übersehen wir manchmal gemeinsame Interessen im Kampf um die Meinungshoheit. Wir sind uns nämlich in dem, was wir wollen, oft ähnlicher, als es den ersten Anschein hat. Giesbert und Reimund im obigen Beispiel sorgten sich beide um den sozialen Frieden. Nur der Weg ins Chaos war stets der Weg des anderen. Ihr Interesse war das gleiche, einzig, dass sie das Thema von unterschiedlichen Positionen aus betrachteten und unterschiedliche Strategien wählten.

Willst du mit einem Menschen verbunden bleiben, versuche den Inhalt von der Person zu trennen und das Bedürfnis oder den Wert hinter seinem Angriff zu finden. Kein Mensch ist einem Wert verpflichtet, wird gar mit Werten geboren. Das sind erlernte Leitplanken, an denen wir unser Leben ausrichten. Doch Leitplanken begrenzen unser Leben auch, verstellen uns gar den Blick für alternative Wege und Ansichten. Dabei hat jeder Mensch gute Gründe, die Welt durch die eigene Brille zu sehen. Aber er hat ebenso gute Gründe, diese Brille von Zeit zu Zeit abzusetzen, vor allem, wenn du den anderen verstehen möchtest, ohne gleich mit dessen Meinung einverstanden sein zu müssen. Dazu lohnt es sich, den eigenen Standpunkt kurz zu parken und sich zu fragen: Welches Bedürfnis hat der andere, wenn er mir widerspricht, und kann ich dessen Meinung tolerieren?

Das ist meist eine Frage der Gewichtung. Welches Gewicht messen wir welchem Wert bei und wo bleibt dabei der Mensch uns gegenüber? Welche Sehnsüchte, Ängste oder Wünsche hat der andere, dass er argumentiert, wie er argumentiert? Und kollidieren unsere Bedürfnisse oder unterscheiden wir uns lediglich in der Strategie, diese zu befriedigen? Kurz gefragt: Liegt uns etwas an dem Menschen dahinter oder geht es uns nur um die Sache und das Prinzip?

Gehen wir im obigen Beispiel davon aus, dass Freiheit und Sicherheit zwei wichtige und manchmal auch diametrale Werte sind, kann der Wunsch nach sozialem Frieden die Brücke zwischen diesen Werten schlagen. Das heißt, auch wenn sich die beiden Männer in der Sache uneins waren, glichen sie sich in ihren dahinterliegenden Werten.

Hinterfrage deshalb deine Art, über Themen zu reden. Wie vertrittst du deine Positionen? Wann triggern dich die Meinungen anderer und wie gehst du mit Kritik um? Wie mit einem Nein? Fühlst du dich gern im Recht oder widersprechen dir häufig deine Gesprächspartner? Hältst du diesen Widerspruch aus oder ärgerst du dich darüber, suchst den Streit oder gehst diesen Menschen künftig aus dem Weg? All das können Hinweise auf Wertekonflikte sein, die dir ein Miteinander erschweren. Dabei hast du es in der Hand, für ein friedvolles Wir zu sorgen. Der anderenfalls drohende Streit richtet sich selten gegen den vermeintlichen Verursacher, sondern zeigt nur die große Verunsicherung, wenn eigene Werte infrage gestellt oder Narben der Kindheit aufgerissen werden.

So vielfältig die individuellen Meinungen der Menschen sein können, so chancenreich ist das Leben ganz allgemein. Statt auf deiner subjektiven Sicht zu beharren, kannst du aus einer Unzahl an Möglichkeiten schöpfen und dein Leben entsprechend bunt gestalten. Jeder Widerspruch bietet dabei eine Auswahl an Sichtweisen, Strategien und Alternativen, ohne die das Leben schwarz-weiß und leer wäre. Erkennst du die Fülle in der Meinungsvielfalt, können dich andere Blickwinkel und Werte bereichern und dir zeigen, wie viel du mit anderen gemeinsam hast. Vorausgesetzt, du bist offen dafür.

Fehlt es aber an solch (verborgenen) Gemeinsamkeiten, fehlt es auch am Fundament, das eine Beziehung, Freundschaft oder Bekanntschaft trägt. Wenn Einsamkeit das Einzige ist, das zwei Menschen eine Zeit lang verbindet, ist dieses Wir zum Scheitern verurteilt. Hier fehlt es an Zuneigung, Interesse und gemeinsamen Werten. Oft aber stellt sich das erst im Laufe des Kennenlernens heraus. Dann weicht die anfängliche Faszination der Enttäuschung, dass der andere die Leere in uns nicht füllen konnte. Der alte Schmerz kehrt zurück und mit ihm die eigene Verletzlichkeit. Dann ist auch die Scham nicht weit. Nah genug, um sich damit nun genauer zu beschäftigen.

SHORTCUT

Werte sind die Leitplanken unseres Lebens. Sie geben uns Orientierung, können uns aber auch am Weiterkommen hindern. Sie bestimmen, wie wir die Welt sehen und was uns glücklich macht. Dabei sind Werte nicht vorgegeben oder werden von jedem in gleichem Maße geteilt. Sich dieser Unterschiede bewusst zu werden, hilft uns bei der Auswahl eigener Werte und lässt uns in Verbindung bleiben. Bei scheinbaren Wertekonflikten hilft es, hinter die Werte auf den Menschen selbst zu blicken: Warum argumentiert er, wie er argumentiert? Vielleicht habt ihr ja mehr gemeinsam, als ihr in der Hitze des Gefechts wahrnehmt, und wenn es »nur« die gemeinsame Freundschaft ist.

10. NACKTE TATSACHEN

Vom Fremdschämen des einen zur Scham der anderen sind es oft nur ein paar Worte. Ein bisschen zu viel Wein, romantische Musik im Hintergrund, sein Duft und dieser tiefe Blick und schon lag das Höschen am Boden, manchmal sogar buchstäblich. Was blieb, waren Kopfschmerzen und ein Name ohne Nummer.

Anders gesagt: Nicht immer, wenn man sich (verbal) nackt macht, ist es am Ende des Tages auch erotisch und verlangt nach einer Fortsetzung. Viel zu schnell lässt manche wunde

Seele tief blicken und öffnet sich dem verständnisvollen Gegenüber. Dem, der so empathisch nichts von sich preisgegeben hat, während du entblößt auf den Scherben deines Privatlebens kniest. Auch hier fehlt das Gleichgewicht der Kräfte und geht Augenhöhe verloren. Dabei genügt es, dass einer aus dem Nähkästchen der persönlichen Peinlichkeiten berichtet und der andere zuhört. Es ist ein wenig wie ein Catwalk, nur ohne Glamour und teure Kleider.

Wenn Adalbert als ersten Schwank aus seiner Jugend an das Quälen kleiner Tiere denkt, mag das Waltraud verstören. Kommen ihr zuerst die haarigen Hände von Onkel Rolf auf ihrem Knie in den Sinn, geht sein Kopfkino offline und ein gemeinsames Thema rückt in weite Ferne. Ähnlich verhält es sich mit Adalberts gestörter Verdauung und Waltrauds nässender Gürtelrose. Nichts, das beim Kennenlernen von Relevanz wäre und wir vom anderen wissen möchten.

Deshalb genießt Adalbert auch die amüsante Erzählung von Waltrauds letzter Radtour, auf der sie aus Angst vor einem Wildschwein auf einen Hochstand geklettert ist. Waltraud indes freut sich mit Adalbert über dessen jüngsten Enkel, der schon »Bier holen« sagen kann.

Seelenstriptease mag von authentischer Ehrlichkeit zeugen, mutet aber dem anderen mehr Informationen zu, als dieser erfahren wollte und manchmal verarbeiten kann. Wie soll jemand beim ersten Treffen auf einen Missbrauchsfall, eine kriminelle Vergangenheit oder einen sexuellen Fetisch reagieren? Das mag alles zu seiner Zeit relevant sein. Um erste Bande zu knüpfen, taugt es nichts. Kein Wunder also, wenn du mit runtergelassener Hose auf der Rechnung sitzen bleibst und den anderen das letzte Mal gesehen hast.

Das allein mag bereits enttäuschen, aber mehr noch dürfte das Gefühl der eigenen Bloßstellung schmerzen, zeigen wir uns damit doch von unserer verletzlichen Seite und verlieren die Souveränität, die wir uns für ein erstes Kennenlernen wünschen. Sich bildlich mit seinen Worten »nackt zu machen« ist auch weniger mutig als vielmehr übermütig, wenn die Grenzen der üblichen Konversation verlassen werden. Glücklicherweise erwartet dein Gesprächspartner nichts dergleichen von dir.

Vielmehr stehen solche intimen Details anfangs eher zwischen euch, statt dass sie euch verbinden. Entweder fühlt sich der Zuhörende genötigt, selbst aus dem Fundus intimer Peinlichkeiten zu berichten, oder er bietet dir seine Hilfe an, um nicht teilnahmslos zu wirken. In beiden Fällen geht es dir damit nicht gut. Einerseits löst du beim anderen Fremdschämen aus, andererseits könntest du dich angesichts des Hilfsangebots unterlegen fühlen – zwei Gründe, einander nie wiedersehen zu wollen. Schließlich folgt auf ein solch intimes Gespräch meist der emotionale Kater am nächsten Morgen, während die neue Nummer ins Archiv wandert.

Aber auch dem anderen ist bei zu viel Offenheit nicht wohl, denn mit jedem Blick durchs Schlüsselloch ist auch Verantwortung verbunden. Und die, mein Freund, will nicht jeder tragen. Deshalb mein Tipp: Willst du ein Geschenk sein, behalte die Verpackung an.

Was also hilft? Bleib beim ersten Treffen an der Oberfläche, ohne oberflächlich sein zu müssen. Zeige Haut, aber nicht gleich den ganzen Familienschmuck. Intimität setzt Vertrauen voraus, und das braucht Zeit. Zeit, die du hast und dir jederzeit nehmen solltest, um den anderen besser kennenzulernen. Dabei wird Privates nicht allein dadurch Allgemeingut, dass ihr euch für einen Abend den Barhocker teilt. Menschen lieben die Verpackung und wollen nicht wie in den Umkleidekabinen von H&M alle faltigen Details im kalten Neonlicht präsentiert bekommen. Erspare also deinem Gegenüber persönliche Einblicke, die du auch von ihm nicht erfahren willst. Das macht dich interessanter, als du vielleicht glaubst. Über alles andere könnt ihr euch austauschen, wenn euch zum Jahrestag des Kennenlernens nichts Neues mehr einfällt.

Das heißt nicht, dass man dem anderen etwas vorspielen soll. Sei ganz natürlich und zeige Herz, nur ohne das Herz unablässig auf der Zunge zu tragen. Es gibt so viel Berichtenswertes aus deinem Leben, für das du dich nicht im Nachhinein schämen musst. Versuche es lieber mal mit Spannung, lass die Luft knistern und bleib ein wenig geheimnisvoll. Erzähle von den Dingen aus deinem Leben, die du gern mit deinem Gegenüber erlebt hättest und sie deshalb teilen magst. Denn geteilte Freude ist doppelte Freude. Oft reicht es bereits, bei einem unverfänglichen Thema zu bleiben. Ihr wetteifert bei eurem Kennenlernen nicht um die spannendste Geschichte oder das verruchteste Abenteuer. Keine Bettgeschichte mit dem Ex kann so interessant sein wie deine Leidenschaft zu reisen oder Fagott zu spielen. Das Thema ist völlig egal, solange euch das Gespräch mit Leichtigkeit die Anspannung nimmt.

Daher nochmals meine Empfehlung. Geh es langsam an mit den intimen Momenten deines Lebens. Zu leicht schlagen peinliche Details den anderen in die Flucht oder lassen dich am nächsten Morgen vor Scham die neue Nummer löschen. Außerdem weißt du nicht, wo deine Worte landen. Nicht jeder, der dir aufmerksam lauscht, ist dein Freund, dem du vertrauen kannst. Mehr dazu im folgenden Kapitel.

SHORTCUT

Der Blick durchs Schlüsselloch mag manchen reizen, doch nicht jeder will das, was dahinter auf ihn wartet, auch wirklich sehen. Das gilt auch für ein erstes Kennenlernen, bei dem der Grad der Selbstentblößung nichts über die Tiefe der künftigen Verbundenheit aussagt. Im Gegenteil, oft wendet sich der Gesprächspartner beschämt ab, wenn ihm zu intime Details aufgenötigt werden, für die ihm das Vertrauen noch fehlt. Willst du für den anderen interessant bleiben, lass ihn deine Geheimnisse ahnen, ohne dich dafür »nackt« zu machen. Wähle lieber Themen, die dir schon beim Gedanken daran ein Lächeln auf die Lippen zaubern. Dann lächelt auch dein Gegenüber.

11. ERSCHWINDELTE FREUNDSCHAFTEN

Vieles am Kennenlernen erinnert an ein Bewerbungsgespräch. Man sitzt sich gegenüber, weiß nicht, wohin mit Armen und Beinen, und fühlt sich der Bewertung des anderen ausgeliefert. Manchen erinnert ein Date sogar an eine Prüfungssituation, die über den künftigen sozialen Status entscheidet. Entsprechend unwohl gestaltet sich manch erstes Treffen, vor allem, wenn man auf Partnersuche ist.

Was aber stört uns an dieser Vorstellung? In erster Linie ist es die Angst, dass der andere darüber entscheidet, wie liebenswert ich bin. Zumindest räume ich ihm die Macht ein, wenn ich gefallen möchte und eine künftige Freundschaft von seinem Urteil abhängig mache. Damit beginne ich unter Umständen, eine Rolle zu spielen, und gefährde erst recht den Kontakt.

Doch wieso sollte mich der andere verurteilen, wenn wir uns zum ersten Mal begegnen? Er könnte ja genauso verunsichert sein. In der Regel ist er das auch und will ebenso gefallen, was Waffengleichheit verspricht. Wenn ihm aber nur an meiner Unterstützung, meinem Netzwerk oder meiner Zuwendung gelegen ist, ohne selbst etwas geben zu wollen, hängt sein Wohlwollen davon ab, wie gut ich seine Erwartungen erfülle. Das führt zu einer energetischen Schieflage, die das Miteinander schwächt. Oder in einem Satz ausgedrückt: Manchmal versteckt sich hinter einem freundlichen Gesicht eine berechnende Fratze, die unser Bedürfnis nach Verbindung auszunutzen weiß.

Quendolin drehte sich vor ihrem Spiegel. Bereits fünf Kleider lagen hinter ihr auf dem Bett, das sechste sollte es nun sein. Heute würde sie nichts dem Zufall überlassen, um dem feschen Helmfried den Kopf zu verdrehen. Gespannt wartete sie auf ihre Geheimwaffe, die kleine dicke Melusine, mit der sie sich neulich extra angefreundet hatte. Die sang zusammen mit Helmfried im Feuerwehrchor und würde ihr Ticket ins Herz des feschen

Junggesellen werden. Melusines Vater richtete das alljährliche Scheunenfest der Gemeinde aus, auf dem Quendolin heute ihren Schwarm treffen und verführen wollte. Dank ihrer neuen Verbindung zu Melusine hatte sie nicht nur eine Einladung zu diesem exklusiven Dorffest, sondern würde neben diesem Trampel von einem Mädchen auch noch atemberaubend gut aussehen. Was konnte da noch schiefgehen?

Beziehungen sind das halbe Leben, während die andere Hälfte dazu dient, diese Beziehungen zu knüpfen. Dieser Glaubenssatz verführt manchen dazu, jeden Kontakt durch die Kosten-Nutzen-Brille zu betrachten und die Menschen entsprechend zu taxieren. Kein Wunder also, wenn sich Kennenlernen und Kontaktpflege in solchen Fällen eher unehrlich und manipulativ gestalten.

Wer sich einen Vorteil davon verspricht, dem anderen nach dem Mund zu reden, ihm Interesse vorzuspielen oder unhaltbare Versprechungen zu machen, weckt beim ehrlich Interessierten falsche Erwartungen. Das belastet ein wachsendes Vertrauensverhältnis. Hier werden Grenzen überschritten, die eine gesunde Beziehung in weite Ferne rücken. Menschen spüren, wenn sie nur einem Zweck dienen, sie benutzt werden und der Gesprächspartner unlautere Absichten hegt. Leider sind die Warnsignale bei vielen aber so schwach ausgeprägt, dass wir uns eine ganze Weile vom schönen Schein der Zuwendung in Form von Komplimenten, Bewunderung oder Zuneigung blenden lassen.

Vor allem Menschen, die ausgehungert nach Aufmerksamkeit, Liebe und sozialen Verbindungen sind, nehmen dieses Lovebombing nur allzu gerne an. Hoffen sie doch, dass mit diesem Menschen alles anders wird. Die Enttäuschung ist vorprogrammiert, nur wahrhaben wollen sie das nicht. Stattdessen genießen sie die wohlgesetzten Worte, die sanften Berührungen und die Aussicht, nicht länger allein sein zu müssen. Manchmal mag zwar das Gefühl aufblitzen, dass alles viel zu schön wäre, um wahr zu sein. Doch viel zu oft werden diese Zweifel verdrängt.

Ja, wir sind empfänglich für Manipulationen, die an unseren Werten, Bedürfnissen und Schwächen ansetzen und uns dazu drängen, mehr zu geben, als wir letztlich erhalten. Dabei muss der Manipulierende gar keine schlechten Absichten hegen. Es reicht oft schon, dass ihm nur an einer Freundschaft gelegen ist, während der andere sich gerade verliebt. Über diesen Graben springt dann nur einer und lässt den anderen verletzt zurück.

Wenn du also neben Blumen nur den alleinigen Vorsatz mitbringst, dein Date ins Bett zu bekommen, hängt es sehr von dessen Motivation ab, ob daraus ein Abenteuer oder eine Enttäuschung wird. In beiden Fällen hat euer Kontakt ein Ablaufdatum.

Nicht anders verhält es sich, wenn knallharte Interessen hinter dem Kontakt stecken, ich mir also einen (profitablen) Vorteil vom anderen verspreche und deshalb versuche, dessen Gunst für mich zu gewinnen. Oder wenn ich eine Rolle spiele, um in bestimmte Kreise aufgenommen zu werden, von denen ich mir Status, Beziehungen oder Gewinne verspreche. Besonders gefährdet sind hier Menschen, die vom Wunsch angetrieben werden, es allen recht zu machen. Dieser frühkindliche Glaubenssatz ist einer der gefährlichsten seiner Art, weil er die Betroffenen zwingt, regelmäßig gegen die eigenen Interessen,

Werte und Bedürfnisse zu leben. Darin liegt auch die große Gefahr psychischer Erkrankungen wie Burn-out und Depression.

Wenn du auf diese Art benutzt wirst, wünsche ich dir, dass du die falschen Komplimente rasch erkennst und das Schauspiel durchschaust. Auch musst du dich nicht vor Ablehnung fürchten, wenn du dich dem anderen widersetzt. Vielmehr ist es eine Frage der Selbstachtung, wenn du dir deiner roten Linien bewusst wirst und diese verteidigst. Du bist nämlich nicht das Opfer in deinen Beziehungen, sondern wiederholst häufig nur Muster aus deiner kindlichen Beziehungserfahrung im Elternhaus. Diese Muster zu erkennen und auszutauschen, gibt dir die Macht zurück.

Hier schult das Leben die Erfahrung und schärft den Blick für Blender und Hochstapler, für Casanovas und Schmarotzer. Dann fällst du das Urteil, vor dem sich der Manipulator ebenso fürchtet, und beendest hoffentlich den Kontakt. Wenn du selbst hingegen die meisten deiner Kontakte nur pflegst, weil du einen Vorteil davon hast, frage dich, ob sich der Einsatz gelohnt hat, wenn du am Ende allein bleibst. Eine solch ungesunde Verbindung scheitert nämlich nicht nur an den falschen Voraussetzungen, sondern auch an ihrer energetischen Abstoßung. Denn alles um uns herum strebt nach einem natürlichen Gleichgewicht. Das aber wird hier auf empfindliche Weise gestört. Diese Störung belastet die Atmosphäre zwischen zwei Menschen, die sich unter anderen Umständen vermutlich nicht über den Weg gelaufen wären.

Lässt sich das vermeiden? In den meisten Fällen eher nicht. Denn dazu müssten wir den Menschen, die in unser Leben treten, grundsätzlich erst einmal misstrauen. Doch das gefährdet eine gesunde Verbindung ebenso. Achte besser auf deine

Intuition und dein Bauchgefühl, wenn dich das Verhalten anderer Menschen irritiert. Wir spüren, ob uns Menschen Gutes wollen oder nur an unserem Besten interessiert sind, also an unseren Beziehungen, Fähigkeiten, Finanzen oder Äußerlichkeiten. Hier mit Maß und Wachheit dem anderen zu begegnen, vorurteilsfrei unserer Urteilskraft zu vertrauen und die eigenen Grenzen im Blick zu behalten sollte ausreichen, um eine »wertschätzende« von einer »Werte schätzenden« Verbindung zu unterscheiden.

Das hat auch viel mit dem eigenen Selbstwert zu tun und dem Bild, das wir uns von uns selbst machen. Ein Thema, dem wir uns im vorletzten Kapitel zuwenden wollen.

SHORTCUT

Wenn uns falsche Motive bei der Kontaktanbahnung leiten, brauchen wir uns nicht zu wundern, wenn wir auf Ablehnung stoßen und am Ende allein zurückbleiben. Echte Verbindungen basieren auf Vertrauen und ehrlichem Interesse, auf Verbindlichkeit und Respekt. Fehlt es an all dem, weil wir glauben, uns in eine Freundschaft hineinschwindeln zu müssen, betrügen wir uns am Ende nur selbst und bekommen nichts. Auf der anderen Seite meint es auch nicht jeder gut mit uns, der vorgibt, unser Freund zu sein. Vertraue gegenüber solchen »Freunden« lieber auf deine eigene Intuition. Sperrt sich beim Wunsch des anderen etwas in dir, sage besser freundlich »Nein«.

12. WER BIN ICH UND WENN JA, MIT WEM?

Manche glauben, dass Schönheit, Reichtum, Herkunft, Karriere oder Kleidung sie zu etwas Besonderem machen und damit zu einem beliebten Menschen. Dann geben sie rauschende Feste, veranstalten teure Urlaube oder lichten sich auf unzähligen Instagram-Storys ab, die tausendfach angesehen werden. Insignien beliebter Menschen von heute.

Leider verlassen die Festgäste, Reisebegleiter und Follower die Party, sobald das Geld alle, die Karriere beendet oder die Schönheit verblasst ist. Der bloße Schein hat keine Freunde und kein Besitz der Welt ersetzt die Leere, wenn wir uns selbst nicht mögen. Kurz gesagt: Wir sind, wer wir sind, und nicht, was wir haben.

Welches Selbstbild wirkt also anziehend auf andere und macht dich beliebt? Das ist eine Frage deiner Identität, also dessen, womit du dich identifizierst – deines inneren Wesenskerns, der von deinen Überzeugungen, Erfahrungen, Bewertungen, Fähigkeiten, Emotionen und Gewohnheiten geprägt ist. Salopp gesagt, ist es der Wühltisch deines Lebens, den du gegebenenfalls mal aufräumen solltest.

Du bist, was du denkst. Das heißt, deine Gedanken über dich erzeugen die Realität und spiegeln sich in all dem wider, was du erlebst, mit wem du dich triffst und was du im Leben erreicht hast. Bist du damit zufrieden, entspricht dein Selbstbild der Person, die du gerne wärst. Denn du hast die Wahl, über dich zu denken, was du möchtest. Und egal, was du denkst, du wirst recht behalten. Wenn du hingegen mit deinem

Leben unzufrieden bist und dich verurteilst, schämst oder abwertest, erwartest du mehr von dir, als du dir selbst zutraust. Ursächlich können falsche Bilder deiner Kindheit, fremde Glaubensmuster oder ungünstige Gewohnheiten sein, die dich immer wieder an deinen eigenen Ansprüchen scheitern lassen.

Wir wiederholen über 90 Prozent der Gedanken, die wir gestern gedacht haben, und das Tag für Tag. Kein Wunder, dass wir im Leben oft unzufrieden sind, wenn wir uns seit Jahren kleinmachen, abwerten oder verurteilen. Es ist die schlichte Menge an Negativbotschaften, die viele von uns an sich zweifeln lassen und die dafür sorgen, dass wir diese Gedanken glauben, weil wir sie für real halten. Das wirkt sich leider auch auf unsere Beziehungsfähigkeit aus und bestimmt, wie uns andere Menschen wahrnehmen.

Falls du nämlich mit deinem sozialen Umfeld unglücklich bist oder damit, dass sich keiner bei dir zurückmeldet, erzählst du dir vielleicht auch die falschen Geschichten über dich. Dann stehst du in einem inneren Konflikt mit dem, was dir wichtig wäre, und dem, was du stattdessen lebst. Dieser Konflikt fühlt sich negativ an, und ebenso negativ wirkst du damit auf deine Umwelt.

Deshalb scheinen manche Menschen auch arrogant, selbstgefällig, abschätzig oder selbstmitleidig und so gar nicht sympathisch oder anziehend. Jede Wette, dass die sich von ebenso unsympathischen Menschen umgeben fühlen, denn wir spiegeln uns im anderen. Doch ich wage mal zu behaupten, dass kein normaler Mensch absichtlich unsympathisch ist und andere Menschen von sich abstoßen möchte. Eher lässt es ein verzerrtes Selbstbild nicht zu, andere anzuziehen, meist weil sich die Person selbst nicht anziehend oder liebenswert findet.

Um das zu ändern, müsste ein solcher Mensch sein Selbstbild, also seine Identität, an das anpassen, was ihm fehlt. Er müsste quasi selbst liebenswerter werden, das heißt in sich eine solche Liebe finden. Daran scheitern viele Menschen, weil sie sich selbst ablehnen. Die Lösung liegt daher im eigenen Selbstwert, also dem, was ich mir selbst wert bin. Erzähle ich mir, schüchtern, unsichtbar oder nicht liebenswert zu sein, erlebt mich meine Umwelt genauso und behandelt mich entsprechend. Reagiere ich dann enttäuscht, arrogant oder verletzend, liegt das nicht an meinen Mitmenschen, sondern an meinem inneren Konflikt, der mich schmerzt. Wir fühlen, was wir denken, und sind doch frei darin, das zu ändern. Wie das geht? Indem ich keinen Gedanken weiterdenke, der mir nicht guttut, und nicht alles glaube, was mir durch den Kopf geht.

Menschen, denen das misslingt, verstecken ihre Verbitterung gern hinter einer Art Humor, die beim Zuhörer sarkastisch oder gar zynisch ankommt. Dieses passiv-aggressive Verhalten erkennst du leicht an der Floskel: »Was denn? War doch nur Spaß.« Ein Spaß, der im falschen Kontext leicht zum Streit und letztlich zum Beziehungsabbruch führen kann.

Adolf ist tot. Golden prangten die Letter im örtlichen Gemeindeblatt und nahmen Abschied vom beliebten Platzwart des Rübenheimer Fußballclubs. Zahllose Bewohner folgten am Tag der Beerdigung dem Trauerzug und gaben Adolf das letzte Geleit. Reden wurden gehalten und manche Träne wurde verdrückt. Seine Familie dankte still für die Anteilnahme und warf dem herabgelassenen Sarg weiße Rosen hinterher, während »Ave Maria« vom Band lief. Alte Damen schluchzten und weißhaarige Männer nahmen ihre Hüte ab. Einige Kinder spielten im Hintergrund, als Samuel, der linke Verteidiger vom Nachbarverein »Traktor Krautern« leise vor sich hinmurmelte: »Ein toter Adolf ist ein guter Adolf.« Auf die entsetzten Blicke der Umstehenden hin strich sich der junge Mann verunsichert über seinen Irokesenschnitt und meinte: »Was denn? War doch nur Spaß.«

Deine Identität hat also maßgeblichen Einfluss auf die Art, wie du deine Welt siehst und bewertest. Das heißt, ob deine Beziehungen gut oder schlecht sind, hängt davon ab, welche Bedeutung du ihnen gibst. Menschen sind, wie sie sind. Erst dein Urteil macht sie zum Freund oder Feind.

Wer also müsstest du sein, um dich vor Freunden kaum retten zu können? Vielleicht wäre die Antwort leichter, wenn ich dich fragen würde, mit welchem Typ Mensch du gerne deine Zeit verbrächtest. Das Leben spiegelt dir dein Selbstbild. Wenn du also die Menschen um dich herum nicht magst, liegt es vielleicht auch an deiner Einstellung zu dir selbst. Sie drücken aus, was du unterdrückst.

Dabei geht es um all das, womit wir uns identifizieren und was unsere Persönlichkeit definiert. Wenn du dein Leben nach deinen Bedürfnissen lebst, findest du auch die Freunde, die zu dir passen und die du gerne hättest. Es ist alles eine Frage deiner Identität und des (Selbst-)Bildes, das du nach außen zeigst. Dieses wird von Werten geprägt, von Glaubenssätzen, Fähigkeiten und Ressourcen und der Art, wie und wofür du diese einsetzt. Wie würdest du dich verhalten und handeln, wenn du dein bester Freund wärst? In welcher Umwelt und unter welchen Umständen würdest du dann leben? Die Masterfrage über all dem aber ist: Welchen Sinn gibst du deinem Leben und den Menschen darin? Dieser Sinn befreit deine Identität von all dem, was nicht zu dir gehört und dich von deinem Wunschleben abhält. Du musst dich nicht an deine Umwelt anpassen, vielmehr entspricht deine Umwelt dem Bild, das du von dir hast. Das ist das Geheimnis von Charisma, also dem Selbstbild charismatischer Persönlichkeiten. Sie erleben sich als so anziehend wie ihre Umwelt sie.

Es ist letztlich eine Frage des Respekts dir selbst gegenüber, dein eigenes Leben so zu leben, dass du dich darin wohlfühlst und jene Menschen deine Freunde nennst, die dir guttun und auf deiner Wellenlänge schwimmen. Weniger respektvoll sind hingegen die, die plötzlich aus deinem Leben verschwinden und dich ratlos darin zurücklassen. Davon gleich mehr.

SHORTCUT

Wir bekommen, was wir geben, oder anspruchsvoller: Unsere Identität bestimmt unser Leben. Es ist nicht entscheidend, wie dich die Menschen sehen. Entscheidend ist, was du ihnen zeigst. Dein Bild von dir bestimmt deine Ausstrahlung und die Art, wie andere über dich denken und urteilen. Diesem Urteil kannst du dich nicht entziehen, aber du kannst beeinflussen, wie es ausfällt. Werde der, der du sein möchtest, und du bekommst, wen du an deiner Seite willst. Hierzu hilft es, dich und deine Bedürfnisse, Werte und Stärken kennenzulernen, um daraus ein Selbstbild zu formen. Gefällst du dir, werden dich auch viele andere mögen; das Geheimnis von Charisma.

13. GEISTERSTUNDE

Zu guter Letzt passt das Phänomen des »Ghosting« in unsere Rubrik unerwiderter Kontakte. Hierbei handelt es sich um das plötzliche Verstummen eines uns nahestehenden Menschen, ohne dass wir die Gründe dafür kennen oder erfahren. Dabei werden Menschen zu Geistern, indem sie aus unserem Leben verschwinden und weder auf Anrufe, Kurznachrichten, soziale Netzwerkanfragen noch auf E-Mails reagieren. Gibt der Verlassene nicht auf, nachzufragen, heißt es entweder barsch »Lass mich in Ruhe!«, oder man wird gesperrt, geblockt und aus dem gemeinsamen Leben ausradiert. Ein Warum bleibt viel zu oft unbeantwortet.

Vielleicht kennt der Geist selbst den Grund nicht, der ihn hat gehen lassen, spürte plötzlich keine Verbindung mehr oder scheute vor der eigenen Bindungsangst zurück.

Das trifft Paarbeziehungen, Freundschaften oder lose Internetflirts gleichermaßen. Doch ich glaube, dass das kein wirklich neues Phänomen ist. Denn wo früher Briefe ungeöffnet zurückkamen oder Namensschilder an Wohnungen verschwanden, fehlen heute zwei blaue Haken oder der Zugang zum persönlichen Profil des anderen im Internet. Entfreundet und vor den Kopf gestoßen bleiben die »Geghosteten« zurück.

Mit einem zufriedenen Lächeln lässt sich Gunnar in die Kissen sinken. Das dritte Date mit Hendrike war sensationell verlaufen. Fast hätte sie ihn noch mit zu sich hinaufgenommen, wäre nicht zufällig ein Nachbar im Fenster erschienen. So musste es für einen Abschiedskuss reichen, den Gunnar noch immer auf den Lippen zu spüren glaubte. Hendrike und er müssen seelenverwandt sein. Ihr

Interesse an seinen Geschichten schien grenzenlos, ihr Lachen über seine Späße echt. Sie waren sich nahegekommen, hatten geflirtet und einander tief in die Augen gesehen. Als sich ihre Fingerkuppen unter dem Kandelaber wie zufällig berührten, hatte keiner die Hand weggezogen. Gunnar war im siebten Himmel, aus dem es die kommenden Wochen und Monate regnen sollte, nachdem er nie wieder etwas von Hendrike hören würde.

Was steckt hinter diesem plötzlichen Verschwinden? Nicht selten all jene Gründe, die wir in den zurückliegenden Kapiteln behandelt haben. Da mögen sich Prioritäten verschoben haben oder die Bedeutung des einen nahm in der Gunst des anderen ab. Auch können sich Veränderungen im Umfeld oder der eigenen Gefühle dramatisch auf unsere Kontakte auswirken. Bin ich zum Beispiel unglücklich verliebt, ohne dass meine Liebe erwidert wird, meide ich künftig die ersehnte Person, egal, wie eng die Freundschaft zuvor war. Mögen mich die Freunde des anderen nicht, höre ich vielleicht nie wieder etwas von ihm. Hinzu kommen Bequemlichkeit und Konfliktscheu, wenn es einfacher ist, sich totzustellen, als Farbe zu bekennen und persönliche Missverständnisse aus der Welt zu schaffen. Hier ist es erneut die Angst vor Ablehnung, die manchen lieber schweigen lässt. Irgendwann ebbt das schlechte Gewissen beim Ghost ab und die Verbindung tritt dauerhaft in den Hintergrund.

Manchmal ist da aber auch nur das peinliche Gefühl, sich zu lange nicht mehr gemeldet zu haben. Hier könnte der andere eine Begründung oder Entschuldigung erwarten, die man scheut und deshalb lieber weiter schweigt. Das geht dann schnell einher mit dem Rechtfertigungsgefühl, dass sich auch der andere hätte melden können. Sätze wie »Ich muss ja nicht immer der Erste sein, der den Kontakt am Leben hält« sind dann an der Tagesordnung. Dieses Pingpongspiel der Schuldzuweisungen verlängert das Schweigen, bis es keinen guten Grund mehr gibt, sich wechselseitig zu melden. Dann bleibt es dem Zufall überlassen, ob man sich an der Käsetheke mal wieder über den Weg läuft und den Kontakt aufleben lässt.

Manche Menschen plagt indes die Angst, die immer wichtiger werdende Person in ihrem Leben wieder zu verlieren. Diese Verlustangst, getriggert durch ähnliche Trennungserfahrungen, kann so stark werden, dass ein Verlassenwerden schmerzhafter erscheint, als selbst zu gehen und den Kontakt zu beenden. Dann wird aus dem vermeintlichen Opfer ein Täter, der lieber verletzt, als selbst verletzt zu werden. Handelt ein Mensch auf diese Art, stimmt etwas mit seinem Selbstwert nicht. Glaubt der Gehende doch, dem anderen nicht zu genügen, und denkt: »Würde mein Freund erkennen, wer ich wirklich bin, würde der mich nie mögen und mich verlassen.« Sich dem Konflikt nicht länger zu stellen hilft, dieses ungute Gefühl zu vermeiden. Grund genug, sich nie wieder zu melden.

Das kann dann richtig fies werden, wenn Ghosting eine Beziehung beendet und der Partner nie erfährt, woran die Liebe so plötzlich erloschen ist. Diese Wunde schmerzt lange, vielleicht sogar für immer, denn wir Menschen brauchen den Abschluss, um loslassen zu können, selbst gegen unseren Willen. Andernfalls fühlen wir uns ohnmächtig und fremdbestimmt. Hinzu kommt der Vertrauensverlust. Drei Gründe, die uns schwächen und uns im Kern unserer Selbstwirksamkeit treffen. Niemand von uns möchte eine Entscheidung gegen seinen Willen aufgezwungen bekommen, schon gar nicht, ohne dass mit uns darüber gesprochen wurde. Und doch ist das häufiger der Fall, als es unserem Selbstwert guttut. Dann suchen wir nach einer Erklärung, die uns die Kontrolle über diese verstörende und nicht beherrschbare Situation zurückgibt.

Deshalb vermuten viele die Schuld zuerst bei sich und fühlen sich selbst weniger wert, wenn der Verschwundene nicht einmal Abschiedsworte für sie übrighatte. Das kann sogar so weit gehen, dass frühere Kindheitsgefühle der Ohnmacht und des Verlassenseins hochkommen und den Selbstwert zusätzlich mindern. Dieser Kontrollverlust erschwert ein Loslassen umso mehr, weil ohne eine Erklärung die Botschaft, nicht liebenswert zu sein, unverarbeitet stehen bleibt. Kein Wunder, wenn der Verlassene alles versucht, die eigene Handlungsfähigkeit zurückzuerlangen, und den Ghost zu einer Erklärung drängt. Meist vergebens.

Wenn alles nichts hilft, kannst du dir selbst einen Grund ausdenken, warum dich der Ex-Freund wortlos verlassen hat. Eine Geheimmission zur Rettung der Welt ist ebenso hilfreich wie Gedächtnisverlust infolge einer Ayahuasca-Orgie. Sei kreativ, wenn es dir hilft, für dich abzuschließen und den Kontakt loszulassen. Letztlich hat selbst dieses Drama etwas Gutes, zeigt doch der Verschwundene, wie bindungsunfähig er oder sie der Beziehung gegenüberstand und welch ungesunder Dynamik der Verlassene ausgesetzt gewesen wäre.

Noch ungesünder aber ist eine Abart des Ghostings, der sogenannte Dating-Trend des »Caspering«, bei dem eine Partei der anderen vorgaukelt, sie zu mögen. Hier wird entweder mit den Gefühlen des Ex-Partners gespielt, der am ausgestreckten Arm und der steten Hoffnung auf Versöhnung emotional verhungert. Oder einem interessierten Kontakt wird das Interesse zurückgespiegelt, wissend, dass es nie zu einem Treffen kommen wird. Man hält sich in Erinnerung und auf Abstand, ohne dass der andere loslassen kann oder will.

Egal, um welche Art des Ghostings es sich handelt: Am Ende des Tages darfst du lernen, damit zu leben. Natürlich kannst du dich fragen, was den anderen an dir und eurem Kontakt gestört haben mag. Falls dir eine Idee kommt, die es wert ist, dich nochmals in Erinnerung zu rufen, versuche es. Falls nicht, lass ihn oder sie gehen, denn Interessen ändern sich und mit ihnen die Menschen. Und denen, die erst gar kein Interesse an dir hatten, musst du nicht hinterherlaufen. Vielmehr lässt dich eine solche Erfahrung künftige Beziehungen deutlich wertvoller erleben und glücklicher genießen. Denn selbst wenn der andere aus der Angst heraus gegangen ist, verlassen zu werden, wirst du ihm diese Angst nicht nehmen können. Bindungsängstliche Menschen erleiden manchmal aus ebendieser Verlustangst heraus den plötzlichen Gefühlstod gegenüber ihrem Freund oder Partner und gehen wort- und emotionslos. Hier kannst du nur zur Seite treten und ihm oder ihr alles Gute auf der Suche nach innerer Sicherheit wünschen.

Doch stelle den Verschwundenen auf kein Podest. Ghosting ist kein Urteil über dich, sondern eine Schwäche oder die Unfähigkeit des anderen, Bindungen einzugehen. Es ist oft purer Egoismus, für den du einer solchen Person nicht nachtrauern solltest. Nicht du bist schuld, dass der andere ging, sondern dessen frühere Verletzungen, die Zeit zum Heilen brauchen.

Gibst du deinem Geist die Zeit, ist ein Comeback nicht ausgeschlossen. Nur hoffen würde ich darauf nicht, denn es gibt so viele andere Menschen, die nur darauf warten, sich an dich zu erinnern.

SHORTCUT

Menschen kommen und gehen. Manchmal aber verschwinden sie auch, als hätte es sie nie gegeben. Der gemeinsame Kontakt bleibt wie ein sich auflösender Nebel im Gedächtnis des Verlassenen, der vergeblich nach den Gründen des plötzlichen Verschwindens sucht. Die aber liegen oft im Gehenden selbst, der damit einem Konflikt ausweicht oder der Angst, selbst verlassen zu werden. Hier hilft nur Gehenlassen und dir einen guten Grund zurechtzulegen, weshalb der andere nicht bleiben konnte. Konfliktscheue und bindungsängstliche Menschen kannst du nicht halten. Höre daher auf zu grübeln und deine Zeit mit etwas zu verschwenden, das nichts mit dir zu tun hat.

IV. WIE ABER BLEIBST DU IN ERINNERUNG?

Die kürzeste Verbindung zwischen zwei Menschen ist das Gespräch und doch kann auf diesem Weg vieles schiefgehen. Wie du in den vorangegangenen Abschnitten gesehen hast, gibt es zahlreiche Gründe, die Menschen davon abhalten, sich bei dir zu melden. An einigen hast du unmittelbar Anteil, andere liegen im Wesen des anderen. In beiden Fällen fehlt es an einer Verbindung zwischen euch, ohne dass du dir dafür die Schuld geben musst. Denn du bist, wie du bist, und das ist gut so. Außerdem gilt das oben Gesagte natürlich auch andersherum. Wenn du dein Gegenüber als anstrengend, bedürftig oder peinlich erlebst, wirst du diesen Menschen meiden. Ebenso, wenn du dich in seiner Nähe unwohl, unterlegen oder mangelhaft fühlst.

Es gehören halt mindestens zwei passende Teile zu einem Ganzen, bevor sich Kontakte ergeben und Freundschaften bilden. Ebendieses Passende ist der magische Schlüssel zu einer echten Verbindung, auf die du zählen und vertrauen kannst. Eine Verbindung, die dich als wertvoll und anziehend spiegelt.

Wertvoll und anziehend bist du dann, wenn du dich auch so fühlst. Wenn Selbstliebe und Selbstakzeptanz nicht bloß Fremdwörter für dich sind und dein größtes Glück nicht allein darin besteht, es allen recht zu machen. Menschen, die sich kleinmachen, werden übersehen und gehen verloren. Kein Wunder, denn die, die wir auf ein Podest stellen, schauen über uns hinweg.

Viel wichtiger ist es, einzusehen, dass du nicht jeden von dir überzeugen kannst. Schließlich gefällt dir auch nicht jeder Mensch. Wenn du allerdings Tendenzen bei dir entdeckst, dass du alle Begegnungen nur noch daraufhin abklopfst, ob sie dir als neuer bester Freund, beste Freundin oder gar Partner taugen, nimmst du dir die Leichtigkeit, ohne die eine Verbindung nicht möglich ist. Diese Leichtigkeit ergibt sich, wenn sich die Gesprächspartner in der jeweiligen Situation wohlfühlen. Das ist regelmäßig der Fall, wenn wir uns sicher beim anderen erleben und einen Draht zueinander finden. Der wiederum ist meist themen- und werteabhängig, weshalb Gleiches von Gleichem angezogen wird, zumindest langfristig. Für den kurzen Kick macht das Fremde den Unterschied.

Deshalb schaue darauf, was dir Sicherheit in einem Gespräch gibt, was sich gut anfühlt und dir damit Leichtigkeit verschafft. Finde in deinem Gegenüber all das, was diesen Menschen liebenswert macht und dir deine eigene Liebe spiegelt. Denn du erkennst im anderen stets das, was du selbst in dir trägst.

Folge dabei der Freude und meide den Schmerz, denn das sind deine beiden Kompassnadeln auf dem Weg durch dein Leben. Je mehr du dabei erkennst, was dir Freude bereitet, desto näher kommst du deinen Bedürfnissen und erfährst dein persönliches Glück im Umgang mit anderen. Das strahlst du dann auch aus und gibst deinem Gesprächspartner gute Gründe, sich ebenfalls wohlzufühlen und sich gern an euer Treffen zu erinnern – die Basis für eine Fortsetzung.

Vier Minuten waren eine verdammt lange Zeit, um sich einfach nur in die Augen zu schauen. Bereits nach wenigen Sekunden spürte

Valentin, wie sein Blick ins Leere ging und irgendeinen Punkt weit hinter Valentinas Gesicht fixierte. Immer wieder musste er sich zwingen, nicht zu schielen oder irgendeine andere Grimasse zu machen. Valentina ging es nicht anders. Ihre Nase juckte und das peinliche Gefühl, angestarrt zu werden, löste in ihr eine befremdliche Form von Heiterkeit aus. Es fiel ihr schwer, nicht laut aufzulachen, doch die Übung erforderte vier Minuten Stille, in denen man sich unverwandt in die Augen sah. Dabei mochte sie Valentin, den sie vor nicht ganz einer Stunde kennengelernt hatte. Beide waren sie einem Aufruf gefolgt, der Freiwillige für einen psychologischen Test suchte. Dieser Test sah vor, dass man sich wechselseitig 36 vorgegebene Fragen stellte, diese ehrlich beantwortete und sich anschließend vier Minuten in die Augen blickte. Um – und hier machte Valentinas Herz einen Hüpfer – sich zu verlieben.

Wohl fühlen wir uns auch, wenn uns das Treffen mehr Energie gibt, als wir investieren mussten, wir also gestärkt, motiviert oder gut unterhalten aus dem Gespräch hervorgehen. Das zahlt direkt auf das Beziehungskonto ein, vor allem, wenn wir der Beziehung ausreichend Raum gegeben haben, in dem sich jeder zeigen konnte.

Hier steckt das wahre Geheimnis einer guten Verbindung: nämlich der gute Draht zu einem Menschen, egal, ob ihr euch schon lange kennt oder gerade kennengelernt habt. Jeder Mensch, für den du dich interessierst, hat etwas Interessantes zu berichten und kann dein Leben bereichern. So wie du seines. Dafür dankbar und aufgeschlossen zu sein, ebnet den Weg ins Herz des anderen und schafft eine Verbindung, die im Gedächtnis bleibt.

Dabei lässt deine Ausstrahlung den anderen leuchten oder im Schatten verschwinden. Es ist alles eine Frage deines Selbstbildes, das sich im Außen zeigt und über die Zukunft eurer Begegnung entscheidet. Deine Authentizität zieht andere Menschen an, während eine bloße Rolle höchstens Applaus erntet und nach einer Saison abgesetzt wird.

Menschen hierbei wertzuschätzen, hat mit Werten zu tun – deinen und denen des anderen. Diese schaffen erst die Verbindung, die es wert ist, gepflegt zu werden. Werde dir also deiner Werte bewusst und lebe diese im Einklang mit deiner Umwelt. Menschen teilen gern ihre Zeit mit dir, wenn du ihnen ehrlich, loyal und freundlich entgegentrittst, sie ernst nimmst und ihre Meinungen tolerierst. Das eröffnet dir zudem gute Chancen, mit spannenden Menschen in Kontakt zu kommen und zu bleiben. Dabei kann dir sogar der Zufall helfen. Stell dir vor, der sommerliche Biergarten ist voll und du musst dich zu einer Gruppe Fremder dazusetzen. Jede Wette, dass dich interessante Gespräche und Bekanntschaften erwarten. Die Fähigkeit, aus einem solchen Zufall etwas Gutes werden zu lassen, nennt sich übrigens Serendipität.

Diese Gespräche sind es letztlich, die dich mit anderen verbinden und im Gedächtnis bleiben. Geht dabei mal etwas schief, gehört das zum Leben und dem lebendigen Miteinander dazu. Hier ist es an dir, die Verbindung aufrechtzuerhalten und im Zweifel nachzufragen. Denn nur sprechenden Menschen kann geholfen werden. Dabei sei am besten der Freund, den du selbst gern hättest, und öffne damit der Welt die Tür zu deinem Herzen. Dann hast du die Welt auch bei dir zu Gast.

Wie das geht, wollen wir uns im letzten Abschnitt genauer ansehen.

1. GIB DEM GLÜCK EIN ZUHAUSE

Wenn du der bestgelaunte Mensch im Raum bist, verlasse besser den Raum. Dieser Tipp passt zwar auf fast jede Eigenschaft, aber Humor nimmt einen besonderen Stellenwert ein, wenn es darum geht, im Gedächtnis zu bleiben. Denn nichts ist verbindender, als gemeinsam lachen zu können.

Humor ist aber auch ein Ventil, das einer angespannten Situation die Spitze nimmt und die kippende Stimmung wieder stabilisiert. Lachen löst Konflikte und wirkt emotional verbindend, weil dabei Botenstoffe ausgeschüttet werden, die maßgeblich für das persönliche Glücksempfinden verantwortlich sind. Da Lachen auf andere ansteckend wirkt, verteilen sich diese Glückshormone unter allen Beteiligten und sorgen für eine gute Stimmung und damit für einen bleibenden Eindruck. Kein Wunder also, dass wir uns mit humorvollen Menschen wohlfühlen. Fehlt ein solcher Mensch, genügt es meist, über sich selbst lachen zu können. Humor braucht kein Publikum, denn selbst in problematischen Momenten ist es eine Frage der Einstellung, ob ich der Situation eine amüsante Seite abringen kann oder nicht. Zur Not gibt es unterhaltsame Filme, Comedy oder Tiervideos.

Das ist ähnlich wie beim Glück. Auch hier kann ich mich dafür entscheiden, glücklich zu sein, egal, was im Außen los ist. Nicht das Haben, sondern mein Sein bestimmt mein Glückslevel. Denn kein Ziel macht mich glücklich, wenn ich auf dem Weg dorthin leide. Entscheide ich mich aber, glücklich zu sein, ziehe ich all das in mein Leben, das mir mein Glück spiegelt. Das wiederum steigert mein Glücksgefühl und treibt damit die Spirale der guten Laune nach oben. Das ist das Gesetz der Anziehung in Anwendung und Ausdruck eines gelingenden Lebens. Dabei folgt die Energie der Aufmerksamkeit, die ich all jenem schenke, das mich in meiner gehobenen Gestimmtheit unterstützt. Deshalb suchen Menschen instinktiv die Nähe zu energetisch hochschwingenden Menschen, die in aller Regel gut gelaunt und nicht selten humorvoll sind.

Worauf richtest du deine Aufmerksamkeit? Fühlst du dich dem Leben näher als dem Tod? Oder denkst du in weniger dramatischen Dimensionen und bist einfach nur schlecht drauf, weil der Toast angebrannt ist? Es liegt in deiner Hand, welchem Ereignis, Gefühl oder Menschen du welche Bedeutung beimisst und damit die Macht über deine Laune und schließlich dein Glück gibst. Behältst du diese Macht, bist du unabhängig von Äußerlichkeiten und ruhst in dir. Damit bildest du eine Insel der Entspannung, auf der Menschen gerne ihre Poolliege mit dem Handtuch reservieren und sich wohlfühlen. Dieser Kraftort gibt den Menschen die nötige Energie, sich auf dich einzulassen.

Vielleicht kennst du umgekehrt das Gefühl, wenn die Stimmung in einem Raum kippt und die Zimmertemperatur zu sinken scheint. Dann fehlt diese Energie ebenso wie der Wunsch, länger in diesem Raum zu verweilen.

Es gab bessere Gründe, in eine neue Woche zu starten, als Montagmorgen mit geschwollener Backe beim Zahnarzt zu sitzen. Mit Elenora warteten sechs weitere Patienten auf den Zahnarzt, der sich zu verspäten schien. Niemand sprach, nicht einmal Blicke wurden getauscht. Jeder saß auf seinem Stuhl und starrte zu Boden. Elenora spürte förmlich die Anspannung und überlegte, was die einzelnen Leute wohl gerade denken mochten. Aufmerksam musterte sie jeden Einzelnen, blickte sich im Raum um und blieb an einer kleinen weißhaarigen Frau mit einer riesigen Handtasche hängen. Die Frau spürte den Blick und sah verunsichert auf. Elenora zwinkerte ihr zu, dann zeigte sie auf die gewaltige Handtasche. »Geben Sie es zu, Sie verstecken den Zahnarzt da drin, damit er uns nicht quälen kann.« Ein Kichern beendete die Stille, dann füllte Lachen den Raum. Die weißhaarige Frau lächelte, öffnete die Tasche und schaute hinein. »Stimmt, er fragt, wer der Nächste ist.«

Übertragen wir das einmal auf unser Thema, das Kennenlernen neuer Menschen und die Vertiefung dieser Kontakte. Dann hast du es in der Hand, die Temperatur im Raum hochzuhalten und damit zur guten Stimmung beizutragen. Die Psychologie nennt das »limbische Resonanz«. Es ist deine Gestimmtheit, mit der du Menschen berührst oder vertreibst. Je höher deine eigene gute Laune, dein Glücksempfinden und deine Energie sind, desto heißer brennt das Feuer, das du im anderen entfachst. Oder anders ausgedrückt: Gehe nie schlecht gelaunt zu einem Date.

Dabei entsteht gute Laune im Moment der Entscheidung, also im Hier und Jetzt, und ist völlig unabhängig von Ärgernissen der Vergangenheit und Sorgen über die Zukunft. Natürlich beeinflussen uns Ärger und Sorgen, das ist menschlich. Aber wenn du dich fragst, wie es dir jetzt im Moment geht, bist du dem Glück meist näher, als du ahnst. Allerdings relativiert sich jedes noch so große Glück, wenn du es nicht regelmäßig auffrischst. Nach der sogenannten »hedonistischen Tretmühle«, einem Begriff aus der positiven Psychologie, erfreut uns ein positiver Umstand nur so lange, bis wir uns an ihn gewöhnt haben und ein neuer Kick nötig wäre, um unser Glückslevel wieder anzuheben. Das kennst du sicher von all den Dingen, ohne die du einst dachtest, nicht leben zu können. Wie glücklich warst du, als dein Wunsch endlich in Erfüllung ging, und was ist heute davon noch übrig?

Deshalb ist es auch so wichtig, dir deiner eigenen internen Glücksquellen bewusst zu werden, um dich von externen Bedingungen unabhängig zu machen. Wo also spürst du in dir, dass du glücklich bist? Welche Gedanken stärken deine Zufriedenheit? Wie fühlt sich das an und was ist nötig, um dieses Gefühl hochzuholen? Das zu erkennen hilft, deinen Gesprächspartner nicht für dein Glück und deine gute Laune verantwortlich zu machen. Das würde ihn überfordern und langfristig motivieren, auf dich zu verzichten.

Sei deshalb besser du derjenige, der sich des Lebens freut, weil du es kannst. Es mag vieles in der Welt schieflaufen, solange du aber darauf keinen Einfluss hast, braucht es deine gute Laune nicht zu trüben. Die sorgt umgekehrt dafür, dass die Welt ein kleines Stück heller, wärmer und friedlicher wird.

Es ist wie eine selbsterfüllende Prophezeiung: Je mehr du in dir Gründe findest, mit dir und der Welt zufrieden zu sein, dem Glück die Tür zu öffnen und auf deinen Humor zu vertrauen, desto mehr wird sich davon bei dir zu Hause fühlen und deine Stimmung heben. Du allein wählst, was du fühlen willst.

Ein weiterer Glücksmotor ist Dankbarkeit. Dankbar sein für alles in deinem Leben, was dich unterstützt und für dich da ist. Schau dich um in deinem Leben und erkenne all die Kleinigkeiten, für die du Danke sagen kannst. Mit ebendieser Stimmung gehört die Welt dir und Freunde werden folgen.

Denn dann strahlst du aus, was viele im Außen suchen, weil sie glauben, nur dann glücklich sein zu können.

Wer aber im Außen auf Veränderung hofft und seine Umwelt, den Partner, die Freundin, den Chef oder die Eltern für sein Glück verantwortlich macht, könnte auch sein Spiegelbild schminken, um sich schöner zu fühlen. Erst wenn du die Welt in dir verschönerst, kann auch deine Umwelt strahlen.

Dazu gleich mehr.

SHORTCUT

Niemand geht auf eine Party, auf der man den Gastgeber nicht mag. Nicht anders verhalten sich jene, die wir in unser Leben einladen. Es ist daher ratsam, in Partylaune zu sein, wenn ich eine Feier ausrichte. Wie das geht? Ganz einfach, indem du dich dazu entscheidest, denn du allein bist für deine Stimmung verantwortlich. Eine fröhliche Ausstrahlung steckt an und sorgt dafür, dass sich Glück und Zufriedenheit bei dir zu Hause fühlen.

2. EDEL SEI DER MENSCH, HILFREICH UND GUT

Ein geflügelter Rat aus der Coachingpraxis lautet: Hilf Klienten, erfolgreich zu werden, dann wirst auch du erfolgreich sein. Das gilt umso mehr für den Umgang mit Menschen ganz allgemein. Auch hier kannst du dein Wohlbefinden steigern, wenn sich Menschen in deiner Nähe wohl und zufrieden fühlen. Denn dann verbinden sie ihr Glück mit deinem Kontakt.

Was aber lässt Menschen sich wohlfühlen? In erster Linie sind es Ereignisse, die positiv aus dem alltäglichen Einerlei herausragen. Gleichzeitig sind es Orte, an denen sich das Leben leicht anfühlt und uns Kraft gibt. Schließlich sind es Begegnungen voller Wärme, Verbundenheit und Wertschätzung. Klingt zu schön, um wahr zu sein? Und ist doch leichter, als wir glauben. Hätten wir nur nicht gelernt, dass alles seinen Preis hat, wir nichts geschenkt bekommen und die Götter vor das Vergnügen den Schweiß gesetzt haben. Was im Leben soll sich leicht anfühlen, wenn ich mich vorher nicht angestrengt habe? Eigentlich alles, was ich freiwillig tue und wozu ich mich entscheide.

Wenn du also mit Menschen in Kontakt kommst, kannst du dich entscheiden, wie du in das Gespräch gehen möchtest, welche Themen euch verbinden und was geschehen muss, damit sich das Treffen so gut anfühlt, dass ihr es beide wiederholen wollt. Es liegt nicht an deinem Gesprächspartner, sondern an dir. Du steuerst deinen Anteil, der meist schon genügt, damit aus zwei Individuen eine Gemeinschaft wird. Das bedeutet nicht, dass du für das Glück anderer Menschen verantwortlich bist. Das sind die schon selbst. Allein, dass du mit deinem Leben zufrieden bist, reicht meist schon. Und dazu braucht es wenig. Oft genügen eine positive Einstellung zum Leben, Dankbarkeit und soziale Verbindungen. Dann fühlen wir uns lebendig.

Randolf troff der Schweiß von der Stirn. Seit Tagen arbeitete er im ehemaligen Kohlenkeller, um daraus einen Partyraum zu machen. Heute sollte die Einweihungsfeier sein und er stand noch immer inmitten einer Baustelle. Kein Bier war kalt, keine Häppchen geschmiert. Die Zeit lief ihm davon und der Schweiß übers Gesicht. Stress stieg auf und mit ihm Randolfs schlechte Laune. Wie gerne hätte er als perfekter Gastgeber geglänzt. Doch alles Wollen war umsonst, wenn er nicht rechtzeitig fertig würde. Ein einziger Albtraum. Da klingelte es, die ersten Gäste kamen und Randolf schien den Tränen nah. Hektisch putzte er sich die Hände ab und öffnete die Tür. Holm, Gundel und Liesbeth standen davor, trugen Arbeitskleidung und hielten Tupperdosen voller Essen sowie zwei Sixpacks Bier in den Händen. »Alles Gute zum Einzug«, lachten sie und Randolf strahlte.

Wenn du anderen dabei hilfst, das zu bekommen, was sie brauchen, sorgst du für diese Verbindung und ein lebendiges Miteinander. Erweist du dich zusätzlich als vertrauensvoller Ansprechpartner, der die anderen nimmt, wie sie sind, ohne zu werten und sich in den Vordergrund zu spielen, dürftest du das Einhorn unter den Trampeltieren sein.

Hole dazu deinen Gesprächspartner dort ab, wo er regelmäßig sein Gespräch beginnt, nämlich bei sich selbst. Sprich nicht sofort von dir, sondern höre zu. Kommunikation ist eine Kunst, in der es darum geht, zu verstehen und verstanden zu werden – natürlich ohne deshalb mit allem einverstanden zu sein. Verstehen wollen heißt dabei, in die Welt des anderen einzutreten, ihn vorbehaltlos und kritikfrei wahrzunehmen.

Wie aber nehme ich den anderen wahr? Das ist wie bei allem, worauf wir uns konzentrieren wollen. Wir müssen Ablenkung vermeiden. Das heißt konkret: Bleibe gedanklich beim anderen und drehe deinen inneren Dialog leise. Nichts stört ein Gespräch mehr als die ständige Ablenkung durch die innere Bewertung des eben Gehörten. Klar hast du eine Meinung zu dem, was der andere sagt. Doch die interessiert erst dann, wenn du nach dieser gefragt wirst.

Falls du hingegen dazu neigst, im Kopf bereits deine eigene Geschichte zu erzählen, geht der gute Draht verloren und dein Gegenüber spürt den Abstand. Das ist besonders dann schade, wenn sich der andere öffnen wollte und dein Vertrauen gebraucht hätte. Hier einfühlsam die wahre Gefühlslage zu erspüren, hilft dabei, den anderen zu sehen und ihn in seinen Sorgen, Ängsten und Sehnsüchten wahr- und damit ernst zu nehmen. Das ist besser, als mitfühlend nach tröstenden Worten zu suchen oder mit eigenen Problemen das Gehörte abzuwerten. Auch das beliebte »Wird schon wieder« versperrt den Kontakt zum anderen. Gleichfalls ungeeignet ist es, den anderen für sein Tun oder Fühlen zu kritisieren. Das mag noch so berechtigt sein, zu einem veränderten Verhalten motivierst du damit keinen. Im besten Fall rechtfertigt sich dein Freund, im schlechtesten Fall endet die Freundschaft.

Versuche stattdessen, deinem Gegenüber Raum für seine Gefühle zu geben, ohne dich von diesen mitreißen zu lassen. Du kannst der Fels sein, der in der aufgewühlten Brandung des anderen gerade fehlt. Dabei hilft dir, hinter den Schmerz zu sehen und all die Kraft, das Potenzial und die Stärken des anderen zu erkennen und zu spiegeln.

Jeder Mensch trägt die Lösungen seiner Probleme in sich, oft ohne es zu ahnen. Dann braucht es gute Freunde, die ihm dabei helfen, diese Lösungen aus eigener Kraft zu finden. Vermeide es, selbst Lösungen anzubieten. Das sind deine Strategien, die mit dem Leben das anderen nichts zu tun haben müssen. Ihn wahrzunehmen bedeutet vielmehr, ihn auch als den Experten seiner Probleme zu sehen und ihn darin zu bestärken. Das stärkt auch eure Beziehung.

Doch nicht immer geht es um Probleme. Freundschaften sollen das Leben auch bereichern und erleichtern. Genieße jede einzelne Begegnung, freue dich aufrichtig, den anderen zu sehen, und zeige ihm oder ihr diese Freude. Halte dein Herz offen und lächele, wenn ihr euch begegnet. Denn dein Lächeln ist der direkte Weg zum Herzen des anderen. Das macht dich zur Quelle des Wohlbefindens und gibt deinen Kontakten, was sie wirklich brauchen. Voraussetzung dafür ist, dass du mit dir selbst im Reinen bist, du dir also zuerst das gibst, was du brauchst, um dich wohlzufühlen und Raum für andere zu haben. Werde dir dazu deiner eigenen Bedürfnisse bewusst und erfülle sie dir, bevor du für andere da sein kannst. Es ist eine Frage der Selbstregulation, die über die Gradzahl eines wohltemperierten Gesprächs bestimmt.

Das lässt sich noch verstärken, wenn du dich selbst um den Kontakt bemühst und es nicht dem Zufall oder der Verantwortung des anderen überlässt, ob ihr in Verbindung bleibt. Wenigstens an Geburts- und Feiertagen kannst du Freunden zeigen, dass du an sie denkst. Das kostet dich wenig und bringt viel. Das Gleiche gilt für das Knüpfen neuer sozialer Netzwerke, indem du deine Freunde miteinander in Kontakt bringst, die ihrerseits wieder Menschen mitbringen. So verbinden sich gemeinsame Interessen, um die es im nächsten Kapitel gehen soll.

SHORTCUT

Hilf Menschen, das zu bekommen, was sie brauchen, und sie werden dir nicht mehr von der Seite weichen. Eines der Dinge, die Menschen am meisten brauchen, sind ehrliche Freundschaften und vertrauensvolle Verbindungen. Hier setzt deine Magie an, wenn du auf deinen Gesprächspartner so eingehst, dass er sich verstanden und gesehen fühlt. Das berührt ihn und du bleibst bei ihm im Gedächtnis.

3. INTERESSE MACHT INTERESSANT

Das schönste Kompliment, das du einem Menschen machen kannst, ist, dich für ihn zu interessieren. Das zeigst du immer dann, wenn du anderen Menschen die Chance gibst, von dem zu reden, was sie lieben.

Leider glauben viele Menschen, ihre Zufallsbekanntschaft mit einer spannenden Geschichte beeindrucken zu müssen. Manchmal gelingt das, oft aber löst dein Monolog beim anderen lediglich höfliches Zuhören aus, dem kein weiteres Gespräch folgt. Möchtest du hingegen in Verbindung bleiben, gibt es einen einfacheren Weg. Interessiere dich ehrlich für die Geschichten des anderen, denn Menschen erzählen am liebsten von sich selbst. Es ist daher kaum verwunderlich, dass »ICH« das meistverwendete Hauptwort in jeder Art von Kommunikation ist.

Begeistert umringt das Publikum seinen Star, den gefeierten Hamlet im gleichnamigen Bühnenstück der Höchstfeichsheimer Laienspielgruppe. Die Vorstellung war gerade unter tosendem Applaus der 20 Zuschauer zu Ende gegangen und die Akteure sammelten sich im Foyer für Autogramme und zur Verabschiedung der Gäste. Hamlet erzählt voller Leidenschaft von der verpfuschten Generalprobe, als sein Blick auf Gertrude, seine Mutter im Stück, fällt, die still und in sich gekehrt in der Ecke steht. Mit einem Glas Wein in der Hand bittet er seine Fans, ihn zu entschuldigen, und tritt zu seiner Bühnenkollegin. Die sieht auf, wischt sich eine Träne aus dem Auge und greift dankbar nach dem Glas. »Erzähl mal«, bittet Hamlet und schiebt Gertrude zurück hinter den Vorhang, wo sie ungestört reden können.

Manchmal ist es natürlich eine Frage der Umstände, wer mit wem worüber sprechen möchte. Was aber, wenn dir der andere ganz das Reden überlässt und dabei weder nickt noch Fragen stellt, sondern nur verträumt zuhört und sich berieseln lässt? Hier verkommst du zum vertonten Bild, zum Radio oder neudeutsch Podcast für die Langeweile des anderen. Das fördert kein Gespräch, erst recht keine Verbindung. Denn ein solch passiver Gesprächspartner hinterlässt keinen bleibenden Eindruck, wenn er von sich selbst nur wenig oder nichts preisgibt und sich nicht am Gespräch beteiligt. Hier gerät das Gleichgewicht des Miteinander-Redens in Schieflage und lässt beim Erzählenden rasch die Erinnerung an ein solch einseitiges Gespräch verblassen.

Schlimmer noch ist es, wenn sich der Erzählende als Alleinunterhalter missbraucht fühlt. Dann erlebt er das Zuhörerinteresse als vorgeschoben und ein echtes Wir-Gefühl bleibt auf der Strecke. Gehen aber irgendwann die Themen aus, ohne dass der Zuhörende das Wort ergreift, geht auch der Sinn einer solchen Unterhaltung verloren. Dann ist es kein Wunder, wenn sich der aktiv Erzählende bald nach einem neuen Gesprächspartner umschaut.

Umgekehrt verführen jene, die ohne Punkt und Komma reden, auch nicht zum Wiedersehen. Hier fehlt es schlicht an den Pausen, die den Zuhörer einladen, am Gespräch teilzuhaben, um von seinen Interessen zu erzählen.

Täuscht der Zuhörer indes Interesse nur vor, indem er zwar Fragen stellt, aber nicht auf die Antwort eingeht, verliert sich das Gespräch letztlich auch in der Bedeutungslosigkeit und verkommt im schlechtesten Fall zum wechselseitigen Monolog. Hier wartet der Zuhörende geradezu auf geeignete Stichworte, um den anderen zu unterbrechen und seine eigene Geschichte zu erzählen, getreu dem Motto:

> »Ein Todesfall in der Familie? Da fällt mir ein, auf meiner letzten Kreuzfahrt ging auch ein Passagier über Bord. Das war kurz vor Kreta. Waren Sie schon mal auf Kreta? Ich kann Ihnen sagen ...«

Echtes Interesse sieht anders aus. Kein Wunder also, wenn sich der Gesprächspartner als Projektionsfläche für unser Schweige- oder Redebedürfnis missbraucht fühlt und sich kein weiteres Mal treffen möchte. Statt guter Erinnerung ist ein Kontaktabbruch vorprogrammiert.

Sprichst du hingegen über das, was deine Bekanntschaft interessiert, wird sie dir gerne zuhören. Oder du stellst dein eigenes Redebedürfnis für eine Weile hintan und lässt dich ganz auf die Geschichte des anderen ein. Am besten, ohne ihn dabei zu unterbrechen. Nichts ist dann wichtiger, als dem anderen aktiv zuzuhören, das heißt, seinen Worten buchstäblich zu folgen, ohne das Gehörte im Kopf zu bewerten oder gar eine eigene Geschichte zurechtzulegen. Das lenkt nur ab und lässt den anderen spüren, dass du ihm nicht zuhörst.

Aktives Zuhören nach Carl Rogers bedeutet dabei nicht, passiv zu schweigen. Im Gegenteil, deine Aufmerksamkeit zeigst du dem Erzählenden, indem du das Gehörte gelegentlich zusammenfasst oder bei Unklarheiten nachfragst. Auch kannst du die Emotionen des anderen aufgreifen und ansprechen.

Du wirst überrascht sein, welche spannenden Fragen dir zu der Geschichte des anderen einfallen, wenn deine Gedanken nicht bereits nach drei Sätzen abschweifen. Tiefgang erreicht euer Gespräch, wenn du dich ablenkungsfrei auf den anderen einlässt und echtes Interesse zeigst. Das macht dich auch für den Erzählenden interessant, der dich dann einbezieht und dir seinerseits Fragen stellt. So kommt es ganz automatisch zu einem fairen Ausgleich der Redeanteile.

Ein solches Gespräch fördert nicht nur gemeinsame Inter essen, sondern ist auch ein guter Grund, sich wiedersehen zu wollen. Sich aufrichtig für den anderen zu interessieren, ist ein Zeichen echter Wertschätzung und bildet das Fundament für eine künftige Freundschaft. Suchst du also Anschluss, lass dich voll und ganz auf die Menschen ein, mit denen du ins Gespräch kommst. Niemand ist langweilig, wenn er von sich erzählen darf. Gib deinem Gegenüber die Chance, sich zu zeigen, und nimm aktiv am Gespräch teil, ohne dich in den Vordergrund zu drängen. Damit schenkst du deinem Gesprächspartner das Schönste, das du einem Menschen geben kannst, nämlich Bedeutung.

Das gelingt dir am besten, wenn dir dein Gesprächspartner sympathisch ist. Wie er das wird, wollen wir jetzt beleuchten.

SHORTCUT

Gegenseitiges Interesse ist der Leim, der Menschen langfristig zusammenhält. Voraussetzung aber ist, dass wir miteinander ins Gespräch kommen und dem anderen den Raum geben, von dem zu sprechen, das er liebt. Dabei bleiben wir im Gedächtnis, wenn wir uns ehrlich für den anderen interessieren und ihm ausreichend Grund und Inhalt geben, auch für unsere Geschichte Interesse zu entwickeln.

4. DEN GESUNDEN ZAHN FINDEN

Ein wichtiges Grundbedürfnis der meisten Menschen ist Verbundenheit. Das setzt eine Verbindung zweier Menschen auf Augenhöhe voraus. Alles andere ist ein Abhängigkeitsverhältnis, wie damals in der Grundschule, wo mancher sein Pausenbrot gegen Freunde eintauschen wollte.

Dabei steht Augenhöhe für einen respektvollen und wertschätzenden Umgang, quasi den Schlüssel zum Herzen des anderen. Doch wie oft lassen wir uns vom ersten Eindruck, von Vorurteilen oder von eigenen Ängsten leiten, statt uns bedingungslos auf den anderen einzulassen? Fast immer. Denn egal, ob ich meinen Gesprächspartner ablehne oder auf ein Podest stelle, in beiden Fällen geht die Augenhöhe verloren und die Verbindung reißt ab.

Wie aber verdient man sich Respekt? Indem man den anderen respektvoll behandelt, also in ihm etwas zu finden sucht, wofür man ihn schätzen könnte; etwas, das man am anderen bewundernswert, schön oder wenigstens interessant findet; etwas, das verbinden würde, fiele man nicht immer wieder auf den genetisch angelegten Mängelblick herein. Dieser bereits erwähnte Mängel- oder auch Rotstiftblick hat uns einst überleben lassen, als es wichtiger war, die giftige Beere vom süßen Strauchobst zu unterscheiden. Es ist unser Frühwarnsystem bei Gefahren, das uns auch heute noch vor dem Feind im Anzug oder der Natter im Abendkleid in Deckung gehen lässt. Zum Überleben aber brauchen wir es kaum noch.

Im Gegenteil, dieser Mängelblick verhindert heute sogar unser Überleben, wenn wir darunter ein Leben in Gesellschaft verstehen. Denn je kritischer wir Menschen beim Erstkontakt bewerten, desto misstrauischer und abweisender wirken wir und lassen den anderen auf Abstand gehen. Damit fühlen wir uns in unserem Vorurteil bestätigt und merken nicht, dass wir selbst die Ursache für diese Distanz gesetzt haben.

Es lohnt sich also, im Gegenüber den Menschen zu sehen, der – ähnlich wie man selbst – nach einer Verbindung sucht und allein dafür liebenswert ist. Und glaube mir, fast jeder hat etwas, das ihn oder sie auszeichnet. Das verbindet uns und erfüllt das bereits angesprochene Bedürfnis nach Bedeutung und dem intrinsischen Wunsch, wichtig zu sein.

Aurelia saß allein in ihrem Zugabteil und las *Jagd auf Roter Oktober,* einen Thriller. Plötzlich wurde die Abteiltür aufgerissen und

> ein Schrank von einem Mann quetschte sich zusammen mit einem fast ebenso großen Koffer ins Abteil. Aurelia rutschte unmerklich in ihrem Sitz zurück und drückte erschrocken das Buch an ihre Brust. Der Kerl nahm schnaufend ihr gegenüber Platz, nachdem er seinen Riesenkoffer in die Gepäckablage gewuchtet hatte. Aurelia musterte ihn aus den Augenwinkeln und fühlte sich etwas unbehaglich im Schatten dieses Schwergewichts. Dieser bemerkte den Blick, reichte Aurelia die Hand und stellte sich mit weicher, hoher Stimme vor. »Ludmila, ich komme aus Moldawien und fahre zur Schwergewichtsweltmeisterschaft im Gewichtheben der Frauen.« Da erst bemerkte Aurelia den Lippenstift im Gesicht der wuchtigen Frau und roch das blumige Bouquet ihres Parfüms. Erleichtert nahm sie die weiche, warme Hand und erwiderte den Gruß.

Etwas am anderen zu lieben, lässt dich den Mängelblick für einen Moment aufgeben. Damit kannst du dich vorurteilsfrei auf deine Begegnung einlassen, ehrliche Komplimente machen und dich ebenso offen wie zugewandt austauschen. Gleichzeitig wirst auch du für den anderen interessant und wirkst liebenswert. Kein Wunder also, wenn sich dein Kontakt wohlfühlt und dieses gute Gefühl mit dir verbindet.

Hierfür habe ich mal den Begriff der »Suche nach dem gesunden Zahn« gehört. Das bedeutet wohl, dass jeder irgendetwas an sich hat, das man gut finden kann, und sei es ein einzelner, gesunder Zahn im ansonsten leeren Mund. Und gibt es nicht einmal mehr den, kannst du den anderen für seine Konsequenz bewundern, ein Arschloch zu sein.

Respekt heißt also, dem anderen frei von äußerlichen Vorurteilen die Chance zu geben, einen guten ersten Eindruck zu machen. Denn wie oft irren wir mit unseren vorschnellen

Bewertungen und glauben später im Kontaktabbruch unsere Meinung bestätigt zu finden? Dabei verhält es sich genau andersherum: Unsere innere Scheu, uns auf den anderen einzulassen, stößt den Kontakt zurück und verhindert eine Verbindung.

Umgekehrt lassen dich eine offene Haltung und ein liebendes Herz attraktiv auf andere wirken. Deine Liebe macht dich anziehend und folgt damit dem universellen Gesetz, das besagt: »Wie innen, so außen.« Das bedeutet, dass sich unsere Haltung anderen Menschen gegenüber oft in deren Reaktionen spiegelt. Lehnen wir jemanden innerlich ab, wird er unsere Erwartung ebenso erfüllen, wie er es tun würde, wenn wir ihn voller Vorfreude in unser Herz schließen. Denn egal, wie merkwürdig sich der andere auch verhalten mag, hinter jedem Verhalten steckt eine für den Handelnden positive Absicht. Es ist meist kein böser Wille, sondern eine vielleicht fragwürdige Strategie, die eigenen Bedürfnisse zu befriedigen.

Ein solches Bedürfnis kann allerdings auch der Wunsch nach Unabhängigkeit sein. Das betrifft insbesondere solche Menschen, die sich immer wieder mal aus der Gesellschaft anderer Menschen herausziehen und für sich sein wollen. Sie brauchen diesen sicheren Raum für sich und wollen damit niemanden vor den Kopf stoßen. Auch fällt es ihnen meist schwer, andere um Rat oder Hilfe zu bitten oder Aufgaben abzugeben.

Deren Gegenspieler, der echte Teamplayer, hat dafür oft wenig Verständnis und erlebt den Individualisten nicht selten als unnahbar, in sich gekehrt oder abweisend. Damit irrt er, denn diese beiden Beziehungstypen kommen sich auf der gleichen Straße entgegen, nur eben aus unterschiedlichen Richtungen.

Wie wäre es deshalb, auf Menschen ergebnisoffen und vorurteilsfrei zuzugehen und sich erst im Gespräch ein erstes Bild zu machen? Plane nichts und sei bereit für alles, was kommt. Damit schenkst du den Menschen nicht nur deine Zeit, sondern auch dein Herz. Dann können dich selbst die Menschen überraschen, die aus deinem üblichen Raster herausgefallen wären. Gleichzeitig lernen dich neue Menschen als einen interessanten und liebenswerten Kontakt kennen, bei dem es sich lohnt, sich mal wieder zu melden. Das hängt maßgeblich davon ab, wie du in ein solches Gespräch hineingehst und was du von dir selbst zeigst, wie wir im nächsten Kapitel sehen werden.

SHORTCUT

Wenn wir neuen Menschen begegnen, sucht unser Gehirn als Erstes nach Anzeichen einer Gefahr. Das lässt uns schnell misstrauisch und unnahbar wirken. Suche ich hingegen im Gegenüber etwas, an dem ich mich erfreuen kann, überwinde ich diesen urzeitlichen Schutzmechanismus und schaffe Augenhöhe. Damit lade ich den anderen ein, mit mir in Verbindung zu gehen und im Idealfall auch zu bleiben.

5. SPIEGEL DER GUTEN GEFÜHLE

Was wir über andere sagen, hat mehr mit uns als den anderen zu tun. Das heißt, wir kritisieren am Gegenüber oft Dinge, die wir an uns nicht mögen und deshalb verdrängen. Das nennt sich Projektion und ist einer der Gründe, weshalb Verbindungen scheitern. Oder wir fallen immer wieder auf die gleichen (Beziehungs-)Typen herein, ohne auf die Idee zu kommen, dass das vielleicht mit uns selbst zu tun hat.

Dabei könnten wir auch ganz wunderbare Dinge über andere Menschen sagen, sie für das und jenes bewundern oder stolz darauf sein, sie zum Freund oder Freundin zu haben. Auch das projizieren wir aus unserem inneren Erleben auf unser Gegenüber. Manchmal nur, weil wir uns nicht selbst loben wollen, manchmal, weil wir damit zu dem Menschen werden, mit dem wir selbst gern befreundet wären.

Gespräche sind die emotionale Projektionsfläche, mit der dein Gesprächspartner dich und das gemeinsame Treffen verknüpft. Spiegelst du ihm all das, was ihn ärgert, ängstigt und stört in seinem Leben, werden ihm die Begegnungen mit dir als ebenso anstrengend und negativ in Erinnerung bleiben. Fokussierst du hingegen auf das, was auch deinem Gegenüber an sich gefällt, wird er sich auf weitere Begegnungen freuen.

Leider neigen wir oft dazu, in vielem erst einmal Probleme, Gefahren und Nachteile zu sehen, erst recht, wenn unser Gegenüber gerade von seinem größten Traum schwärmt. Das nimmt dem Miteinander Energie, die es braucht, um eine neue Verbindung zu festigen. Menschen aber möchten träumen dürfen. Sie möchten sich im Kontakt mit anderen gut fühlen und für das geliebt werden, wofür sie stehen. Ihnen genau diese schönen und liebenswerten Seiten zu spiegeln, schafft Verbindung. Jeder Mensch hat gute Gründe, stolz auf sich zu sein. Was also spricht dagegen, genau darauf deinen Fokus im Gespräch zu legen?

Stell dir nur mal vor, du würdest jedes Gespräch mit dem Ziel führen, dass sich dein Gegenüber danach besser fühlt als zuvor. Worauf müsstest du achten? In erster Linie auf all das, was ihn stärkt und ihm Energie gibt, denn die folgt der Aufmerksamkeit. Je stärker wir also auf ein gegenseitiges Wohlfühlen fokussieren, desto mehr Energie hat unsere Verbindung. Das heißt nicht, Gespräche oberflächlich zu führen oder Probleme auszusparen. Es ist eine Frage der Gewichtung, denn ohne eine Aussicht auf Licht macht ein Gespräch über Dunkelheit nur Angst. Vor dieser Angst laufen wir ebenso weg wie vor dem, der uns diese Angst gemacht hat.

Unermüdlich peitscht der Regen an die Scheiben des kleinen Cafés. Wie jeden Samstag sitzt Kasper allein an einem Ecktisch und blättert missmutig in seiner Zeitung. Die Welt um ihn scheint verrückt zu sein. Wohin er schaut, nur Mord und Totschlag, Gewalt, Elend und Missstände. Keiner hört dem anderen mehr zu, jeder streitet mit jedem, und das Einzige, was alle verbindet, ist die Angst vor der Zukunft. Kasper seufzt und beschließt, seinen Nachmittagsspaziergang zu verschieben, denn sogar das Wetter hat sich heute gegen ihn verschworen. Wütend knüllt er die Zeitung zusammen und wirft sie neben sich auf die Sitzbank. Draußen scheint es, als ob die Nacht kurz bevorstünde, und das um zehn Uhr morgens. Kasper ist niedergeschlagen, als ihm die neue Bedienung mit einem strahlenden Lächeln einen Cappuccino vor die Nase stellt. »Für meinen Lieblingsgast mit einem Extraschuss Vanille, damit es noch gemütlicher hier im Warmen ist.« Kasper schaut erstaunt auf. Er hatte das Mädchen noch nie zuvor gesehen. Dann lächelt er.

Wenn du also echtes Interesse an dem zeigst, was den anderen glücklich macht, ihm gefällt und worüber er gerne spricht, spiegelst du ihm das Schöne in seinem Leben und bereicherst ihn. Diese Freude fällt auf dich zurück und macht dich anziehend für deine Kontakte. Sprich also offen an, was dir am anderen gefällt. Denn Menschen lieben ehrlich gemeinte Komplimente, auch wenn sie sich oft schwertun, diese anzunehmen.

Natürlich stehen sich Freunde auch in schweren Zeiten zur Seite, teilen Freud und Leid und halten Schicksalsschläge gemeinsam aus. Doch auch da hilft es dem Leidtragenden nicht, immer wieder an den eigenen Schmerz erinnert zu werden. Hier für Ablenkung und Energie zu sorgen, mit der das Problem verarbeitet oder gelöst werden kann, ist der wahre Freundschaftsdienst. Und für Erstkontakte ist bei echten Problemen die Telefonseelsorge hilfreicher.

Letztlich hast du die Wahl, im Gegenüber Licht oder Schatten zu sehen und dem Gespräch die entsprechende Richtung zu geben. Siehst du im anderen das Potenzial, seine Probleme selbst zu lösen, müsst ihr nicht länger über Probleme reden, sondern könnt Lösungen finden. Dann fühlt sich dein Gesprächspartner auch so gesehen, wie er gern gesehen werden möchte. Der Schlüssel ist auch hier das jeweilige Bedürfnis, das jedem Gedanken, jedem Gefühl oder jeder unserer Handlungen zugrunde liegt. Aus einem solchen Bedürfnis heraus zeigt sich dein Gegenüber und fühlt sich dann verstanden, wenn du ihm dabei hilfst, dieses zu befriedigen.

Ist dein Gesprächspartner beispielsweise wütend, verärgert oder anklagend, soll sich meist etwas ändern, am besten im Außen. Das hat nichts mit dir zu tun. Du aber kannst ihn in diesem Gefühl abholen und dich für das dahinterliegende und zu kurz gekommene Bedürfnis interessieren. Nimmst du hingegen jeden Angriff persönlich, schließen sich die Türen und das Wir bleibt draußen.

Sei also kein Therapieplatz, sondern ein sicherer Ort, der die Verbindung zwischen Problem und Person kappt und zur Quelle neuer Energie, Stärke und damit Lösung wird. Nimm den anderen in seinem Klagen ernst, ohne dich anstecken zu lassen, und lenke das Gespräch zurück ins Hier und Jetzt, fern ab von Ärger und Sorgen. Sei dankbar für den Kontakt und deine Fähigkeit, auch in Konfliktfällen zur Lösung beitragen zu dürfen.

Das ist wahre Verbundenheit und hilft mehr als jeder unerbetene Lösungsvorschlag, der den anderen nur herabsetzt. Spiegelst du hingegen die Schwächen des anderen, wirken sie negativ auf dich und deine Gesellschaft zurück. Das ist das Ende einer jeden Verbindung.

Wie wäre es, wenn du stattdessen das Besondere am anderen betonst und dessen Mängel ignorierst? Denn die sind entweder Lerneinheiten deines Gesprächspartners oder blinde Flecken deines eigenen Charakters. So schaffst du einen Perspektivwechsel vom Schmerz zur Freude, die eurem Kontakt zugutekommt und uns im nachfolgenden Kapitel beschäftigen soll.

SHORTCUT

Willst du ein fröhliches Gesicht im Spiegel sehen, musst du zuerst lachen. Das gilt auch für die Menschen, mit denen du ins Gespräch kommst. Sollen diese sich in deiner Nähe wohlfühlen und sich deiner gern erinnern, darfst du der sein, mit dem du dich selbst gern unterhalten würdest. Ändere die Perspektive vom Problem zur Lösung und entfache das Feuer im anderen, das euch beide wärmen wird.

6. FREUDE STATT SCHMERZ

»Unsere wahre Aufgabe ist es, glücklich zu sein.« Wer hat's gesagt? Der Dalai Lama und der muss es wissen. Hätte das geistliche Oberhaupt der Tibeter doch zahlreiche Gründe, über das Schicksal seines Volkes zu klagen, und entschied sich dennoch für den glücklichen Weg im Leben. Doch wie geht das?

Es ist eigentlich ganz einfach: Immer wenn wir uns für etwas entscheiden müssen, helfen uns zwei Auswahlkriterien, nämlich Schmerz und Freude. Wir möchten entweder von einer unschönen Situation weg- oder auf ein attraktives Ziel zulaufen. Ähnlich handeln wir auch bei der Wahl unserer Bekanntschaften. Menschen, die uns unsympathisch sind, meiden wir ebenso, wie wir uns von sympathischen Menschen angezogen fühlen. Je mehr uns also der jeweilige Kontakt anzieht, desto eher und enger kann aus einer losen Bekanntschaft eine Freundschaft werden.

Was aber wirkt anziehend auf die Menschen? Meistens das, was ihnen Freude bereitet. Und das ist bei den meisten Menschen gar nicht so schwer. Wir alle teilen uns nämlich die gleichen Grundbedürfnisse, von denen eines ganz besonders hervorsticht: das Bedürfnis nach Bedeutung. Es ist also an dir, deinem Gegenüber Bedeutung zukommen zu lassen, indem du ihm die Wertschätzung entgegenbringst, die er sich wünscht – vorausgesetzt, du fühlst dich selbst von deinem Gesprächspartner ausreichend angezogen, um ihn wertschätzen zu können. Damit siehst du bereits das dahinterliegende Schaukelprinzip, denn keine Anziehung erfolgt ohne Anziehung.

Angenommen, du würdest einfach nur für den anderen da sein wollen, ohne dir einen eigenen Vorteil davon zu versprechen. Zusätzlich stündest du mit Ohr und Herz für alles bereit, was dir der andere anvertrauen mag, und verzichtest auf Bewertungen, Kritik oder Ratschläge.

Menschen erleben sich als bedeutsam, wenn wir ihnen und ihren Geschichten Gewicht beimessen. Wenn wir ihnen Raum geben, sich zu zeigen und auf uns zu wirken. Es ist vergleichbar mit einem Scheinwerfer, den wir auf die Bühne richten, ohne selbst im Schatten zu stehen. Im Gegenteil, wenn du deinen Gesprächspartner strahlen lässt, wirst du angestrahlt und kannst zum Bühnenstar deines Gegenübers werden. Etwas weniger pathetisch ausgedrückt heißt das, dass wir Freude erzeugen, wenn wir uns über, mit und für den anderen freuen. Geteilte Freude verdoppelt die Anziehung, die wir auf den anderen ausüben.

Nach und nach gingen auf den Fluren des Flughafens die Lichter aus. Die meisten Lokale im Terminal 1 hatten bereits geschlossen, Putzkolonnen strebten ihren Einsatzorten zu. Alles wartete auf eine letzte Maschine, die mit Verspätung gestartet war und hoffentlich noch vor dem Nachtflugverbot in Köln landen würde. Kasimir saß in der einzig noch geöffneten Bar und studierte die

Cocktailkarte, als neben ihm eine junge Frau Platz nahm. Nachdem sie den Barkeeper um einen Kaffee gebeten hatte, sah sie auf Kasimirs Ticket und seufzte. Auf seine Frage, was sie denn bedrücken würde, deutete sie auf sein Flugziel und gestand, ihn um seinen Urlaub in Istanbul zu beneiden. Kasimir wollte gerade richtigstellen, dass er beruflich in die Türkei fliegen würde und gar keine Zeit für die tolle Stadt hätte, als ihm der Brillantring am Finger der jungen Frau auffiel. »Kann es sein, dass Sie Ihre große Liebe in Istanbul getroffen haben und hier auf ihn warten?«, kombinierte er richtig, als er das Strahlen im Gesicht der unbekannten Schönheit sah. »Ja«, hauchte sie und begann zu erzählen.

Solche Freuden zu teilen heißt auch, Zeit miteinander zu teilen und zu genießen. Auch wenn nicht jede Begegnung zu einem Wiedersehen führt, bleibt eine derart genossene Zeit in Erinnerung. Im Idealfall löst sie bei uns den Wunsch aus, daran anzuknüpfen, wenn wir an den anderen denken. Diese Anziehung drückt sich in der gegenseitigen Wertschätzung aus. Die setzt voraus, dass beide Gesprächspartner ähnliche Werte zu schätzen wissen, also Umstände, die in uns Freude auslösen. Hier ist es an dir, herauszufinden, was dein Gegenüber in seinem Leben schätzt und was ihm Freude bereitet, wenn du im Gedächtnis bleiben möchtest.

Dazu betrachtest du am besten den Menschen aus den Augen, aus denen er sich selbst gerne sehen würde. Ignoriere seine Schwachstellen und Mängel, denn das sind seine Mängel und hat nichts mit dir zu tun. Schau auf das, womit du dich verbinden möchtest und was dir gefällt, und nicht darauf, was euch trennt. Denn Energie folgt der Aufmerksamkeit und positive Energie folgt dem Blick auf all jenes, das dich und dein Gegenüber zufriedenstellt.

Diese Art der Anerkennung ist das Nadelöhr, durch das jede Beziehung muss, brauchen doch die meisten Menschen das Gesehenwerden wie der Fisch das Meer. Wir alle machen Fehler und möchten dennoch geliebt werden. Wir alle wollen anerkannt und bedeutsam für unsere Umwelt sein, ohne die wir allein und verloren wären. Deshalb gewinnst du an Bedeutung für deinen Gesprächspartner, wenn du ihn als den anerkennst, der er ist, und ihm deine Zuwendung schenkst.

Verzichte deshalb darauf, andere Menschen an deine Erwartungen anzupassen, indem du sie verändern willst. Das gelingt nicht. Verändere lieber deinen Blick auf diese Menschen oder deine Auswahl bei der Kontaktsuche. Am besten fragst du den anderen nach seinen Wünschen im Leben und hörst aufmerksam zu. Mach dir dazu nach dem Gespräch Notizen, damit du bei einem späteren Treffen daran anknüpfen kannst. So wie du im Gedächtnis bleiben möchtest, geht es deinem Gesprächspartner nämlich auch. Erinnerst du ihn an all jenes, das ihm Freude bereitet, denkt er für künftige Treffen auch gern an dich.

Menschen hingegen, die einander kränken, lächerlich machen, sich verspotten, streiten oder kritisieren, gehen dauerhaft getrennte Wege. Nichts davon wirkt anziehend und weckt den Wunsch der Gemeinschaft.

Das Wichtigste bei all dem aber bist du selbst, nämlich deine Art, in einen neuen Kontakt zu gehen. Hier rate ich, die Leine lang zu lassen, an die du deine Erwartungen hängst. Denn je weniger du vom anderen erwartest, desto leichter kann dich dieser positiv überraschen. Das gibt dir die nötige Sicherheit, das Miteinander entspannt zu vertiefen und locker zu bleiben, wenn es mal nicht gleich funkt. Wenn du aber den Kontakt zu sehr willst, setzt du dich unter Druck und erzeugst beim Gesprächspartner Gegendruck, der euch trennt.

Wie du stattdessen zu dem Freund wirst, den du selbst gerne hättest, verrate ich dir im nächsten Kapitel.

SHORTCUT

Das Schönste, das wir mit Menschen teilen können, ist Freude. Entsprechend freudvoll gestaltet sich dann auch der Kontakt und wird zu einer Verbindung, an die wir uns gern erinnern. Nehmen wir beim anderen Freude wahr oder lenken unseren Fokus auf all das, was dem anderen wertvoll ist, teilen wir nicht nur dessen Werte, sondern geben ihm die Bedeutung, die wir uns selbst im Kontakt wünschen.

7. WERDE DEIN BESTER FREUND

Glückliche Menschen lassen ihre Umgebung erstrahlen und senden eine Energie aus, der sich andere kaum entziehen können. Entsprechend anziehend wirken diese Menschen auf ihre Umwelt und bilden schnell das Zentrum eines wachsenden Freundeskreises. Kein Wunder, teilen wir doch unsere Zeit lieber mit Menschen, die uns Energie geben, statt sie uns zu entziehen. Dabei muss niemand ständig gut drauf sein, um im

Gedächtnis zu bleiben. Verbinden wir aber mit jemandem ein ewiges Jammern, Klagen und Schwarzmalen, suchen wir rasch das Weite.

Um selbst im Gedächtnis zu bleiben, wäre es also an dir, ein möglichst glückliches Leben zu führen. Vielleicht fragst du dich, wie das geht, wo dir doch genau dafür die Freunde fehlen. Ganz einfach, höre auf, dein Glück von äußeren Umständen abhängig zu machen, sondern werde selbst zu dem Freund, den du im Außen suchst. Denn wenn selbst du dich für den Menschen in dir nicht begeistern kannst, wird es schwer werden, andere davon zu überzeugen. Platt ausgedrückt heißt das: Wer soll dich lieben, wenn du dich selbst nicht für liebenswert hältst? Du hast es verdient, glücklich zu sein, und dieses Glück liegt in all dem, worauf du stolz sein kannst.

Dir fällt nichts ein? Dann suche in deiner Erinnerung nach einem Vorbild, das du bewunderst. Das muss kein lebender Mensch sein, es muss nicht einmal ein Mensch sein. Jeder und alles, an dem du dir ein Beispiel nehmen würdest, genügt. Egal, ob Freund, Prominenter, historische Figur oder ein Wesen aus Romanen, Filmen oder Comics. Alles zählt, solange du mit diesem Idol etwas verbindest, das du an dir mögen könntest. Alle beim anderen erkannten Eigenschaften sind Projektionen deines inneren Wesens, denn du erkennst regelmäßig, was du kennst und entsprechend in dir trägst. Finde also dein persönliches Vorbild und suche dann in dir nach Beweisen, dass du dieselben Eigenschaften in dir trägst.

Der nächste Schritt ist deine Sprache, also die Art, wie du mit dir selbst sprichst. Sprache ist Denken und Denken erzeugt Gefühle. Kurz gesagt: Wie wir denken, fühlen wir. Achte deshalb auf deine Worte, und lerne, dich für alles, was dir gelingt, egal, wie nichtig es scheint, zu feiern. Den Rest kannst du unkritisch hinnehmen. Wie fühlt sich das an? Gut genug, um zu erkennen, dass du nicht dein Feind bist, sondern der Mensch, für den sich andere interessieren sollen. Wie wäre es also, dich auch so zu behandeln?

> Langsam zieht sich Cordelia vor dem bodenlangen Spiegel in der Umkleidekabine aus. Erst die Jacke und den Schal, dann die Bluse und das dünne weiße Hemdchen darunter. Es folgen Rock, Schuhe und die Strümpfe, bis Cordelia nur noch in Unterwäsche vor dem Spiegel steht. Das Licht ist grell und ihre Haut blass. Sie dreht sich langsam um die eigene Achse. In einem der Seitenspiegel sieht sie sich im Profil und schließlich von hinten. Ihr Slip ist zu groß und passt farblich nicht zum BH, dessen Träger zu eng sitzen und am Abend rote Striemen hinterlassen würden. Als Cordelia ihre Umdrehung beendet hat, lächelt sie. Dann zieht sie sich wieder an, nickt ihrem Spiegelbild zu und verlässt mit einem »Schöne Frau, ich liebe dich!« die Umkleidekabine.

Dieses Beispiel schildert eine für viele Menschen unvorstellbare Situation, folgen sie doch seit ihrer Kindheit dieser einen Stimme, die sie für so vieles kritisiert, maßregelt oder verurteilt. Mit Sicherheit kennst auch du diese Stimme. Die Stimme, die weiß, was gut für dich ist, auch wenn es sich alles andere als gut anfühlt. Die Stimme, die dein Freund sein will und dich wie einen Feind behandelt. Hier gibt es keinen schnellen Weg, außer du einigst dich mit dieser Stimme, dass du ihr dankbar bist für den Schutz und die Fürsorge, für die sie einst stand. Doch nun bist du erwachsen und brauchst keinen Kritiker mehr, sondern einen Begleiter, der dir Mut macht und dich unterstützt. Das gilt für alles, was dir täglich widerfährt. Wir Menschen neigen dazu, positiv Erlebtes kleinzureden, als selbstverständlich zu nehmen oder gar kritisch zu hinterfragen. Negative Ereignisse hingegen werden dramatisiert und zu Jahrhundertkatastrophen aufgebauscht. Dabei sind es häufig nichts weiter als Belanglosigkeiten, über die wir uns oft ein Leben lang ärgern und damit unsere Lebenszeit verschwenden.

Deshalb wähle deine Worte weise, wenn es darum geht, Angenehmes in seiner Bedeutung zu steigern und Unangenehmes abzuschwächen. Gute Dinge dürfen hervorragend sein, schlechte egal. Feiere dich lieber für Erfolge und schiebe Misserfolge auf den Zufall, das Schicksal oder ungünstige Umstände. Trage das Leben am besten mit Humor und lache mehr, statt dich zu ärgern.

Schließlich nimm nicht alles persönlich. Die Welt dreht sich nicht nur um dich. Das heißt, was andere zu dir sagen, hat mehr mit ihnen als mit dir zu tun. Möglicherweise sind deine negativen Gefühle auch nur ein Echo dessen, wie sich dein Gegenüber gerade selbst fühlt. Zudem denkt nicht jeder, der in deine Richtung schaut, über dich nach. So wichtig bist du nicht. Höre also auf, über die Gedanken anderer nachzudenken, denn deren Gedanken gehen dich nichts an. Falls aber deine Gefühle eine Erinnerung in dir triggern, die nichts mit deinem Gegenüber zu tun hat, mach den dann auch nicht für deine Stimmung verantwortlich. Das schützt dich davor, die Verbindung zu verlieren.

Doch kommen wir vom Innen ins Außen. Dorthin, wo du bisher dein Glück gesucht hast, vermutlich vergeblich, denn nicht die äußeren Umstände, Dinge oder Menschen machen dich glücklich, sondern dein Urteil über diese. Du selbst entscheidest, was dich freut und wen du magst, was dir Kraft gibt und was dich Energie kostet. Und bei all dem hilft dir das Gefühl von Freude oder Schmerz. Folgst du im Leben dem, was dich erfreut, entscheidest du dich für einen Weg, auf dem du dich gut fühlst und damit deine Ziele glücklich erreichst. Das ist der Weg der Freude. Anders verhält es sich mit Erfahrungen, die mit leidvollen Gefühlen verknüpft sind. Das ist der Weg des Schmerzes. Die Entscheidung liegt bei dir und damit auch das individuelle Glück, das du empfinden und ausstrahlen kannst. Dabei hilft dir auch deine Körperhaltung, denn Sieger erkennt man an der Pose, ebenso wie Verlierer.

Wenn du dennoch im Außen auf eine Veränderung hoffst, um glücklich zu werden, legst du deine Zufriedenheit in die Hand anderer und wirst enttäuscht werden. Schon Gandhi wusste, dass du nur selbst die Veränderung sein kannst, die du dir für diese Welt wünschst.

Um also im Außen dein Glück zu finden, darfst du abermals zuerst in dir suchen. Was in deinem Leben funktioniert? Was bereitet dir Freude? Worin bist du gut und wofür schätzen dich andere? Alles, was wir mit Leidenschaft tun, tun wir gut, und dann fühlen wir uns erfüllt. Wir sind buchstäblich im Flow. Dieser Flow gibt uns die nötige Energie, um nach außen zu strahlen und unserem Glück Ausdruck zu verleihen. Das ist wie ein Lagerfeuer in einer sonst lichtlosen Nacht. Ein Ort, der auf all jene anziehend wirkt, die sich nach Wärme, Gesellschaft und Sicherheit sehnen. Ein solcher Flow ist Liebe.

Was also bringt dich in den Flow? Jede Leidenschaft, die dich im Jetzt erfüllt und zufriedenstellt. Folge dieser Leidenschaft, und sie wird dich mit Menschen in Kontakt bringen, die diese teilen und dich als einen der ihren erkennen. Auch hier vermehrt sich Freude, wenn du sie teilst. Denn dein inneres Glück ist abhängig von dem, was du gibst, nicht von dem, was du bekommst. All das findest du im Hier und Jetzt, denn an keinem anderen Platz in deinem Leben, also weder in der Vergangenheit noch in der Zukunft, lässt sich Glück speichern oder bestellen. Es ist die Abfolge einzelner glücklicher Momente, die dich im Jetzt tragen und mit dem Licht füllen, das andere zu dir führt. Das zu lernen ist deine Chance auf mehr Glück im Leben. Deshalb lerne, liebe und lache mehr.

Wenn all das noch nicht wirkt, kannst du die Orte aufsuchen, an denen du dich besonders wohlfühlst. Orte mit einer Energie, die dich erfüllt und stärkt. Menschen, denen du dort begegnest, nehmen dich erfüllt, gut gelaunt und strahlend wahr. Du allein entscheidest, was dich anzieht, und erhöhst gleichzeitig deine Anziehung auf andere. Denn wir alle teilen unsere Zeit lieber mit gut gelaunten, optimistischen und inspirierenden Menschen, statt dem Trübsal noch Missmut hinterherzuwerfen. Sei also der, den du gern um dich hättest, und du wirst dich im anderen wiederfinden, ohne dich für das, was du bist, schämen zu müssen. Darum soll es nämlich erst im nächsten Kapitel gehen.

SHORTCUT

Der beste Freund des Menschen ist er selbst, wenn er in dem, was er tut, Freude erlebt, und in dem, was er ist, sein Glück findet. Das ist gelebte Selbstliebe und der größte Magnet auf jene, die im Außen nach guter Laune, Lebensfreude und Verbindung suchen. Menschen, die sich selbst mögen, erhellen die Welt, die anderen oft dunkel und leer erscheint. Drum lache, liebe und sei das Licht, das anderen den Weg zu dir weist.

8. LASS DIE HOSEN AN

Stell dir vor, du triffst in der örtlichen Sauna zufällig den Personalchef der Firma, für die du dich gerade beworben hast. Würde es dich stören, bei eurem ersten Zusammentreffen nackt zu sein? Eine eher rhetorische Frage, denn die wenigsten fühlen sich nackt ausreichend souverän, um ein solches Gespräch zu führen, geschweige denn, lebensbeeinflussende Entscheidungen zu treffen. Und warum? Weil wir nackt angreifbar sind, verletzlich und uns die nötige Sicherheit fehlt, uns von unserer besten Seite zu zeigen.

Das hat viel mit unserem Selbstbild zu tun: Einerseits mit dem Äußeren, bei dem kaum einer vor dem Badezimmerspiegel nicht zuerst auf seine Schwachstellen schaut, und andererseits mit dem Inneren, das uns oft die Perspektive eines Kindes unter lauter Erwachsenen einnehmen lässt. Funfact: Auch diese Erwachsenen fühlen sich wie Fünfjährige in kurzen Hosen. Deshalb ist es für ein erstes Treffen auch so wichtig, sich sicher zu fühlen. Sich also nicht nackt zu machen, weder verbal noch beim anschließenden Absacker in der heimischen Küche. Das heißt natürlich nicht, keine Gefühle zu zeigen oder nichts Privates über sich zu erzählen. Es soll dich lediglich davor schützen, den anderen mit zu vielen intimen Details zu überfordern.

Höre lieber zu und genieße das sich entwickelnde Vertrauen, das nach und nach all die Türen öffnet, die du beim ersten Treffen geschlossen halten darfst.

Auch wenn Geschichten aus dem Leben die Würze des gemeinsamen Abends sind, gehört doch Mut dazu, sich dem anderen zu zeigen. Exhibitionismus hat damit nichts zu tun. Ebenso wenig, den anderen mit Fragen faktisch auszuziehen. Denn auch dessen Nacktheit wirkt verstörend, wenn du am nächsten Tag an das Gespräch zurückdenkst.

Ein erstes Treffen ist weder eine Gerichtsverhandlung vor Geschworenen, die von dir überzeugt werden möchten, noch eine Einladung an Voyeure, durchs Schlüsselloch deines Lebens zu schauen. Es ist quasi das Vorabendprogramm und darf amüsant dahinplätschern. Entsprechend gut gelaunt lässt sich das gegenseitige Kennenlernen gestalten, bei dem keiner von euch auf der Bewerbercouch sitzt, um das Eingangsbeispiel zu bemühen.

Natürlich schleppen wir bei jeder Begegnung einen Rucksack voller Erfahrungen, Verletzungen, Schamgefühle und Vorurteile mit uns herum. Das bringt das Leben so mit sich. Diesen Rucksack aber bitte ich dich bei deinem ersten Date an der Garderobe abzugeben, denn nichts wird dem anderen Menschen weniger gerecht als dein Vergleich mit früheren Kontakten. Die Schatten deiner Vergangenheit sind reine Illusion der Gegenwart und deshalb ungeeignet für die Zukunft. Dein erster Eindruck mag Gewicht haben, deine Vorurteile aber ziehen dich runter.

Genieße stattdessen die Chance des unbeschriebenen Blattes, auf dem ihr eure gemeinsame Geschichte aufmalen könnt. Dann ist es euch auch möglich, unbeschwert über all das zu lachen, was dir allein ungeschickt oder peinlich vorgekommen wäre. Womit wir bei einem weiteren Geheimnis eines glücklichen Lebens wären, dem Lachen über uns selbst.

> Nachdem sie sich die Rechnung geteilt hatten, entschuldigte sich Magnus kurz zum Händewaschen, während Philippa am Tisch sitzen blieb und auf ihn wartete. »Händewaschen?«, dachte sie amüsiert und sah sich im Lokal um. Gut ein Dutzend Zweiertische waren besetzt und gedämpfte Gesprächsfetzen füllten den Raum. Magnus ließ auf sich warten. Doch gerade als Philippa begann, sich Sorgen zu machen, ging die WC-Tür auf und Magnus steckte den Kopf durch den Spalt. Dann huschte er, eine Speisekarte vor seine Hose gepresst, zum Tisch und setzte sich. »Frag nicht«, beantwortete er das Fragezeichen in Philippas Gesicht. »Der Wasserhahn war defekt und statt ins Waschbecken ging alles auf die Hose. So kann ich unmöglich gehen.« Dabei sah er besorgt in Richtung Ausgang, der am anderen Ende des Gastraumes lag. Philippa beugte sich nach vorn, hob die Tischdecke an und besah sich das Malheur. Lachend richtete sie sich wieder auf, nahm ihr fast leeres Wasserglas und goss sich den Rest über den Rock. »So«, kicherte sie noch immer. »Jetzt können wir gehen.«

Wie oft war uns in fremder Gesellschaft schon unwohl, wussten wir nichts zum Thema beizutragen oder, schlimmer noch, sagten das Falsche? Wie oft schon erlebten wir uns in einem schwachen Moment als tollpatschig, ungeschickt oder fehl am Platz und fühlten uns bei all dem beobachtet? Und wer hat nicht schon einen anderen Menschen mit einer unbedachten Äußerung verletzt oder mit einem Missverständnis auf die Palme gebracht?

Es ist unser täglicher Parcours, den Fettnäpfchen des Lebens auszuweichen – oft nur, um anderen zu gefallen. Scheitern wir und machen wir Fehler, glauben wir automatisch, ein hämisches Lachen da draußen zu hören. Dabei schauen die Menschen gar nicht auf uns, sondern auf sich selbst. Wir sind es, die uns verurteilen, nicht der Rest der Welt. Deshalb lacht uns auch keiner aus, wenn wir es nicht tun.

Entsprechend fröhlich dürfen wir auch mit unseren Missgeschicken umgehen, sie als launige Anekdote abspeichern oder daraus lernen. Wir haben es in der Hand, uns zu verurteilen oder selbst wieder aufzuhelfen und weiterzugehen. Es gibt keinen Grund, sich dafür zu schämen, dass wir Menschen sind und das Leben jeden Tag ein bisschen besser kennenlernen. Fehler sind dabei unerlässlich, um uns den Weg zu weisen. Humor ist dabei ein guter Begleiter.

Scham an sich ist ein Konstrukt, das uns daran hindert, unser Potenzial zu leben und als die akzeptiert zu werden, die wir sind. Scham ist die verkörperte Angst vor Ablehnung und ein Grund, sich zu verstecken. Doch wer sich versteckt, kann nicht gesehen werden. Wie also sollte sich jemand an dich erinnern, wenn du dich nicht zeigst? Dabei lieben wir Menschen gerade das Menschliche, und das ist das Gegenteil von Perfektion.

Wenn du also glaubst, immer einhundert Prozent geben zu müssen, fehlerfrei und oberflächlich makellos sein zu müssen, begib dich direkt ins Naturkundemuseum und lass dich ausstopfen. Dann nämlich wärst du ein seltenes Einzelstück. Perfektion ist Stillstand und Makellosigkeit langweilig. Glaubst du nicht? Dann schau dich um und suche nach makelfreier Perfektion um dich herum.

Stoppe den Gedanken, anderen gegenüber nicht zu genügen, weniger (liebens-)wert zu sein oder dein Gegenüber zu langweilen. Es gibt nichts im Umgang mit anderen, das dich verunsichern müsste oder für das du dich schämen brauchst. Du bist kein Opfer, wenn du dich zu keinem machst.

Mit deinem Urteil, nicht den Erwartungen anderer zu entsprechen, fügst du dir nur selbst Schmerzen bei. Schmerzen, für die du andere verantwortlich machst. Doch die Macht hat niemand, wenn du sie ihm nicht gibst. Im Gegenteil. Viele Menschen beurteilen dich weitaus fairer, als du es selbst tust. Gib ihnen also die Chance, dich so zu sehen, wie du bist, in all deiner individuellen Schönheit.

Am Ende bleibt es ein Spagat zwischen dem, was du im Erstkontakt zeigen möchtest, und dem, was du lieber für dich behältst. Hier kannst du es langsam angehen lassen und zum Handtuch greifen, wenn dir dein künftiger Personalchef in der Sauna begegnet.

SHORTCUT

Unser Selbstbild bestimmt, wie wir unsere Umwelt wahrnehmen und uns von ihr wahrgenommen fühlen. Es gibt uns Sicherheit oder lässt uns vor Scham im Boden versinken. Dabei haben wir es in der Hand, was die Welt von uns zu sehen bekommt und wie wir auf unser eigenes Verhalten reagieren. Gelingt es uns, über eigene Missgeschicke zu lachen, erfreuen wir unseren Kontakt mehr als mit peinlichen Anekdoten.

9. RECHT HABEN ODER GLÜCKLICH SEIN

Beim Kennenlernen eines Menschen erweitern wir unseren Horizont. Wir blicken über die eigene Begrenztheit hinaus auf ein anderes Leben und erfahren etwas, das wir bisher noch nicht kannten. Es ist wie eine Reise in ein unbekanntes Land, voller Spannung, Abenteuer und Lebendigkeit. Sich dieser Reise anzuschließen ist aufregend, kann aber auch aufregen, wenn wir dabei auf Landschaften, Orte und Bewohner stoßen, die uns fremd sind. Dann endet die Fahrt leicht an der Stadtgrenze und wir kehren enttäuscht in unser Leben zurück.

Doch lag es wirklich nur an der uns unbekannten Gegend, dass wir die Reise vorzeitig abgebrochen haben? Menschen sind oft anders, als wir sie uns vorgestellt haben, wobei *anders* keine Bewertung ist. Unsere Vorstellungen und Gewohnheiten speisen sich aus unseren Erfahrungen und die wiederum prägen unsere Erwartungen und Sichtweisen.

Stoßen unterschiedliche Sichtweisen aufeinander, kann es leicht zum Streit kommen, bei dem am Ende keiner gewinnt. Solche Auseinandersetzungen können das Salz in der Suppe sein, in der Regel aber verderben sie einem den Appetit. Da ist es besser, sich auf Gemeinsamkeiten zu konzentrieren, als im Wunsch, recht zu behalten, unterzugehen.

Denn was heißt überhaupt »recht behalten«? Wer entscheidet das und welche Wahrheit zählt? Viel zu schnell schwingen wir uns zum Richter über die Weltsicht anderer auf und verurteilen, wo Aufgeschlossenheit, Meinungsvielfalt und Toleranz angebracht wären. Hinzu kommt, dass wir mit unserer eigenen Sicht weitaus weniger kritisch ins Gericht gehen und nicht selten aus einer gefühlten moralischen Überlegenheit heraus argumentieren und den anderen kritisieren. All das ist keine gute Idee für ein erstes Treffen und den Wunsch, Freunde zu finden, selbst wenn der Streit oft nur Folge wechselseitiger Unsicherheit ist, die man hinter einem Angriff versteckt. Hier helfen stattdessen Offenheit für den anderen, Geborgenheit am Ort des Treffens und Akzeptanz wechselseitiger Meinungen. Das schafft Augenhöhe und Vertrauen und sorgt für eine sichere Gesprächsatmosphäre.

Wenn dir das einmal zu misslingen droht, hilft es vielleicht zu verstehen, dass alles, was Menschen sagen, tun oder wünschen, einem Bedürfnis entspringt. Das ist bei dir nicht anders, wenn dir daran liegt, recht zu behalten. Diese Bedürfnisse sind vielfältig und unterschiedlich, aber nie schlecht für den, der das Bedürfnis hat. Vorausgesetzt, der Tonfall stimmt.

Bevor du aber deinen Gesprächspartner kritisierst, prüfe erst, woher dieses Störgefühl in dir kommt. Vielleicht liegt es ja auch an dir, etwas zu ändern oder deine Haltung anzupassen, bevor es zum Streit kommt. Immerhin vergleichst du das Gehörte mit deinem Erfahrungsschatz. Damit bildest du dir eine Meinung, die du eventuell mit deinem Urteil über den Menschen verwechselst. Zwei Dinge, die du besser getrennt hältst. Denn das meiste, das wir vom anderen zu wissen glauben, entstammt unserer eigenen Interpretation. Deshalb glauben wir oft auch zu wissen, was der andere will oder nicht will, wie er oder sie reagieren wird. Doch das wäre Gedankenlesen und führt in die Irre, denn diese Gedanken sind deine und damit der Spiegel, in den du gerade selbst schaust.

Trennst du hingegen die Sache von der Person, kannst du deine Meinung zum eigentlichen Thema weiterhin vertreten, ohne dass sich dein Gesprächspartner angegriffen fühlen muss. Markiere dazu deine Sicht auf die Dinge mit dem kleinen, aber feinen Zusatz »In meiner Welt ist das so …« oder relativiere sie mit »Soweit ich weiß …«.

Auch empfiehlt es sich, Verallgemeinerungen und Übertreibungen in einer sich aufschaukelnden Diskussion zu vermeiden. Wer *immer* recht haben will und *nie* bereit ist, auch anderen Raum für ihre Meinung zu geben, wird *ewig* unbeliebt sein und *niemals* glücklich werden. Dem anderen Menschen indes freundlich, offen, wertschätzend und tolerant gegenüberzutreten, ändert nichts an eurer inhaltlichen Auseinandersetzung, umso mehr jedoch am persönlichen Miteinander und dem dabei erzeugten Klima.

Die Sandburgen strebten dem Himmel entgegen. Eimerchen für Eimerchen füllten sich und erweiterten die herrschaftlichen Anwesen um weitere Räume, Erker und Türme. Längst ging es nicht mehr nur ums Spiel. Anselm und Leopold wetteiferten um das höchste Gebäude im ganzen Sandkasten, es ging um die Ehre. Wie aus dem Nichts tauchte plötzlich Philomena mit eigenen Förmchen auf und beanspruchte ihren Baugrund. Die beiden Buben hielten in ihrem Wettstreit inne und begutachteten den Eindringling. Schließlich reichte ihr Leopold ein Schäufelchen, während Anselm sein Sieb anbot. Rasch entbrannte zwischen den Jungs ein heftiger Streit, welches Spielzeug das Bessere sei, bis Philomena auf drei kleine Sandbatzen vor sich zeigte und meinte: »Wenn ihr fertig seid mit Streiten, gibt's Kakao und Kuchen.«

Natürlich gibt es immer Menschen, die leidenschaftlich gern widersprechen, selbst wenn sie gerade noch der gegenteiligen Meinung waren. Diesen Menschen kommst du mit Argumenten nur schwer bei, weil es ihnen nicht allein ums Rechthaben geht, sondern um die Macht innerhalb einer Diskussion oder die Liebe am Wettstreit. Da versagen konfliktlösende Strategien und ein Themenwechsel steht an.

Auch hier kannst du nach dem dahinterliegenden Bedürfnis für diese nicht selten aggressive Meinungsäußerung suchen. Vielleicht gibt es ja andere Wege, um zu einer Einigung zu kommen, ohne das Gesicht zu verlieren. Nicht immer hat der andere das Ziel, recht zu haben. Manchmal sind es völlig andere Interessen, um die es dem Streitenden geht, und wenn es nur das Bedürfnis nach Bedeutung ist, das im Fall des Unterliegens verletzt sein könnte.

In vielen Fällen liegt der Streit auch darin begründet, dass der eine den anderen in seiner Weltsicht ertränkt. In der irrigen Annahme, dem Zuhörer die Welt zu erklären und ihn am eigenen Erfahrungsschatz teilhaben zu lassen, verkommt das Gespräch zur Lehrer-Schüler-Situation. Etwas, in dem sich kaum einer wohlfühlt. Wird diese Meinungshoheit übertrieben, landen wir schnell bei ideologischen oder gar fundamentalistischen Tendenzen, die nicht nur Menschen entzweien, sondern ganze Gesellschaften. Eine Beziehung kann sich jedoch nur dann entwickeln, wenn jeder dem anderen die Möglichkeit einräumt, vielleicht im Recht zu sein, egal, was wir selbst denken.

Deshalb nimm wenigstens kurz den Standpunkt des anderen ein und höre dir dessen Meinung an, bevor du urteilst oder unterstellst, dass du schlauer als dein Gegenüber bist. Das schafft

Augenhöhe und macht dich für deinen Gesprächspartner zu einem interessierten und interessanten Menschen – ebenjenem, der im Gedächtnis bleibt. Und kommt es dennoch mal zu einem Streit, kannst du dich entscheiden, ob du wirklich recht behalten oder lieber einen vergnüglichen Abend haben willst.

Hier könnten dir auch die vier Schritte der »Gewaltfreien Kommunikation« nach Marshall B. Rosenberg helfen. Die gehen von einem beobachteten Verhalten oder einer wahrgenommenen Äußerung des anderen aus, die du ihm bewertungsfrei zurückspiegelst, ganz so, als ob du die Szene mit einer Kamera aufgezeichnet hättest. Als Nächstes teilst du deinem Gegenüber mit, welche Gefühle sein Verhalten oder die Äußerung bei dir auslösen, und dann, welche deiner Bedürfnisse dabei zu kurz kommen. Als letzten Schritt äußerst du eine Bitte, wie er deinem Bedürfnis gerecht werden könnte, damit eure Verbindung erhalten bleibt.

Hier bei sich zu bleiben und anzusprechen, wie es dir geht, setzt voraus, dass du selbst weißt, was du willst, und dass du dich auch für die Ansicht anderer öffnen kannst. Deshalb frage dich: Was ist dir wichtig? Worum geht es dir beim Verteidigen deiner Meinung und was lösen die Worte des anderen bei dir aus? Diese Art der Selbstregulation sorgt für die nötige Energie in dir, um dich auf den anderen und dessen Bedürfnisse einzulassen. Hier öffnet sich die Lücke zwischen Reiz und Reaktion und gibt dir die Zeit, die Meinung des anderen als eine interessante Sichtweise zu erkennen, und zwar ohne dass du dich dieser anschließen musst, denn am Ende hat jeder teilweise recht.

Das ist die höhere Schule der Konfliktlösung. Aber mit ein wenig Übung ist es eine hervorragende Methode, den Interessen beider Seiten gerecht zu werden und die Beziehung zu bewahren. Eine Win-win-Strategie, bei der auch herauskommen kann, dass ihr euch einig seid, uneins zu sein. Oder um es nochmals mit der wunderbaren Vera F. Birkenbihl zu sagen: Hauptsache, ihr »zweinigt« euch.

Klingt zu schön, um wahr zu sein? Na ja, das Leben mag kein Film sein, an dessen Ende alle einander in die Arme fallen. Doch wir sind mehr als nur Zuschauer und können aktiv dafür sorgen, dass wir das Leben leben, für das wir gern morgens aufstehen. Dazu mehr im anschließenden Kapitel.

SHORTCUT

Du kannst recht haben oder gemocht werden. Manchmal geht nicht beides. Aber du kannst dafür sorgen, dass sich dein Gesprächspartner und du auch bei unterschiedlichen Meinungen wohl und verstanden fühlen. Oft dreht es sich nämlich gar nicht um das strittige Thema, sondern um dahinterliegende Bedürfnisse, denen ihr auf vielfältige Weise gerecht werden könnt, ohne einander die Köpfe einzuschlagen.

10. DAS LEBEN KANNST DU NUR LEBEN

Um Menschen wie dich zu treffen, musst du Orte aufsuchen, wo sich Menschen wie du gerne aufhalten. Manchmal darf man das Leben nicht unnötig verkomplizieren. Deshalb rate ich auch nicht, allein ins Kino zu gehen, denn dort ist die Chance, während des Films mit anderen Menschen ins Gespräch zu kommen, eher gering.

Die Welt ist voller Orte, an denen sich Menschen aufhalten. Selbst in der Natur ist man immer weniger allein. Entsprechend vielfältig sind die Schnittpunkte, wo sich Menschen über den Weg laufen und Gemeinsamkeiten teilen. Wenn du also Gleichgesinnte suchst, frage dich, was du unternehmen würdest, wenn du Freunde hättest, und mach genau das. Du meinst, Tischtennis allein taugt nichts? Dann schau dich mal bei den öffentlichen Platten in deiner Stadt um. Du wirst erstaunt sein, wie viele Tischtennisspieler dort anstehen, um mitmachen zu können. Zeit genug, mit ihnen ins Gespräch und gegebenenfalls sogar zum Spielen zu kommen.

Ebenso stehen dir In- und Outdoorangebote, Vereine, Stammtische, Kulturveranstaltungen, Museen oder Blutspendetage zur Verfügung, um auf deinesgleichen zu stoßen. Voraussetzung ist lediglich, dass du deinen Hintern hochbekommst und dich draußen blicken lässt. Denn wenn du auf jemanden wartest, der an deine Tür klopft, wirst du enttäuscht werden oder lediglich die Pakete der Nachbarn entgegennehmen, die bereits dort sind, wo du sein könntest.

Hilfreich sind dafür auch Apps, die in diversen Großstädten allen Einsamen und Singles jede Menge Freizeitangebote machen, von Kochen, Kino und Karaoke über Geocaching und Zoobesuch bis hin zu Sport, Spieleabend oder Tanzen. Sogar Urlaubsbegleitungen werden gesucht. Der Vielfalt sind nur wenige Grenzen gesetzt. Die häufigste Grenze ist das Teilnehmerlimit, denn tatsächlich bist du nicht der einzige

Mensch, der auf diesem Weg Kontakte sucht und pflegt. Du bist nicht allein in deinem Alleinsein und genau das verbindet dich mit vielen anderen. Das ist die beste Basis für jede Menge Kontakte. Im ländlichen Bereich hingegen heißen diese Apps Vereine und sorgen mit ihren Dorffesten dafür, dass du gern mal wieder einen Abend allein zu Hause verbringst.

Falls du im digitalen Veranstaltungskalender wider Erwarten nichts Interessantes findest, kannst du selbst ein Event einstellen und gesellige Menschen dazu laden. Selbst der Kannibale von Rotenburg fand im Internet Gleichgesinnte. Wieso sollte dir das nicht auch gelingen?

Natürlich steht nicht jeder darauf, sich mit fremden Menschen zu treffen, ganz ohne zu wissen, wie die drauf sind und worüber man sich unterhalten soll. Klar, ein bisschen Mut gehört schon dazu. Doch das geht den meisten so und auch das verbindet euch wieder. Und selbst wenn du auf einer Gruppenwanderung den einen triffst, der auch zu zweit auf einer Insel Single bliebe, gibt es sicher andere, mit denen sich der Ausflug gelohnt hat.

Oder du gehst das Ganze eine Spur anspruchsvoller an und bildest dich weiter. Nicht unbedingt in Pick-up-Gruppen, aber zur Not hilft auch das gegen die Leere im Bett neben dir. In jedem Fall triffst du auf Seminaren, Workshops oder Retreats Menschen, mit denen du ein gemeinsames Thema hast. Gleichgesinnte, die dir bereits nach der ersten Vorstellungsrunde nicht mehr so fremd sind.

Noch eine Stunde bis Mitternacht, dachte Mathilde und seufzte. Dann wäre auch dieses Jahr geschafft. Wieder hatte man ihr den Silvesterdienst in der Notapotheke aufgebrummt, weil der Rest ihrer Kollegen mit der Familie feierte. Doch dieses Mal sollte sich alles ändern, dachte sie grimmig, griff zum Feuerzeug und stieg auf einen Stuhl. Sie wollte die Sprinkleranlage manipulieren, auf dass ein Wasserschaden sie von dieser alljährlichen Schmach befreien würde. Sie hatte nicht mit einer solch durchdringenden Sirene des Rauchmelders gerechnet, als sie das Feuerzeug von der qualmenden Plastikverschalung zurückzog. Der erwartete Wasserschauer war ausgeblieben, stattdessen rief eine tiefe Männerstimme, ob er helfen könne. Erschrocken drehte sich Mathilde um und sprang vom Stuhl. Ein Feuerwehrmann schaute durch das kleine Servicefenster und hielt ihr eine bandagierte Hand entgegen. Wie sich später herausstellte, hatte er sich als einziger Single der Feuerwache vorsätzlich den Daumen geprellt, um der Einsamkeit des Bereitschaftsdienstes zu entfliehen und der schönen Unbekannten in der Apotheke einen Besuch abzustatten.

Ich garantiere dir, dass es zahlreiche Möglichkeiten gibt, mit neuen Leuten ins Gespräch zu kommen, wenn du erst einmal darüber nachzudenken beginnst. Streiche das Wort »aber« aus deiner Überlegung und hake lieber all die Punkte auf deiner Bucketlist ab, die dich mit Menschen in Kontakt bringen, und zwar so lange, bis du anfängst, wählerischer zu werden, denn auch deine Zeit ist endlich. Und wenn alles nichts hilft, schaff dir einen Hund an.

Das Internet ist allgemein ein Segen für kontaktarme Menschen, lässt sich doch hier leicht eine Vorauswahl in unzähligen Chatgruppen, Foren, seriösen Partnerbörsen oder sozialen Netzwerken treffen. Dabei musst du dich nicht automatisch auf emotionalen Wühltischen wie Tinder & Co. feilbieten. Es genügt, dir auch digital Orte zu suchen, die deinen Interessen entsprechen, um auf Menschen zu treffen. Das spart viel beschäftigten Menschen Zeit und hilft schüchternen Menschen, auf sicherem Weg dem virtuellen Partner zu begegnen und sich einen ersten Eindruck zu verschaffen. Wichtig ist nur, diese Kontakte auch ins reale Leben zu ziehen. Dorthin, wo Menschen noch echt sind. Denn da beginnt das wahre Leben, und dort zeigt sich, was hinter der Fassade mancher Internetbekanntschaft lauert. Hier trennt sich die Spreu vom Weizen und falscher Schein verblasst. Wenn du aber genau das fürchtest, prüfe besser mal dein eigenes Profil, mit dem du dich im Netz zeigst. Bist du wirklich Bussybaer93, der für Feminismus und Gendersternchen kämpft? Oder fällt dir am Stammtisch zum Thema Frauenbewegung nur der horizontale Austausch von Körperflüssigkeiten ein?

Mancher soll ja auch dazu neigen, sein Internetleben durch zahleiche Filter, Strandfotos oder Markenpostings aufzuwerten, die im echten Leben nur eines versprechen, nämlich den anderen zu enttäuschen. Das ist der beste Weg, einsam zu bleiben, denn egal, wie schön deine Maske wirken mag, im echten Leben braucht es echte Menschen, die sich trotz ihrer Macken finden und mögen. Dazu gleich mehr.

SHORTCUT

Menschen zu treffen ist gar nicht so schwer. Einzige Voraussetzung: Du musst dich zeigen. Wer sich hinter seiner heimischen Buchwand versteckt, mag belesen sein, vom Leben selbst bekommt er wenig mit.

Dabei sind die Möglichkeiten, anderen zu begegnen, vielfältig. Je nach Interesse gibt es Orte, an denen sich jene finden, die deine Neigungen teilen und froh sind, auf Menschen wie dich zu treffen.

11. ECHT STATT LANGWEILIG

Menschen mögen Menschen. Okay, nicht jeder mag jeden, aber so ganz ohne wollen die meisten auch nicht. Wenn du also ein echter Mensch bist, hast du bereits das schwierigste Stück auf dem Weg zu neuen Freunden hinter dir. Das nämlich macht dich einzigartig und wir Menschen lieben Originale. Deine Authentizität zieht dabei mindestens so viele Menschen an, wie sie umgekehrt fernhält, aber wenigstens bist du niemandem egal.

Das klingt einfach? Umso besser, denn viele Menschen wirken so gar nicht echt, wenn sie auf andere Menschen treffen und sich unsicher fühlen. Nirgends wird so viel gelogen wie bei dem Versuch, anderen zu gefallen. Das Bild, das wir dann anderen von uns zeigen wollen, ist regelmäßig eine schlechte Kopie unserer echten Persönlichkeit. Damit aber gefallen wir nicht, sondern fallen durch. Denn wer uns emotional nicht berührt, den vergessen wir, und auch an uns erinnert sich niemand, wenn wir uns hinter einer Maske verstecken. Hinzu kommt: Versuchen wir, eine Rolle zu spielen, verletzen wir uns in erster Linie nur selbst. Wir verleugnen uns und das schmerzt. Auch nimmt uns das die nötige Energie im Kontakt mit anderen. Wir wirken blass, kraftlos und fade, kurz gesagt langweilig, aufgesetzt und falsch. So jemanden will niemand näher kennenlernen.

Seit fast zwei Stunden brütete Clementine über dem perfekten Text für ihre Partneranzeige. Sie war das Singleleben leid und wollte sich beim Einschlafen endlich wieder die Füße an etwas anderem als ihrem Heizkissen wärmen. Wie aber würde sich ihr künftiger Traummann seine Traumfrau vorstellen? Süß? Anschmiegsam? Geduldig? Humorvoll? Belesen? Mit dem Rucksack um die Welt oder lieber Wellness in der Karibik? Kinderlieb oder besser allergiefrei mit Herz für Hunde? Wieder und wieder strich und ergänzte sie, formulierte um oder klaute sich passend scheinende Passagen aus anderen Profilen. Dann aber reichte es Clementine. Kurzerhand löschte sie ihren bisherigen Text und schrieb: »Ich, einfach unverwechselbar, laut, leise und nicht auf den Kopf gefallen. Bewerbungen an die Königin der Welt.«

Echtes Interesse wird eben nur Echtem entgegengebracht. Wenn wir des Gefallens wegen andere beeindrucken wollen, wirken wir aber selten echt und bleiben damit uninteressant. Mag die Verpackung auch noch so glänzen, dem Inhalt fehlt es an Ausstrahlung, um im anderen ein Strahlen zu spiegeln. Erst wenn du aus dir heraus leuchtest, kann dich der andere wahrnehmen. Das nennt sich Authentizität oder auch Charisma und ergibt sich, wenn du dir und deinen Werten treu bleibst und mit dir im Reinen bist. Das macht dich als Person greifbar und damit interessant und wertvoll.

Deine Werte verbinden dich auch mit all jenen, die ähnliche Werte teilen, allen voran Ehrlichkeit, Vertrauen und Liebe. Wenn du also zu dir selbst ehrlich bist, dir in dem, was du ausstrahlst, vertraust und dir damit selbst Liebe schenkst, ist alles getan, um auf andere echt und damit anziehend zu wirken. Dir dein bester Freund zu sein, ist also auch hier eine wichtige Voraussetzung, um echte Freunde zu finden.

Doch wieso fällt es uns oft so schwer, an uns zu glauben und mit uns zufrieden zu sein? Vermutlich, weil wir es nie gelernt haben. Stattdessen erfahren wir als Kind unsere Unmündigkeit und erleben uns in fast allem, was wir zum ersten Mal tun, als fehlerhaft. Wird dieser Eindruck im Außen durch die typischen Sätze wie »Das kannst du nicht«, »Das ist nichts für dich« oder »Dazu bist du nicht gut genug« verstärkt, zweifeln wir auch als Erwachsene an uns und unserem Wirken auf andere. Dabei erreichen wir mit einem einzigen, ersten Schritt in fast keinem Lebensbereich den Grad an Zufriedenheit, den wir uns wünschen. Im Gegenteil: Erst durch das Scheitern lernen wir, wie etwas nicht geht, und können uns neu orientieren. Das führt uns auf den Weg, an dessen Ende meist der gewünschte Erfolg steht. Wieso sollte das bei der Partner- oder Freundeswahl anders sein?

Wollen wir auch im Umgang mit anderen Menschen Fehler vermeiden, fühlen wir uns gehemmt und wirken bestenfalls uninteressant. Du wirst es aber nie allen recht machen können und solltest es daher gar nicht erst versuchen. Das funktioniert auch deshalb nicht, weil du gar nicht wissen kannst, was dem anderen an dir gefällt. Bleib besser der, der du bist. Hier stehen sich nämlich Autonomie und Sicherheit gegenüber. Ebenjenes Bedürfnis, das uns selbstbestimmt, echt und autonom unsere Position auch gegen Widerstände zu verteidigen hilft, und der Wunsch, sich in einer Verbindung sicher zu fühlen und deshalb alles zu tun, um dem Gegenüber zu gefallen.

Das bedeutet, dass wir uns immer dann sicher fühlen, wenn wir eine Situation kontrollieren können. Zum Beispiel, indem wir das Bild, das andere von uns haben sollen, so gestalten, dass wir gefallen. Ganz anders, wenn wir zu uns stehen und vielleicht nicht von allen gemocht werden. Dann aber sind wir echt, ganz ohne Netz und doppelten Boden. Denn die Sicherheit trügt. Wir können das Urteil anderer nicht kontrollieren, wir können uns nur verleugnen. Bleiben wir uns indes treu und geben dort, wo es uns wichtig ist, unser Bestes, müssen wir kein fremdes Urteil fürchten. Selbst unser eigenes fällt dann milde aus, was das wahre Geheimnis innerer Sicherheit ist.

Aber verwechsele nicht Authentizität mit Unfreundlichkeit. Es ist ein großer Unterschied, eine Meinung zu haben oder sie jedem ungefragt mitzuteilen. Sich nicht zu verstellen, bedeutet nicht, andere Menschen vor den Kopf zu stoßen, nur weil wir glauben, das mache uns echt. Das macht uns lediglich echt unsympathisch, denn Umgangsformen wie am Tresen einer Hafenkneipe sind nicht das, was sich Menschen voneinander wünschen. Hier ist Fingerspitzengefühl gefragt. Wem das fehlt, der misstraut seiner Außenwirkung und schraubt seine Erwartungen an sich und andere herunter, nur um nicht enttäuscht zu werden. Das aber ist die größte Täuschung, denn du bist für alles, was du dir zutraust, gut genug. Das gilt leider auch für die andere Richtung. Denn dort, wo du an dir zweifelst, werden Erfolg und andere Menschen auf sich warten lassen. Egal, was du also von dir hältst, du wirst am Ende recht behalten. Wähle besser gleich richtig.

Ob letztlich die Wahl anderer auf dich fällt, ist damit von deiner Ausstrahlung und dem ersten Eindruck abhängig. Zeit, sich diesem genauer zuzuwenden.

SHORTCUT

Du bist, wer du bist, und damit bist du schön. Spielst du hingegen eine Rolle, um zu gefallen, gefällt am Ende deine Rolle, aber nicht du. Du bleibst unsichtbar hinter deiner Maske und wirst übersehen. Das ist der sichere Weg in die Einsamkeit. Menschen suchen im Leben das Echte, auch wenn sie sich selbst oft nicht trauen, echt zu sein. Dabei kauft niemand die Kopie, wenn er das Original haben kann. Sei also das Original.

12. JEDES BILD BRAUCHT EINEN RAHMEN

Angenommen, du wirst alkoholisiert am Steuer angehalten und der zugegebenermaßen attraktive Beamte lässt sich deine Papiere geben. Würdest du in diesem Moment flirten? Falls ja, solltest du dieses Buch schreiben, nicht ich. Andernfalls zeigt dieses Beispiel, wie wichtig der richtige Ort ist, an dem du auf die Menschen triffst, die einen Unterschied in deinem Leben machen sollen. Weniger, um den anderen zu beeindrucken, als vielmehr für dein eigenes Wohlbefinden. Denn wir sind dort am natürlichsten, wo wir uns wohl und damit sicher fühlen.

Bist du also gern in der Natur, verabrede dich nicht mitten auf einer Verkehrsinsel auf der meistbefahrenen Straße deiner Stadt. Fühlst du dich hingegen von Ameisen und Mücken genervt, würde ich von einem Picknick am Weiher ebenso abraten wie von einem Besuch im Streichelzoo, wenn du Allergiker bist. Wählt jedoch der andere den Treffpunkt, vertraue auf deine Flexibilität.

Flexibilität ist in jedem Fall eine wertvolle Eigenschaft, wenn es darum geht, mit Menschen in Kontakt zu kommen und zu bleiben. Nicht immer läuft alles nach Plan. Wer sich davon nicht aus der Ruhe bringen lässt, gibt auch dem anderen die nötige Sicherheit, um sich beim ersten Treffen wohlzufühlen. Denn egal, was passiert, wir haben nur drei Möglichkeiten, auf Störungen zu reagieren: Wir können ihnen aus dem Weg gehen, sie ändern oder akzeptieren. Oder kurz gesagt: »Change it, leave it oder love it.« Letzteres schafft Frieden und sorgt für eine Atmosphäre, die ein erinnerungswürdiges Treffen braucht, um sich entwickeln zu können.

Nervös starrte Konradin auf seine Uhr. Die Kutsche hätte längst da sein sollen. Mit ihr das große Blumenbouquet und die Box mit weißen Tauben, die er später für Rebecca im Park aufsteigen lassen wollte. Direkt neben dem süßen Schwanenteich, wo ein Geiger auf sie und das romantische Candle-Light-Dinner im Mondschein warten würde. Konradin hatte extra einen Caterer für besondere Stunden engagiert, der für Tisch, Rosenblätter und Champagner sorgen sollte. Als es aber plötzlich zu regnen begann, die Kutsche nicht erschien und der Caterer wegen Salmonellenvergiftung absagte, spannte Rebecca ihren Schirm auf, hakte sich bei Konradin unter und schlug vor, für ihr erstes Treffen in das kleine Café unweit der Uni zu gehen. Dort wäre sie oft und der Kuchen sei spitze.

Sicherheit gibst du deinem Date auch, wenn es sich darauf verlassen kann, dass du nicht nur pünktlich, sondern überhaupt zur Verabredung erscheinst. Das ist gelebter Respekt und fällt positiv auf dich zurück.

Ein weiterer Aspekt, mit dem du im Gedächtnis bleibst, ist die Art, wie du dich zeigst. Den ersten Eindruck kannst du nicht wiederholen. Es ist deine Ausstrahlung, die im Gedächtnis bleibt, dein Gesichtsausdruck, deine Stimmung und deine Umgangsformen, die dem anderen ge- oder missfallen. Ein Lächeln und ehrliche Freude berühren ebenso wie ein aufrichtiges Kompliment für den Aufwand, den er oder sie betrieben hat, um dir zu gefallen. Und noch ein Tipp. Die meisten Menschen, die wir neu kennenlernen, heißen nicht wirklich *»Dings«*. Sich stattdessen den echten Namen zu merken, ist gelebte Wertschätzung. So, wie den anderen zu Wort kommen zu lassen und ihm zuzuhören, bevor du deine eigenen Geschichten zum Besten gibst. Dass du dabei dein Handy am besten ausgeschaltet in der Tasche lässt, sollte selbstverständlich sein.

Apropos Geschichten: Es wirkt ungeheuer attraktiv, gute Geschichten humorvoll erzählen zu können. Das ist eine Kunst, die man erlernen und üben kann. Vorausgesetzt, du hast selbst viel erlebt, um lebendig davon zu berichten. Frei erfundene Räuberpistolen füllen vielleicht einen Abend, aber kein gemeinsames Leben.

Was im Außen der richtige Wohlfühlort für euer Treffen ist, sind im Inneren deine Erwartungen. Verkompliziere die Begegnung nicht und erwarte nicht zu viel. Du allein entscheidest, wie dein Treffen abläuft. Erhoffst du von der Verabredung, deinen künftig besten Freund oder gar Seelenpartner zu treffen, setzt du dich selbst unter Druck und wirkst schnell verkrampft. Erwartest du hingegen einen amüsanten, unterhaltsamen Abend, bleibst du entspannt und selbstsicher genug, um nicht enttäuscht zu werden. Selbst wenn nichts aus dem Kontakt wird, war der Abend besser, als allein auf der Couch zu sitzen. Mit der Einstellung fühlt sich auch dein Gesprächspartner wohl, was nicht zuletzt den ersten Eindruck fördert.

Der erste Eindruck mag überbewertet sein, wenn aber kein zweiter folgt, nützt alles nichts. Doch auch hier gilt wie auch sonst im Leben: Sei der, der du bist, und nicht der, von dem du glaubst, dass der andere ihn sich wünscht. Das geht schief. Entscheidend ist, dass du mit dir zufrieden bist. Das umfasst so ziemlich alles, was mit dir und dem Treffen zu tun hat, angefangen bei deinem äußeren Erscheinungsbild. Gönne deinem Spiegelbild den Anblick, den du gern von dir sehen lassen möchtest. Das beginnt bei der Körperpflege, geht über die Auswahl deiner Kleidung bis hin zur Art, wie du Menschen im Gespräch begegnest. Darin enthalten sind ein höflicher und wertschätzender Umgang, der den anderen auf den Inhalt der liebevollen Verpackung neugierig machen soll. Schließlich lasse dem guten ersten Eindruck einen ebenso gelungenen zweiten folgen, wenn dir etwas an der Fortsetzung des Treffens liegt. Revanchiere dich für eine Einladung mit einer Gegeneinladung und warte nicht, bis sich der andere wieder bei dir meldet. Mach du den ersten Schritt auf einem gemeinsamen Weg.

Hier schließt sich der Kreis zu den vorangegangenen Kapiteln: Das Geheimnis, beim anderen im Gedächtnis zu bleiben, liegt in der Liebe, der Liebe zu dir selbst und zu dem, was deinen Gesprächspartner für dich liebenswert macht. Das anzusprechen, kostet dich wenig, bleibt ihm oder ihr aber ein Leben lang in Erinnerung.

Falls du dich jetzt fragst, wie du dir das alles merken und anwenden sollst, sei beruhigt. Jeder, dem du künftig über den Weg läufst, hat ähnliche Sehnsüchte, Hoffnungen und Ängste, wenn es um Beziehungen geht. Wir gleichen uns im Wunsch, anderen zu gefallen und mit ihnen in Kontakt zu kommen. Dabei reagieren wir auf positive Gesten mit Wohlwollen und Zuneigung und freuen uns, wenn wir Freundlichkeit erwidern können. Deshalb vertraue auf dich und sei nachsichtig mit dir und anderen, wenn mal etwas schiefläuft. Jeder Mensch hat gute und schlechte Tage, fühlt sich hier wohl und dort unsicher, spielt eine Rolle oder schafft es, echt zu sein.

All diese Mosaiksteine ergeben ein vollständiges Bild, das sich erst nach und nach entblättert. Beurteile deshalb nichts aus dem Moment heraus und habe Geduld mit den Menschen, für die du ein Freund sein könntest. Denn letztlich geht es dir wie deinem Gegenüber. Ihr entscheidet gegenseitig, wer sich beim anderen wieder meldet.

SHORTCUT

Die Wahl des richtigen Ortes kann für ein erstes Treffen ebenso wichtig sein wie deine Art, dich dem anderen zu zeigen. Eine entspannte Haltung gibt dir und deinem Date die nötige Sicherheit, um einen erinnerungswürdigen Abend zu genießen. Auch gute Umgangsformen und ein gepflegtes Erscheinungsbild bleiben im Gedächtnis, wenn es darum geht, einen guten ersten Eindruck zu hinterlassen.

13. KEINE LEICHEN IM KELLER

Kaum etwas ist spannender als ein geteiltes Geheimnis, am besten noch ein dunkles, das schweißt so richtig zusammen. Was aber, wenn es in dem Geheimnis um einen engen Freund geht, der davon nichts wissen darf? Dann wird aus Spannung Verspannung und eine der Freundschaften droht zu reißen, egal, ob du das Geheimnis verrätst oder schweigst.

Nehmen wir an, du weißt von der Affäre deines besten Freundes, während dir dessen Freundin ihr Herz ausschüttet. Sie ahnt bereits etwas und steht dir ebenfalls sehr nahe. Damit sitzt du schneller zwischen den Stühlen, als dir lieb ist, und kannst würfeln, wem deine Loyalität gilt. Solch ein klassischer Loyalitätskonflikt treibt häufig einen Keil zwischen Freundschaften oder lässt Kontakte ganz enden. Um einem solchen Dilemma zu entgehen, heißt es aufräumen in deinem Leben und den Keller frei von geheimen Leichen halten. Leicht ist das nicht, denn es kann bedeuten, mit einer der Parteien zu brechen oder das Geheimnis zu offenbaren – was aufs Gleiche hinauslaufen kann.

Dennoch gibt es kein Gebot, dass du die Verfehlungen deiner Freunde auf deine Schultern packen musst. Dafür gibt es Beichtstühle, Friseure oder Haustiere, bei denen die Geheimnisträger ihre Last abladen können. Du hast das Recht, von schmutziger Wäsche deines Freundeskreises verschont zu bleiben, vor allem, wenn du dich am Ende damit selbst dreckig machen könntest.

Auf der anderen Seite sind Freunde gerade dafür da, einander auch in komplizierten Lebenssituationen zur Seite zu stehen und Geheimnisse zu bewahren. Das macht echte Freundschaften aus und verbindet. Mutet dir aber ein Freund mehr zu, als du guten Gewissens tragen kannst, muss es die Freundschaft aushalten, dass du ein solches Vertrauen zurückweist. Du brauchst dich an nichts zu beteiligen, das zum Bruch mit anderen Freunden führen kann.

Das Schlagwort heißt Gewissen, dem allein du verpflichtet bist und das auf deinen Werten fußt. Wenn hier Loyalität, Ehrlichkeit und Freundschaft auf den vorderen Plätzen landen, bleibt dir nichts anderes übrig, als dich für oder gegen den Geheimnisträger zu entscheiden, vor allem, wenn deine Fairness auch dem Geheimnis selbst gilt.

Wenn du aber selbst ein Geheimnis mit dir trägst, für das dich einzelne Freunde verurteilen oder gar verlassen könnten, belastet das deine Beziehungsfähigkeit in fast noch größerem Maße. Hier ist es meist ein schlechtes Gewissen, das dich vor sich hertreibt und dir leicht den Umgang mit anderen erschwert. So ist eine eigene Affäre die lebendigste Leiche in deinem Keller und Anlass, über dich, deine Beziehung und deine Werte neu nachzudenken.

Es war die aufregendste Nacht in Kuniberts Leben. Dutzende maskierte Menschen tanzten nackt miteinander und gaben sich dem Alkohol, der Musik und anderen sinnlichen Genüssen hin. Der Gastgeber war ein geheimnisvoller Graf, der alljährlich zur Walpurgisnacht ein rauschendes Fest gab. Es wurde Kuniberts erste Orgie, als er dieser geheimnisvollen Frau mit der Rotfuchsmaske begegnete, mit der er den Rest der Ballnacht in einem verschwiegenen Separee verbrachte. Kaum graute der Morgen, meldete sich auch Kuniberts Gewissen, und er schlich beklommen zurück ins eheliche Schlafgemach. Dort schwor er sich, seiner Adelgunde niemals seinen Fehltritt mit der anonymen Maskenfrau zu beichten. Adelgunde aber hielt die Augen fest geschlossen. Sie dankte Gott, dass Kunibert nicht im Bett gelegen hatte, als sie wenige Minuten zuvor mit ihrer Rotfuchsmaske zu Hause eingetroffen war. Wenn sie nur wüsste, wem dieses fesche Dachsgesicht gehört hatte.

Vertraust du Freunden ein solch dunkles Geheimnis an, bist du entweder von deren Loyalität abhängig oder stürzt diese in einen eigenen Gewissenskonflikt. Ein solches Geheimnis kann der Umgang mit Ex-Freunden sein, soweit sie auch nach der Trennung noch eine wichtige Rolle in deinem Leben spielen. Hier kollidiert der Vertrauensanspruch des neuen Partners mit der Loyalitätserwartung des früheren Freundes. Das ist eine Frage gegenseitiger Fairness. Haben dein Ex-Partner und du gemeinsame Kinder, lässt sich ein Kontakt nur schwer vermeiden. Hältst du aber an der Verbindung fest, um dir eine Tür in die frühere Behaglichkeit offenzuhalten, wäre ein sauberer Schnitt eine fairere Lösung. Eine Freundschaft aufzugeben, nur weil die Liebe erloschen ist, sollte jedoch keiner von dir verlangen.

Verlangen kann der neue Partner aber, dass du deine Ex-Beziehung nicht bei jeder passenden und unpassenden Gelegenheit ins Gespräch bringst. Vergleichst du deinen neuen Freund gar noch mit dem Ex-Partner, ist Ungemach vorprogrammiert. Denn der Vergleich ist der Feind des Glücks und endet unter Umständen in der nächsten Trennung.

Mag es auch noch so schwer sein, bevor du dich auf eine neue Beziehung einlassen kannst, sollte die alte aufgearbeitet und losgelassen sein. Der aus der Leugnung oder gar Wut über die Trennung gesuchte Lückenbüßer mag dein Ego streicheln, behalten wirst du dessen Zuneigung nicht. Erst wenn du das Ende einer alten Liebe akzeptiert hast, haben neue Menschen Platz in deinem Herzen.

Anders verhält es sich mit Trennungen im Freundeskreis. Nicht selten erwartet einer von beiden, dass du dich gegen den jeweiligen Ex entscheidest. Doch niemand hat dir vorzuschreiben, mit wem du Kontakt hältst und warum. Hier kannst du versuchen, beiden Ex-Partnern gegenüber loyal zu sein, außer du wirst – wie oben beschrieben – unfreiwillig zum Geheimnisträger der getrennten Partner.

Zu guter Letzt können familiäre Bande deine Beziehungsfähigkeit einschränken. Wenn sich nämlich wichtige Bezugspersonen wie Eltern oder Geschwister in die Wahl deiner Freunde und Partner einmischen, hat die neue Verbindung einen schweren Stand. Denn dann kollidieren abermals die Werte Familie und Freundschaft miteinander und stellen dich vor die schwere Wahl, deinem Herzen zu folgen.

Diese und ähnliche Altlasten können dazu beitragen, dass du dich mit bestehenden und neuen Kontakten schwertust. Das kostet dich Energie, die dir zum Schließen und Bewahren von Freundschaften fehlt und deine Anziehung auf andere schwächt. Entsprechend wichtig wären hier eine gründliche Inventur und die Entscheidung, was aus deinem emotionalen Keller auf den Sperrmüll gehört. Auch wenn es schwerfällt, darfst du erst alten Ballast loslassen, bevor neue Freunde Platz in deinem Leben finden.

Diese Heilung sorgt für die nötige Leichtigkeit, die eine gute Beziehung braucht, um für beide Seiten anziehend zu sein und damit im Gedächtnis zu bleiben.

SHORTCUT

Gute Freunde teilen Geheimnisse und behalten diese auch für sich. Bessere Freunde bürden einander erst gar keine Geheimnisse auf, die andere Kontakte belasten würden und in einen Loyalitätskonflikt stürzen. Trägst du selbst ein dunkles Geheimnis in dir, das deine Beziehungen gefährden könnte, wäre eine Klärung empfehlenswert, wenn dir etwas daran liegt, neue Kontakte zu finden oder alte Freundschaften zu erhalten.

V. RISIKEN UND NEBENWIRKUNGEN

Schon Paul Watzlawick wusste, dass wir nicht nicht kommunizieren können. Selbst wenn wir schweigen, sprechen unser Körper, unsere Gestik und unser Gesichtsausdruck. Immer, wenn wir auf Menschen treffen, strahlen wir eine bestimmte Energie aus. Diese wärmt oder lässt die Temperatur im Raum sinken. Das macht das zwischenmenschliche Miteinander nicht nur anspruchsvoll, sondern fehleranfällig, sind wir doch auf eine Menge Sinneskanäle angewiesen, um einander zu verstehen und miteinander zu interagieren. Oder uns zu irren.

Dabei ist Kommunikation so wichtig. Wir alle wollen uns zeigen und gesehen werden und – der wichtigste Aspekt – uns verbinden. Entsprechend bilden wir die unterschiedlichsten sozialen Gruppen, seien es Familie, Freundeskreise, Kollegenschaft oder Vereine, aber ebenso Nationen, Länder, Gemeinden, Orte und Nachbarschaften. Vieles davon ist schicksalsgefügt, beispielsweise der Geburtsort oder die zugehörige Kulturlandschaft. Bei anderem haben wir die Wahl und entscheiden uns, wo wir uns mit wem, wann, wie oft und aus welchem Grund treffen und austauschen wollen. Der kleinste gemeinsame Nenner aller Menschen ist dabei der Wunsch nach Verbundenheit, nach Gemeinschaft. Wir sind soziale Wesen und evolutionär auf eine Gruppe geprägt, ohne deren Schutz wir nicht überlebt hätten.

Ganz so lebensfeindlich ist das Alleinsein heute nicht mehr. Dennoch ist es ein Zustand, den die wenigsten dauerhaft schätzen und suchen. Im Gegenteil, die Städte sind voll von alleinstehenden Menschen, die sich nach Gemeinschaft sehnen und vieles dafür tun, mit ihresgleichen in Kontakt zu kommen. Diese Menschen sind oft einsam. Das hat aber grundsätzlich nichts damit zu tun, dass sie vielleicht auch allein sind. Alleinsein ist nämlich dann kein Problem, wenn ich mich in ein wohlwollendes Umfeld eingebettet weiß und in mir erfüllt bin. Dann gehe ich meinen Bedürfnissen und Leidenschaften nach und genieße es, Zeit mit mir zu verbringen – immer bewusst, dass ich im Außen auf Menschen zählen kann.

Erst wenn diese Menschen fehlen und ich in mir ein Loch spüre, das sich nicht stopfen lässt, nagt die Einsamkeit an mir und nimmt mir die Lebensfreude. Wie man damit umgehen kann, habe ich dir in den vorangegangenen Kapiteln gezeigt. Im Ergebnis ist es egal, wo du Kontakte knüpfst. Entscheidend ist, ob ihr einander versteht. Das ist eine Frage von Chemie und Kommunikation. Letztere ist so vielfältig wie anspruchsvoll, lauern doch gerade im zwischenmenschlichen Bereich unzählige Fettnäpfchen und Missverständnisse. Dabei ist Kommunikation keine Geheimwissenschaft, die nur wenige beherrschen. Vielmehr ist das Miteinanderreden und sich Austauschen eine Frage unserer Identität und der Art, wie wir mit uns selbst reden. Wer bereits mit seiner inneren Stimme Streitgespräche führt, eckt auch im Außen leichter an und bleibt eher allein.

Hinzu kommt die Einsicht, dass wir empfangen, was wir aussenden. Deshalb lohnt es sich auch, über die eigene Ausstrahlung und die damit verbundene Wirkung nachzudenken und daran zu arbeiten. Das setzt voraus, dass wir mit uns ebenso wertschätzend umgehen, wie wir es uns von anderen wünschen und idealerweise auch anbieten. Hier folgt die Wirkung dem Reiz, den ich in die Welt aussende und damit andere anziehe oder eben nicht.

All das hat Auswirkung auf unser Glücksempfinden und die damit verbundene Energie, die wir ausstrahlen. Diese Energie ist es auch, die unser Leben mit Menschen füllt oder sie daraus vertreibt, vorausgesetzt, wir führen selbst ein energetisch wertiges Leben, in dem wir unseren Bedürfnissen Raum geben. Die dadurch erreichte Zufriedenheit bringt den buchstäblichen Frieden in unser Leben, der anderen Menschen Heimat sein kann.

Der Rest ist Übung und ein gutes Timing. Denn nur wenn Gelegenheit auf Bereitschaft trifft, kann unser Leben aus der dargebotenen Fülle schöpfen und die Früchte im Umgang mit anderen ernten. Das schafft inneres Glück. Die Voraussetzung für ein erfülltes und zufriedenes Leben, in dem sich all jene Menschen die Hand geben, die wir uns an unsere Seite wünschen.

Entsprechend wichtig ist es, sich der typischen Kommunikationsfallen im alltäglichen Miteinander bewusst zu werden und dafür zu sorgen, dass Missverständnisse vermieden werden und Konflikte nicht eskalieren. Vor allem, wenn wir uns bewusst machen, dass Konflikte meist aus der Unsicherheit eines der Streitenden heraus entstehen. Hier helfen erprobte Strategien im Umgang mit anderen, die auch im Streit verbinden, statt zu trennen. Das heißt, Kommunikation ist erlernbar.

Mit großen Augen blieb Unfried vor dem riesigen Loch stehen, das sich kürzlich in der Straße gebildet hatte und seither größer zu werden schien. Vorsichtig lugte er über den brüchigen Rand der Asphaltkante und gewahrte tief unten ein blaues Autodach. Um Himmels willen, dachte er und rief hinab ins Dunkel des Lochs. Sekunden später antwortete eine Stimme und gab sich als Friedhelm aus, der mit seinem Auto in das Loch gestürzt war und nun auf Hilfe wartete. Unfried war sprachlos. Als er kurz darauf seine Stimme wiederfand, erinnerte er sich an das Kommunikationstraining neulich in der Firma und kniete sich neben die Öffnung. Interesse zeigen und Verbindung herstellen, ging er die gelernten Punkte im Kopf durch und erkundigte sich nach der Familie, der Automarke, dem Unfallhergang und dem werten Befinden von Friedhelm. Ein irritiertes Stöhnen drang an die Oberfläche, gefolgt von der kurzen Bitte: »Quatsch nicht, hol endlich Hilfe!«

Was aber verstehen wir unter Kommunikation? In erster Linie den Informationsaustausch zwischen zwei Menschen, der die Basis für ein menschliches Leben und unsere Beziehungen schafft. Dabei bedeutet Kommunikation Verständigung, Information, Interesse und Austausch auf den uns zur Verfügung stehenden Kanälen. Diese umfassen akustische, visuelle und kinästhetische Signale, die wir verarbeiten und im Gedächtnis behalten müssen.

Doch Kommunikation ist weit mehr. Es ist die kürzeste Verbindung zwischen zwei Menschen, die Brücke ins Herz des anderen. Denn wie wir miteinander kommunizieren, hat immensen Einfluss auf unser Wohlbefinden. Dabei läuft Verständigung in drei Stufen ab.

Jedes Gespräch beginnt mit einer Äußerung, die an einen anderen gerichtet ist. Damit ist zwar etwas gesagt, aber noch nicht sichergestellt, dass es auch gehört wurde.

Der zweite Schritt ist demnach die Aufnahme des Gesagten, also das Hören selbst. Hier beginnen die Probleme bereits, denn das, was wir hören, muss der andere lange noch nicht gemeint haben. Zu unterschiedlich wirken Worte auf uns und verbinden sich mit unseren Erfahrungen, Bewertungen, Gefühlen und Auslegungen. Jedes unbestimmte Hauptwort wie Glück, Freiheit oder Angst hat seinen individuellen Klang im Kopf des Hörenden. Fragt man zehn Menschen nach ihrer Definition, erhält man zehn unterschiedliche Antworten. Doch selbst wenn wir uns auf eine Wortbedeutung im konkreten Fall einigen können, müssen wir längst noch nicht verstanden haben, was das für unsere Verbindung bedeutet. Dies wäre der dritte Schritt einer guten Verständigung.

Wie schwer es ist, den anderen wirklich zu verstehen, um mit dessen Äußerung umgehen zu können, soll im letzten Abschnitt dargestellt werden. Anhand von vier unterschiedlichen Kommunikationsmodellen werde ich zeigen, wo typische Kommunikationsfallen lauern und wie wir denen bestmöglich ausweichen.

1. DAS VIER-OHREN-PRINZIP VON FRIEDEMANN SCHULZ VON THUN

Treffen sich zwei Menschen. Sagt der eine zum anderen: »Du, ich habe keine Ahnung, wovon du sprichst.«

So oder so ähnlich beginnen humorvolle Geschichten und auch mancher Witz überrascht auf diesem Weg mit seiner Pointe. Weniger lustig findet dagegen unsere alltägliche Kommunikation statt, in der Missverständnisse und Konflikte häufig an der Tagesordnung sind. Dabei wollen wir den anderen ebenso verstehen, wie wir verstanden werden möchten.

Die Schwierigkeit dabei ist, sich zum einen verständlich auszudrücken, zum anderen das zu hören, was mein Gegenüber auch wirklich gesagt hat. Viel zu oft glauben wir nur, ihm zugehört zu haben, und interpretieren das Gehörte mit unseren Worten. Wir lesen quasi die Gedanken des anderen, ohne uns von dessen Worten beeindrucken zu lassen. Und hier beginnt das Dilemma: Niemand kann die Gedanken eines anderen Menschen lesen. Was wir glauben, gehört zu haben, sind vielmehr unsere eigenen Gedanken, Muster und Glaubenssätze. Diese schreiben wir dann dem anderen zu und freuen uns entweder, wie ähnlich wir diesem Menschen sind, oder halten ihn für den Urvater aller Kinderlosen – je nachdem, wie sehr wir unseren eigenen Gedanken glauben. Doch viel zu selten hat das etwas mit dem zu tun, was mein Gesprächspartner tatsächlich gesagt oder gemeint hat. Im Gegenteil, vieles von dem, das wir täglich zu hören bekommen, erreicht uns nicht, weil wir nicht wirklich hinhören. Wir geben den Worten die Bedeutung, die unserem Denken und Fühlen entspricht, und ignorieren die wahre Botschaft hinter dem Text des anderen.

Diesem Phänomen hat sich Friedemann Schulz von Thun, Psychologe und Kommunikationswissenschaftler, schon vor über 40 Jahren gewidmet. Er hat das Vier-Ohren-Modell entwickelt, um die Tücken eines Gesprächs sichtbar zu machen. Hierbei geht es um das alltägliche Miteinander zwischen Menschen im Dialog. Es ist kein Therapiekonzept, sondern ein Erklärmodell typischer Kommunikationsfallen. Fallen, in die jeder von uns tausendfach tappt. Jeden Tag. Je eher wir uns dieser Tücken der Kommunikation bewusst werden, desto friedlicher wird unser Leben und desto glücklicher werden unsere Beziehungen.

Das Modell geht davon aus, dass wir mit unseren Worten mehr als nur den eigentlichen Wortsinn transportieren. Dieser mag bei einfachen Begriffen wie Tisch, Baum oder Haus gewahrt sein. Aber schon beim Wort »Bank« kommen wir an unsere Grenzen, wenn wir unser Date entweder vor einem Finanzinstitut oder auf der unweit stehenden Sitzgelegenheit treffen wollen. Hier entscheiden Kontext oder Erfahrung bei der Auslegung und helfen uns, rechtzeitig am richtigen Treffpunkt zu sein. Um wie viel schwerer mag es dem Hörenden gehen, wenn sein Gegenüber von Schmerz, Sorgen oder Begeisterung spricht. Hier gibt es keine sachliche Ebene, von der aus jeder weiß, worüber der andere redet. Hier sind wir auf unser inneres Erleben angewiesen, um unseren Gesprächspartner zu verstehen.

Das wiederum hängt von Sprachgewohnheiten, Bildung, Kultur, Werten, Glaubenssystemen, Gewohnheiten und Erfahrungen ab. Ebenso von unserer emotionalen Situation, unserer Gestimmtheit, dem Selbst- und Fremdbild und nicht zuletzt von unserer Identität. Dazu habe ich in den vorangegangenen Abschnitten bereits ausführlich Stellung genommen.

Schulz von Thun splittet nun die Äußerung eines Menschen in vier Ebenen auf. Das sind quasi die Kommunikationskanäle, auf denen wir senden und empfangen. Dieses sogenannte »Vier-Schnäbel-und-vier-Ohren-Prinzip« oder auch »Kommunikationsquadrat« hilft uns, besagte Ebenen deutlich zu machen. Diese sind der Sachinhalt, die Selbstkundgabe, der Beziehungshinweis und der Appell. Damit zeigt das Modell die Vielfalt der Interpretationsmöglichkeiten und weist uns einen Weg aus den entsprechend vielfältigen Kommunikationsfallen. Eines der schönsten Beispiele für solche Kommunikationsfallen ist Loriots berühmter Sketch »Das Frühstücksei«.

> Hier sitzt ein Ehepaar am Küchentisch und der Mann beklagt sich über ein zu hart gekochtes Ei. Die Frau schweigt und trinkt ungerührt ihren Kaffee. Daraufhin wiederholt er seinen Satz: »Das Ei ist hart.« Mürrisch reagiert sie mit »Ich habe es gehört« und ergänzt, dass zu viele Eier nicht gesund seien. Als er bezweifelt, dass dieses Ei viereinhalb Minuten gekocht haben kann, erwidert die Frau, dass sie das Ei jeden Tag viereinhalb Minuten koche. Das wirft bei ihm die Frage auf, wieso es dann mal hart und mal weich ist. Ihre Antwort: »Ich weiß es nicht, ich bin kein Huhn.« Hierauf entspinnt sich ein wunderbarer Dialog, der darin gipfelt, dass sie verzweifelt ausruft: »Gott, was sind Männer primitiv!«, während er düster vor sich hin murmelt: »Ich bringe sie um ... morgen bringe ich sie um!«

Was hat den beiden so den Appetit verdorben? Auf der Sachebene ist die Botschaft vom Senderhorizont des Mannes her klar: »Das Ei ist hart.« Damit hat sich die sachliche Ebene auch schon erledigt. Weder müsste sich die Frau von dem Satz kritisiert noch angegriffen fühlen. Vorausgesetzt, auch sie hört ausschließlich auf der Sachebene und weiß nun um die Konsistenz des Eies.

Leider erreicht sie die Äußerung ihres Mannes als diejenige, die das Ei gekocht hat. Entsprechend schnell verknüpft sie die Sachaussage mit ihrer Fähigkeit, ein Ei zu kochen. Damit interpretiert sie das Gehörte auf der Beziehungsebene und kontert beleidigt, dass zu viele Eier ungesund seien. Normalerweise wäre auch das eine reine Sachaussage, würde sie mit dieser Antwort nicht die inhaltliche Gesprächsebene verlassen. Tatsächlich möchte sie der vermuteten Kritik ihres Mannes ausweichen und eröffnet ein neues Thema.

Ihr Appell »Iss weniger Eier!« verhallt in seinen Ohren, dem es noch immer um den Härtegrad seines Frühstückseies geht. Deshalb appelliert auch er an seine Frau, das Ei wie immer zu kochen, also viereinhalb Minuten. Damit sagt er über sich selbst, dass er nur weiche Eier möchte. Das aber kommt bei seiner Frau weniger gut an, die selbst entscheiden möchte, wie sie ein Ei kocht.

Nun sind wir wieder auf der Sachebene, indem die Frau kundtut, dass sie das Ei jeden Tag viereinhalb Minuten koche. Eine nachmessbare Handlung, die ihren Mann zufriedenstellen müsste. Er hingegen hört, dass er keine Ahnung habe, wie man ein Ei zu kochen hat, und kontert, dass das Ei dann wohl kaum mal hart und mal weich sein könne. Kein guter Konter, denn auf der Beziehungsebene kommt bei der Frau abermals nur an, dass sie eine schlechte Köchin sei, die nicht einmal ein Ei zustande brächte. Ihre Replik, dass sie kein Huhn wäre, um ihm die Frage zu beantworten, zeigt die Hilflosigkeit, ihren Mann zu verstehen und sich selbst Gehör zu verschaffen.

Damit dreht sich das Gespräch im Kreis und die Kommunikationsfähigkeit beider kommt an ihr Ende. Entsprechend drastisch lösen sie ihren Konflikt auf und wünschen einander die Pest an den Hals.

Wenn schon nicht das Ende einer Ehe, so ist es doch das Ende eines Gesprächs, bei dem es nur Verlierer gibt. Doch was ist schiefgelaufen?

Es ist ein Sammelsurium aus allem, das uns ein gegenseitiges Verstehen erschwert und manchmal unmöglich macht. So redet nicht nur das Ehepaar aneinander vorbei und hört sich nicht wirklich zu. Auch wir verlieren den anderen, wenn wir nur mit halbem Ohr hinhören oder unsere eigene Geschichte loswerden möchten. Wenn einer schließlich schweigt, statt zu antworten, kann der andere kaum erkennen, dass er missverstanden worden ist. Das passiert, wenn wir neben der expliziten Aussage die implizierte Botschaft übersehen. Hier wären Mimik und Körpersprache die letzte Chance, sich nicht völlig im Unverständnis zu verrennen.

Männer wissen vermutlich, wovon ich spreche, denn eine plötzlich verstummte Frau birgt Gefahr. Daher stammt wahrscheinlich das Bild von der »Ruhe vor dem Sturm«. Umgekehrt kommt ein gut gemeinter Rat nicht aus der Mode: Frauen, sagt euren Männern klipp und klar, was frau will. In Andeutungen verliert sich der arme Kerl und bringt Sellerie statt Blumen mit nach Hause.

Dann aber haben meist Vorwürfe ihren Auftritt, entweder versteckt hinter ironischen Bemerkungen oder als generalisiertes Urteil über die Unfähigkeit des anderen. Ohren auf, wenn die Worte »immer« oder »nie« mehr als einmal im Satz vorkommen. Wenn dann dem Gegenüber auch noch die Worte im Mund herumgedreht werden, nimmt die Achterbahn der Missverständnisse Fahrt auf.

Ein Klassiker vom Jahrmarkt der Konflikte ist auch die Metapher der »offenen Zahnpastatube«. Hier wird das Modell der vier Ohren nochmals schön deutlich. Natürlich geht es nie um die offene Tube. Hinter dem schmiedeeisernen Tor der Sachaussage versteckt sich ein Friedhof zu kurz gekommener Bedürfnisse auf der Beziehungsebene. Vermutlich möchte der Partner nur mal wieder in den Arm genommen werden.

Niemand muss sich angesichts solcher kommunikativen Tücken wundern, wenn eine lediglich sachlich gemeinte Äußerung als Angriff auf die Beziehung oder gar harscher Appell missverstanden wird. Auf der Ebene der Selbstoffenbarung wartet dann auch keine Rettung mehr. Denn wenn die Beziehung erst einmal infrage gestellt ist, sind wir meist taub für die Gefühle und Bedürfnisse des anderen.

Deshalb strahlen Unsicherheiten auf der Beziehungsebene auf alle anderen Kommunikationskanäle aus und verhindern ein gegenseitiges Verstehen und Verstandenwerden. Hier heißt es, zuerst im Beziehungskeller aufzuräumen.

Fassen wir noch einmal zusammen.

Auf der *Sachebene* einer Nachricht sollten lediglich Sachinformationen, also worüber ich mich äußere, in Form von Daten und Fakten ausgetauscht werden. Es geht um den Sachverhalt und die Feststellung, ob etwas wahr, relevant oder ausreichend ist. »Das Ei ist hart« gibt dann lediglich die erlebte Festigkeit des Essens wieder. Eine typische Reaktion auf mögliche Nachfragen ist der Satz: »Es geht mir nur um die Sache.«

Auf der Ebene der *Selbstoffenbarung* verstecken sich Informationen über den Sender der Botschaft. Je nachdem, was ich äußere, gebe ich auch etwas von mir preis, stelle mich dar oder enthülle mich. Der Hörende kann sich also ein Bild von seinem Gegenüber, dessen Gedanken und Gefühlen machen. »Das Ei ist hart« kann also auch bedeuten, dass der Essende keine harten Eier mag.

Auf der *Beziehungsebene* zeigt sich dann, was ich vom anderen halte oder wie wir zueinander stehen. Da spielen Tonfall, Körpersprache oder bestimmte Ausdrucksweisen eine besondere Rolle für den Hörenden. Stellt sich dem doch die Frage, wie der andere eigentlich mit ihm redet. »Das Ei ist hart« kann dann schnell als Generalangriff auf all das aufgefasst werden, was der Ei-Kochende heute, früher oder schon immer nicht konnte.

Auf der *Appellebene* geht es schließlich darum, auf den Empfänger der Nachricht Einfluss zu nehmen. Wir wollen etwas erreichen, wozu wir die Mitarbeit des Zuhörenden brauchen. Das geschieht offen in Form einer Aufforderung oder verdeckt als Manipulation. Der Hörer kann sich dann fragen, was er aufgrund der Botschaft tun, denken oder fühlen soll. »Das Ei ist hart« könnte den versteckten Wunsch nach einem künftig weicher gekochten Ei enthalten.

Schaut man sich die Zusammenstellung der vier Kommunikationskanäle an, mag man sich fragen, wieso es dabei zu solchen Missverständnissen kommen kann. Das Problem entsteht erst dann, wenn wir auf verschiedenen Kanälen senden und empfangen, das heißt, wenn Sender und Empfänger die vier Ebenen unterschiedlich deuten und gewichten.

Wenn unsere Sachinformation als Appell missverstanden wird und auf der Beziehungsebene Widerstand hervorruft, ist der Frieden in Gefahr. Dann werden Schnäbel zu Schwertern und Ohren zu Schilden. Der Gesprächsverlauf hängt deshalb davon ab, mit welchem Ohr der Empfänger hinhört. Mancher hört stärker auf der Sachebene, während sein Gegenüber dort schwerhörig ist und die Botschaft auf dem Beziehungskanal hinterfragt. Dann muss man sich über Konflikte nicht wundern.

Da ein Konflikt aber nur auf der Ebene geklärt werden kann, auf der er entstanden ist, sollte sich der Empfänger seines Empfangskanals bewusst werden. Ein Beziehungsproblem kann nicht auf der Sachebene gelöst werden. Andernfalls reden Sender und Empfänger aneinander vorbei, ohne sich verstehen zu können. Das lässt eine Verständigung in weite Ferne rücken.

Fazit: Gemeint ist nicht gesagt. Und was gemeint ist, entzieht sich dem Empfänger, außer, er kann Gedanken lesen, was ich bezweifele. Deshalb am Ende noch ein paar Tipps, um Missverständnisse künftig zu minimieren.

Wenn du sicher kommunizieren möchtest, achte auf die Kongruenz zwischen Botschaft und Körpersprache. Ein Lächeln sagt mehr über die Botschaft aus als ihr Inhalt, ebenso eine zerfurchte Stirn. Lächelt aber dein Gegenüber trotz gefurchter Stirn, mag ein Gewitter im Anzug sein.

Bist du dir indes unsicher, ob deine Nachricht auf offene Ohren gestoßen ist, frage besser nach und erkläre dein Anliegen auf der sogenannten Meta-Ebene. Sprich also über deine Absichten und betone, dass du den anderen nur fragen und nicht kritisieren wolltest. Wichtiges Detail: laut aussprechen, nicht nur denken.

Dann kommt es auf die Reaktion deines Gegenübers an. Hier sind Empathie und ein Gefühl für Zwischentöne gefragt. Sowohl in dem, was der andere antwortet, als auch daran, wie er auf dich wirkt, lässt er erkennen, ob du verstanden wurdest. Gelungene Kommunikation macht den Unterschied zwischen Krieg und Frieden, denn jeder Einschlag kündigt sich mit einem Pfeifen an. Prüfe also besser du als Sender, ob deine Botschaft auf dem richtigen Kanal angekommen ist, bevor dir statt der mitgebrachten Blumen die Vase um die Ohren fliegt.

Willst du das vermeiden, höre auf, Menschen zu kritisieren. Denn egal, was du damit erreichen möchtest, du wirst dein Ziel verfehlen. Menschen mögen sich deiner Kritik beugen, nur akzeptieren werden sie sie nicht. Kritik erzeugt Widerstand und veranlasst den Kritisierten, dich künftig zu meiden. Erst wenn der andere dein Anliegen unterstützt, kann er sein Handeln anpassen. Sei also klar in dem, was du dir wünschst, und akzeptiere, was du nicht ändern kannst.

Und für alle jene, die einem Konfliktgespräch aus dem Weg gehen und glauben, ihre Probleme schriftlich mittels Kurznachrichten lösen zu können: Seid versichert, das ist der schnellste Weg in den kommunikativen Abgrund. Dieser Abgrund lauert aber bereits in dir. Denn wir kommunizieren nicht nur auf vier Ebenen mit unseren Mitmenschen, sondern auch mit uns selbst. Das glaubst du nicht? Dann überlege dir mal, was dich im Leben wirklich stört, und entscheide dich, das zu ändern. All die Argumente für oder gegen eine solche Veränderung sind Anteile in dir, die auf den gleichen vier Kanälen miteinander kommunizieren. Leider widersprechen und streiten die sich dabei ebenso oft, wie wir es aus unserer Außenkommunikation kennen.

Wie du Ordnung in dieses Chaos bringst und aus deiner mentalen Wohngemeinschaft ein echtes Team formst, zeige ich dir im nachfolgenden Kapitel.

SHORTCUT

Schulz von Thun stellt in seinem Vier-Ohren-Modell die vier Seiten einer Botschaft dar, die Sender und

Empfänger gleichermaßen nutzen, um sich zu verständigen. Hier stehen sich Sach-, Selbstoffenbarungs-, Beziehungs- und Appellebene gegenüber und sorgen im Idealfall für ein verständnisvolles Miteinander. Kreuzen sich hingegen die Ebenen, sind Missverständnisse und Konflikte vorprogrammiert. Wenn du also verstanden werden willst, sage, was du wirklich meinst, und achte auf die Kongruenz zwischen Botschaft und Körpersprache. Im Zweifel kannst du auch nachfragen, was beim anderen angekommen ist, statt diesen für sein Missverstehen zu kritisieren.

2. DAS INNERE TEAM VON FRIEDEMANN SCHULZ VON THUN

Spätestens seit der Frage von Richard David Precht *Wer bin ich – und wenn ja, wie viele?* wissen wir um die Vielzahl an inneren Anteilen, Stimmen und Persönlichkeiten, die in unserem Kopf darüber entscheiden, was wir tun sollen, wen wir mögen und was wir alles nicht können. Kurz gesagt: unser internes Orchester, liebevoll auch »Inneres Team« genannt.

Diesem Team hat sich Friedemann Schulz von Thun ebenfalls gewidmet und herausgefunden, dass es maßgeblich daran beteiligt ist, wie wir kommunizieren, und zwar in erster Linie mit uns selbst. Aber genau das hat großen Einfluss auf unsere Art, mit anderen Menschen in Kontakt zu gehen.

Menschen brauchen Gesellschaft, suchen Verbindung und nutzen hierfür Kommunikation. Oft tun sie dies nur im Außen, weil die eigene Art, mit sich zu sprechen, für viele zu schmerzhaft ist und sie unglücklich macht. Stattdessen wünschen wir uns von unserem Gegenüber die Wertschätzung, Aufmerksamkeit und Zuwendung, die wir im Austausch mit unserer mentalen Wohngemeinschaft vermissen.

Die Kernfrage ist: Wie spreche ich mit mir? Die Antwort ist ebenso vielfältig wie unsere innere Aufstellung im Spiel des Lebens. All die Stimmen, die uns seit Kindertagen begleiten, haben ihren Persönlichkeitsanteil und prägen damit unser Selbstbild – ebenjenes Bild, das wir zeigen oder verbergen, je nachdem, mit wem wir in Kontakt kommen.

Auch wenn manche Menschen glauben, nur eine einzelne Stimme, meist den »innere Kritiker«, im Ohr zu haben, besitzen wir ebenso viele Backgroundsänger wie Meinungen in unserem Kopf Platz haben. Egal zu welchem Thema, du wirst jede Menge Pros and Cons in dir finden, die alle von unterschiedlichen Teilen deiner Persönlichkeit vertreten werden.

Dieses innere Für und Wider spiegelt uns ziemlich genau all jene Konflikte, die wir auch aus Gruppendiskussionen innerhalb und außerhalb unseres Freundeskreises kennen. Jedes Kollektiv repräsentiert die gleiche Meinungsvielfalt, wie sie uns häufig auch im Inneren quält und Entscheidungen erschwert. »Wie innen so auch außen«, um das geistige Gesetz ein zweites Mal zu bemühen.

Anders als unseren Freundeskreis haben wir uns das Innere Team aber nicht ausgesucht. Doch wir sind ihm auch nicht hilflos ausgeliefert. Im Gegenteil, als Dirigent all unserer Orchestermusiker hast du wesentlichen Einfluss auf die

Stimmung innerhalb des Ensembles. Je harmonischer du es verstehst, das Miteinander zu führen, desto größer die Synergieeffekte. Die gebündelte Kunst aller Solisten ergibt erst das musikalische Erleben, das ein Konzert ausmacht. Oder anders ausgedrückt: Erst der Schwarm macht den einzelnen Fisch intelligent. So ist der Austausch all deiner inneren Anteile nicht nur das berühmte Affengeschnatter im Kopf, sondern auch die Chance, eine wirklich weise Entscheidung zu treffen, bei der alle relevanten Aspekte berücksichtigt werden.

Das lässt dich nach außen klar und authentisch auftreten und dich jeder noch so unerwarteten Situation stellen. Die Herausforderung besteht darin, die richtigen Musiker vors Notenblatt zu holen, damit das Stück am Ende gefällig klingt. Wie dir das gelingt und du deine Orchestertruppe zur Zusammenarbeit bewegst, war Gegenstand der Arbeit von Schulz von Thun.

»Rot oder beige?« Aufgeregt schnatterten die Freundinnen durcheinander, bis sich eine durchsetzte und laut nach dem roten Kleid rief. »Du willst ihm doch auffallen!«

»Da kann sie ja gleich nackt gehen«, widersprach eine andere, die das rote Kleid viel zu aufdringlich fand.

»Ja, beige ist sicherer«, pflichtete ihr eine schüchterne Stimme bei.

»Ach was, du musst auch mal was wagen«, konterte eine andere Freundin und wurde von ihrer Schwester unterstützt, die fand, dass Rot besonders gut zur neuen Haarfarbe passen würde.

»Oder ein helles Gelb«, suchte die bisher schweigsame Sechste im Bunde einen Kompromiss.

»Keine Lust auf Kompromisse«, entschied Erika und griff nach dem roten Kleid. »Angriff!«, nickte sie anerkennend ihrem Spiegelbild zu. Dann verließ sie das Badezimmer.

Was hier wie eine muntere Freundinnenrunde auf dem Weg von grauer Maus zur Femme fatale klingt, ist nur ein Beispiel für die vielen Selbstgespräche vor einer Entscheidungsfindung. Wer kennt sie nicht, diese Zerrissenheit, egal, ob im Außen beim Planen des Familienurlaubs oder in uns bei der Wahl des neuen Lebenspartners. Dabei wird uns oft erst klar, wie zwiespältig wir selbst zu Themen stehen, von denen wir glaubten, eine klare Meinung zu haben.

Um dem zu begegnen, hilft dir das »Modell des Inneren Teams«. Es klärt deine Gedanken und gibt dir die Sicherheit, mit anderen erfolgreich zu kommunizieren. Was du dir jetzt vielleicht als launiges Zwiegespräch zwischen Engelchen und Teufelchen auf deinen Schultern vorstellst, wächst sich sonst zum griechischen Theater aus, bei dem du ständig zwischen Tragödie und Komödie schwankst. Doch letztlich hast du gar keine andere Wahl, als dich mit deinem Inneren Team zu arrangieren. Es lässt sich nicht stumm schalten, nur versöhnen und je nach Fall zu einer gemeinsamen Einigung führen.

Wie das geht? Das ist ähnlich anspruchsvoll wie in einer Abteilungsbesprechung, bei der über die Einführung einer neuen Bürosoftware entschieden werden soll. Der einzige Unterschied ist, dass deine inneren Teammitglieder nur dein Bestes wollen. Ja, du liest richtig. Selbst dieser fiese alte Sack im Ohr, der dir ständig sagt, wie unfähig du bist und dass du dich schämen sollst, erfüllt seinen Zweck.

Dieser »innere Kritiker« diente einst deiner Orientierung, gab dir Sicherheit und Ratschläge. Schläge, die dich heute schmerzen, weil er zu laut und damit vorlaut geworden ist. Hier hilft es, ein Teammeeting einzuberufen. Eine solche innere Ratssitzung dient als Plattform, auf der alle deine inneren Anteile zu Wort kommen können, soweit sie für das aktuelle Thema relevant sind. Es gilt, die inneren Streithähne zu versöhnen, um eine Zusammenarbeit möglich zu machen. Dabei sitzt du dem Rat vor und dirigierst die einzelnen Wortbeiträge, moderierst und lässt schließlich abstimmen.

Am besten, du beschränkst dich auf ein aktuelles Thema, etwa einen strittigen Sachverhalt, und legst dein Ziel fest. In aller Regel ist dies eine Entscheidung oder Meinung, die du nach außen in der wirklichen Welt vertreten kannst.

Hiernach hat jedes Teammitglied die Chance, seine Sichtweise kundzutun und sie einer Realitäts- und Risikoprüfung zu unterziehen. Dabei senden und empfangen die eigenen Stimmanteile auf den gleichen vier Kanälen, die wir im vorherigen Kapitel kennengelernt haben. Manchmal kämpft also das ungute Bauchgefühl gegen ein sachliches Argument. Es heißt daher, wachsam zu sein.

Wer aber sind diese Stimmen? Es sind die vielen Sichtweisen auf dein Problem, die jede für sich wertvoll und wichtig für deine Entscheidungsfindung ist. Auch geben dir diese Stimmen das Gefühl, die Dinge um dich herum besser kontrollieren zu können, indem sie alles kommentieren, was du wahrnimmst. Um hier einen Austausch möglich zu machen und eine Diskussion zu fördern, empfiehlt es sich, deine inneren Anteile zu identifizieren und ihnen eine Bezeichnung nebst Credo zu geben. Mach dir am besten eine Liste, die wie folgt aussehen könnte:

Die Macherin:	»Lass es uns durchziehen!«
Der Kritiker:	»Das kannst du nie!«
Der Antreiber:	»Sei perfekt!«
Die Selbstzweiflerin:	»Das schaffst du nie.«
Die Rationalistin:	»Zeig auf keinen Fall Emotionen!«
Der Vorsichtige:	»Das ist zu riskant.«
Der Hilfesuchende:	»Wer kann mir helfen?«
Die Nachdenkliche:	»Wir brauchen noch mehr Informationen.«
Der Konstruktive:	»Wie könnten wir das Risiko senken?«
Die Blockiererin:	»Auf keinen Fall machen wir das!«
Die Ehrgeizige:	»Wir müssen besser als andere sein.«
Der Skeptiker:	»Was bringt das?«
Der Selbstbedachte:	»Was springt für mich raus?«
Die Harmonische:	»Mach es recht.«
Die Selbstbewusste:	»Das bekommen wir hin.«
Der Leichtfertige:	»Was soll schon schiefgehen?«

Du siehst, jede dieser Stimmen steht für einen Gedanken, ein Gefühl oder ein Bedürfnis und wirkt sich auf deine Entscheidung und nicht selten auch auf dein (körperliches) Wohlbefinden aus. Und jede Stimme hat ihren eigenen Charakter. Manche sind laut, andere leise, die einen ängstlich, andere wiederum gleichgültig. Gemeinsam ist ihnen meist nur, dass sie einander widersprechen. Doch nicht jeder ist gegen jeden. Manche Anteile verbünden sich auch gegen andere oder stehen einander im Weg. In jedem Fall erhältst du auf diese Weise Zugang zu deinem Unterbewusstsein und eröffnest dir neue Perspektiven.

Die ausgetauschten Argumente werden anschließend wertungsfrei gesammelt und gegeneinander abgeglichen. Dabei heißt es, das Ziel im Auge zu behalten. Jede Stimme hat Gewicht, kann aber am Ende unterschiedlich stark gewichtet werden. Achte hierbei auf die Ausgewogenheit der Redebeiträge und hole notfalls die leisen Stimmen nach vorn. Das sorgt für den nötigen Perspektivwechsel, um das aktuelle Problem von einer bislang unbekannten Seite zu beleuchten. Dabei entstehen Entscheidungsspielräume, die vorher verstellt schienen und dich zu einer tieferen Auseinandersetzung mit dir selbst einladen.

Als Chef und Teamleiter ist es nun deine Aufgabe, die vorgetragenen Argumente deiner inneren Gesprächsrunde zu gewichten und die gegensätzlichen Anteile zu versöhnen. Dabei empfiehlt es sich, sensibel vorzugehen, denn manchmal versteckt sich hinter einem lauten Argument eine stumme Angst, die gesehen werden will. Hier können sich die Stimmen gegenseitig unterstützen und Kompromisse finden.

Am Ende steht ein Ergebnis, das all deine widerstreitenden Interessen unter einem Dach versammelt und dir im Außen hilft, eine Entscheidung zu fällen. Das sorgt nicht nur für Ruhe in dir, sondern lässt dich auch externe Konflikte leichter lösen und besser kommunizieren. Diese Klarheit verschafft dir im Austausch mit anderen Menschen das nötige Charisma, um positiv in Erscheinung zu treten.

Benimmst du dich aber in einer Gruppe selbst wie einer deiner inneren Anteile, kann es sein, dass sich deine Gesprächspartner wehren. Dann hast du ihnen den Zugang zu dir versperrt. Wie es dazu kommt und was sich dagegen tun lässt, beschäftigt uns im nächsten Kapitel.

SHORTCUT

Schulz von Thun nutzt sein Modell vom Inneren Team, um im Außen eine für den Menschen zielführende Lösung eines (inneren) Konflikts zu finden. Häufig fühlen wir uns dabei von der inneren Meinungsvielfalt zerrissen. Zu viele Stimmen streiten in uns um den Ratsvorsitz. Den aber hast du inne, weshalb es an dir ist, dein Team zu bilden, anzuhören und anschließend zu einer für alle verständlichen Kommunikation zu kommen. Dabei wirst du erkennen, dass deine inneren Anteile für dich arbeiten und der ewige »innere Kritiker« einst ein guter Freund war. Knüpfe daran an, und es kehrt Ruhe im Kopf ein, während die früheren Streithansel ein konstruktives Team bilden.

3. DIE ZWÖLF KOMMUNIKATIONSSPERREN VON THOMAS GORDON

Stell dir vor, dein Gegenüber beißt herzhaft in eine Zitrone. Spürst du die Säure auf deiner Zunge und den Speichelfluss im Mund? Verziehst du gar angewidert das Gesicht? Spiegelneuronen lassen uns mit anderen mitfühlen und sorgen für ein empathisches Miteinander. Spiegelneuronen lassen uns aber auch mitleiden, wenn andere verletzt werden. Um diesem Leid ein Ende zu setzen, versuchen wir Kontrolle über dieses (Mit-) Gefühl zu bekommen. Das gibt uns Sicherheit und lässt das (Mit-)Leid schwinden, zumindest unseres, denn ob wir damit auch den eigentlich Betroffenen erreichen, steht auf einem anderen Blatt.

Weinend kam Ferdinand ins Wohnzimmer seiner Eltern gelaufen. Das Monster unter seinem Bett hatte ihn wieder nicht schlafen lassen. Ängstlich hielt er seinen Teddy an sich gepresst und war kaum zu beruhigen. Seine Mutter Hildegard seufzte. Wieder und wieder hatte sie versucht, ihrem Sohn zu erklären, dass es keine Monster gäbe und schon gar nicht unter einem Bett. Sie hatte ihn getröstet und vorgeschlagen, das Nachtlicht anzulassen. Hatte ihm vorgelesen und mit Fernsehverbot gedroht, wenn er nicht bald Ruhe gäbe. Vergebens.

Ferdinand wartete zitternd, dass seine Mutter das Monster verjagen würde. Die dachte gar nicht daran. »Mach dich nicht lächerlich, du Angsthase«, zischte sie ihren Sohn an, als sie ihn wütend zurück in sein Zimmer schob. Dann schloss sie die Tür von außen. Noch nie hatte sich Ferdinand so allein gefühlt. Plötzlich war er froh, ein Monster unter seinem Bett zu haben. Wenigstens einer, der für ihn da war.

Der Psychologe Thomas Gordon erkannte, dass wir Situationen, die uns unangenehm sind, verändern wollen, und zwar meist zusammen mit dem Menschen, dessen Geschichte dieses unschöne Gefühl in uns ausgelöst hat. Oft missverstehen wir dabei unsere Rolle und glauben, hilfreich zu sein. Wir wollen, dass es dem anderen besser geht und wir nicht länger mitleiden müssen.

Dieser grundpositive Ansatz verkehrt sich in sein Gegenteil, wenn wir dabei die Interessen des Leidenden ignorieren und denken, besser als er zu wissen, was gut für ihn ist, oder mit seinem Leid nicht umgehen können. Wir versuchen dann mit unserem Hilfsangebot, Nähe zu schaffen, und halten den anderen dennoch auf Abstand. Statt Lösungen erzeugen wir neue Probleme, und alles nur, weil wir die Grundregel einer guten Kommunikation missachtet haben:

»Was du nicht willst, das man dir tu, das füg auch keinem andern zu!«

Das heißt, wenn wir aufhören, unseren Gesprächspartner als gleichberechtigt anzusehen, setzen wir ihn herab und stellen unseren Lösungsansatz über den seinen. Wir geben die Augenhöhe auf und begraben das gute Verhältnis unter ungewollten Hilfsangeboten, ungefragten Ratschlägen und unerbetenen Argumenten. Wir können die konkrete Situation nicht akzeptieren und möchten, dass unser Gegenüber sie mit unseren Mitteln ändert. Damit nehmen wir ihm die Chance, seine Probleme selbstverantwortlich zu klären.

Die dazu benutzten Kommunikationsstrategien trennen uns von unserem Gesprächspartner, wenn wir versuchen, seine Probleme nach unserem Dafürhalten zu lösen. Wir verlieren ihn mit unseren Worten, die gut gemeint, aber schlecht verstanden werden. Das sperrt uns von einem Miteinander aus und blockiert die Verbindung. Thomas Gordon nannte diese Gesprächsmuster deshalb Kommunikationssperren, deren Inhalte und Wirkungen ich dir im Folgenden vorstellen möchte.

1. ***Befehlen, bestimmen***
   Hier werden mit den Worten »Du musst ...!«, »Du hast ...!« oder »Du wirst ...« Ablehnung und Widerstand provoziert. Im besten Fall ignoriert der Empfänger die Ansagen.
2. ***Mahnen, warnen, drohen***
   Floskeln wie »Wenn du nicht ..., dann ...!« oder »Es reicht jetzt, sonst ...!« erzeugen Angst, Ärger und Gegenwehr. Selbst wenn sich der andere unterwirft, erfolgt das selten freiwillig und oft nur widerwillig.
3. ***Moralisieren, predigen, an die Pflicht erinnern***
   Mit »Du solltest ...«, »Ich erwarte ...« und »Es wäre nötig ...« werden Pflichten auferlegt und Schuldgefühle ausgelöst. Auch das kann zur offenen Ablehnung führen.
4. ***Ratschläge erteilen, Vorschläge machen, Lösungen vorgeben***
   Sätze wie »An deiner Stelle würde ich ...«, »Warum versuchst du nicht ...« oder »Mein Vorschlag wäre ...« verhindern, dass sich der Empfänger mit eigenen Lösungen dem Problem stellt. Damit fühlt er sich abgewertet und im schlechtesten Fall von der Hilfe des Ratschlaggebenden abhängig.
5. ***Mit Logik überzeugen, belehren, argumentieren***
   Aussagen wie »Fakt ist ...«, »Ja, aber ...« oder »In Wahrheit ...« verleiten zum Widerspruch und provozieren Gegenargumente. Fehlen diese, kann es sein, dass sich der andere aus dem Gespräch zurückzieht.
6. ***Urteilen, kritisieren, beschuldigen***
   Wer mit »Du kannst das nicht ...« oder »Nie strengst

du dich an …« zu motivieren versucht, mindert den Selbstwert und erhöht die Gegenwehr beim Gegenüber. Ein positives Ergebnis rückt in weite Ferne.

7. ***Loben, zustimmen***
   Schmeicheleien wie »Du kannst das sicher …« oder »Dir kann ich vertrauen …« wecken falsche Erwartungen und erzeugen beim anderen Druck. Außer, er erkennt die Manipulation und lehnt ab.
8. ***Beschimpfen, lächerlich machen, Namen austeilen***
   Mit »Mach dich nicht lächerlich …« oder »Du Schlaubi hast doch keine Ahnung …« fühlt sich dein Gegenüber lediglich herabgesetzt, minderwertig oder ungeliebt. Kein Wunder, wenn er das nicht auf sich sitzen lassen will.
9. ***Analysieren, diagnostizieren, interpretieren***
   Sätze, die mit »Dein Problem ist …« oder »Du wirst nie …« beginnen, drängen den Empfänger in eine Ecke und stellen ihn bloß. Ein Gesprächsabbruch ist die Folge.
10. ***Beruhigen, trösten, Mitleid zeigen***
    Beschwichtigungen wie »Kein Grund zur Sorge …«, »Das wird schon wieder …« oder »Ich hatte das auch …« bewirken, dass sich der andere nicht ernst genommen fühlt. Die Situation verschlimmert sich.
11. ***Forschen, verhören, ausfragen***
    Wer mit »Wieso …?«, »Weshalb …?«, »Warum …?« reagiert, zeigt mangelndes Vertrauen und drückt seinen Verdacht oder Zweifel aus. Das verletzt den Empfänger und drängt ihn in die Rechtfertigung.

12. ***Ablenken, spötteln, zurückziehen***
    Antworten wie »Lassen wir das …«, »Anderes Thema …« oder »Nichts wird so heiß gegessen …« erzeugen den Eindruck, dass es besser ist, Problemen aus dem Weg zu gehen. Der Empfänger fühlt sich und seine Bedürfnisse nicht respektiert. Das Vertrauen in seinen Gesprächspartner schwindet.

All diese Kommunikationssperren verhindern ein Gespräch auf Augenhöhe und trennen Menschen voneinander. Oft wirken sie gegen die gute Absicht des Helfenwollenden, der nur leider die falsche Strategie benutzt hat. Dabei ist es allzu menschlich und im täglichen Sprachgebrauch kaum vermeidbar, sich einer dieser zwölf Floskeln zu bedienen.

Wenn du Sorge hast, künftig jedes Wort auf die Goldwaage legen zu müssen, kann ich dich beruhigen. Das wäre völlig übertrieben und für ein gewöhnliches Gespräch unpraktikabel. Es geht vielmehr um ein Bewusstsein, welche Wirkung Worte auslösen können. Keinesfalls sperrt sich jedes Gespräch, sobald du eine der zwölf Sprachmuster anwendest. Das beschränkt sich lediglich auf bestimmte Problemsituationen, in denen es deinem Gesprächspartner um Mitgefühl, Anteilnahme und Unterstützung geht. Dann nämlich wäre es hilfreich, auf deine Wortwahl zu achten. Hier aktiv zuzuhören und die Bedürfnisse hinter dem Klagen wahrzunehmen, fördert eure Verbindung, statt zu trennen.

Dazu empfiehlt es sich, die Kommunikationssperren bewusst zu vermeiden, um im Kontakt zu bleiben. Das mag bei dir das beunruhigende Gefühl auslösen, die Kontrolle über die Situation zu verlieren. Doch das ist eine Illusion, denn du kannst nichts kontrollieren, was nicht zu dir gehört. Hier geht es um ein Problem deines Gegenübers, das sich stattdessen kontrolliert fühlt und in den Widerstand geht – das Gegenteil einer verbindenden Kommunikation.

Deshalb halte auch mit deinen Worten die Tür zu deinem Gesprächspartner offen. Schenke ihm dein Herz und nicht nur deinen (unerbetenen) Rat, und lass dich auf das Abenteuer im Leben des anderen ein. Du kannst weder ihn noch das Problem verändern, sondern nur die Situation akzeptieren. Doch genau das stärkt eure Verbindung. Wie das geht, ist Gegenstand der Brückenkommunikation, die ich dir im letzten Kapitel vorstellen möchte.

SHORTCUT

Thomas Gordon erkannte, dass Menschen, die sich mit dem Leid anderer unbehaglich fühlen, versuchen, den Betroffenen zu einem veränderten Umgang mit dem Problem zu bewegen. Hierzu nutzen sie Sprachmuster, die aber weder das Leid mindern noch dem Leidenden eine Hilfe sind. Vielmehr sperrt sich dieser gegen die Art, wie mit ihm oder an seinem Anliegen vorbei kommuniziert wird. Deshalb heißen diese Sprachmuster auch Kommunikationssperren. Diesen Widerstand kannst du verhindern, indem du achtsam mit deinen Worten umgehst und solche Kommunikationssperren in Situationen vermeidest, in denen deine Empathie und dein Mitgefühl gefragt sind.

4. DIE BRÜCKENKOMMUNIKATION VON KERSTIN BULLIGAN

Vielleicht kennst du das. Trotz bester Absichten gerätst du immer wieder in Auseinandersetzungen mit anderen, teils wildfremden Menschen. Du erntest Streit und ziehst Konflikte an wie das Lamm den Wolf. Dein Leben ähnelt einer Achterbahn der Gefühle, von denen deine Umwelt ein Lied singen kann, während du dir nur Frieden wünschst. Dennoch bestimmt Ärger deinen Alltag.

Willkommen im Leben zahlreicher Menschen, die mit sich und ihrer Umwelt im Widerstand sind, die sich ständig ärgern oder sorgen, sich angegriffen fühlen oder über all die Irren da draußen den Kopf schütteln – Menschen, die vor einem Graben stehen, der sie von anderen und einem friedlichen Leben trennt.

Diesen Graben kennt auch die Kommunikationstrainerin Kerstin Bulligan, und sie hat mit ihrer »Brückenkommunikation« eine Methode entwickelt, ihn zu überwinden. Sie lehnt sich an die Gewaltfreie Kommunikation (GfK) von Marshall B. Rosenberg an, geht aber in ihrer Art der Anwendung darüber hinaus. Beiden gemeinsam ist, dass es um Verbindung geht: Verbindung nach innen und außen, hin zu einem friedlichen und von Verständnis getragenen Miteinander. Es geht um ebendiese Brücken, die Kommunikation bauen kann und dadurch die oben benannten Gräben zu überwinden hilft.

Im Gegensatz zur GfK verzichtet Kerstin Bulligan aber nicht nur im Namen auf die »Gewalt«, sondern auch auf die Anwendung der zum Teil starren und wenig verbindenden

Kommunikationsregeln nach Rosenberg. Bulligans Methode ist großzügig dem Anwender und Empfänger gegenüber und sucht die Haltung hinter der verbindenden Kommunikation. Sie ist – kurz gesagt – alltagstauglich und holt die Menschen bei ihrer gewohnten Sprache ab.

Wo die GfK oft mit erhobenem Zeigefinger auf die Einhaltung vorgegebener Sprachmuster pocht, orientiert sich die Brückenkommunikation an den Sprachgewohnheiten ihrer Anwender und bleibt wertschätzend authentisch. Dabei geht es nicht darum, Konflikte zu vermeiden. Das ist unmöglich, solange du mit Menschen in Kontakt bist. Selbst einem Bäume umarmenden Eremiten kann ein Apfel auf den Kopf fallen. Dann ist das Geschrei groß. Es geht in der Brückenkommunikation um die Bewältigung von Konflikten. Denn hinter jedem Konflikt liegt auch der Wunsch, die aktuelle Situation zu verändern. Kein Wunder, sind doch Konflikte hauptverantwortlich für Stress und Depression.

Es sind die Bedürfnisse in uns, die für ein Auf und Ab an Gefühlen und unsere Ausstrahlung auf andere verantwortlich sind. Mit »Du bist nicht du, wenn du hungrig bist« machte sich auch die Werbung diese Erkenntnis zunutze. Diese (unerfüllten) Bedürfnisse wirken sich in erster Linie auf unser inneres Erleben und die Art aus, wie wir mit uns selbst sprechen. Hier setzt die Brückenkommunikation zuerst an, wenn sie danach fragt, was eigentlich gerade in dir los ist: Welche Gedanken, Urteile und Gefühle nimmst du in dir wahr, die deine Stimmung und damit deinen Austausch mit anderen beeinflussen? Was kommt gerade zu kurz und was brauchst du, um dich wohlzufühlen? All die negativen Gefühle in dir sind wichtige Signale, dass du für dich sorgen darfst.

Wenn du erkennst, dass dein Ärger hausgemacht ist, kannst du ihm auch Hausverbot erteilen. Dazu hilft es aufzuhören, ihn mit deiner Sicht auf die Welt zu füttern. Aufzuhören, dich und andere zu verurteilen, über Vergangenes zu klagen oder Künftiges schwarzzumalen, anderen Böswilligkeit zu unterstellen und sie für dein Leid verantwortlich zu machen. Denn all das sorgt dafür, dass du dich nur noch schlechter fühlst. Die Brückenkommunikation zeigt dir, wie es anders geht. Gleichzeitig bedeutet das aber nicht, nur noch lieb und nett zu sein. Die Methode geht davon aus, dass Frieden erst möglich ist, wenn alle Bedürfnisse auf dem Tisch liegen und angeschaut werden – sowohl deine eigenen als auch die deines Gegenübers. Erst wenn beide Seiten als gleichwertig gesehen und ernst genommen werden, ist Verbindung möglich.

Wütend sah Heribert auf seine Uhr. Wieder schien sich Amalie zu verspäten und wieder kam sie nicht auf die Idee, ihm vorher Bescheid zu geben. Ihr schien es völlig egal, dass er sich die Beine in den Bauch stand und seine Lebenszeit verschwendete. Sie waren in dem kleinen Café verabredet, in dem sie sich kennengelernt hatten und heute ihren Jahrestag feiern wollten. Heribert war die Lust darauf vergangen, als Amalie endlich auftauchte. Er holte tief Luft:

»Du bist unmöglich! Immer kommst du zu spät. Das ist so dermaßen respektlos und unhöflich, dass ich am liebsten gleich wieder gehen möchte!«, hätte er beinahe gesagt. Dann besann er sich. »Amalie, schön, dass du da bist. Ich warte jetzt seit 20 Minuten. Das ist mir bei den letzten zwei Verabredungen mit dir ähnlich gegangen. Ich hab echt keine Lust, meine Zeit zu vertrödeln. Sag mir bitte Bescheid, wenn du es nicht pünktlich

> schaffst, schreib mir oder ruf mich an. Verstehst du, wie blöd das ist, so lange zu warten? Oder hast du eine andere Idee? Was können wir tun, damit ich nicht mehr auf dich warten muss?«

Vielleicht kannst du den Unterschied der beiden Varianten spüren. Heriberts Ärger kommt auch in der zweiten Version an. Er ist sehr klar, aber (ver-)urteilt nicht. Respektvoll sagt er Amelie, wie und worum es ihm geht.

Das funktioniert natürlich nicht mit jedem. Muss es auch nicht. Es genügt, wenn du Brücken zu den Menschen schlägst, die dir am Herzen liegen oder aus einem besonderen Grund wichtig für dich sind. Wenn du dich mit deinem Ex-Partner noch um die gemeinsamen Kinder kümmern musst, ist ein friedlicher Umgang ebenso wertvoll wie der Austausch mit deinem Chef im Büro. Dann empfiehlt es sich, auf eine klare und offene Art miteinander zu kommunizieren und herauszufinden, was jeder wirklich will. Auch mein Gegenüber ist ein Mensch mit Bedürfnissen und eigenen Strategien, diese zu erfüllen. Selbst wenn das nicht meine Strategien wären, hilft es, sich folgende Regeln bewusst zu machen:

- Alles, was ein Mensch tut, tut er aus der Absicht heraus, sich ein Bedürfnis zu erfüllen.
- Alle Bedürfnisse dienen dem Leben und haben ihre Berechtigung.
- Menschen wählen oft unglückliche oder ungünstige Strategien, um sich ein Bedürfnis zu erfüllen.
- Wir unterstützen andere Menschen gern, wenn wir es aus freiem Willen und ohne Zwang tun können.

Diese Sicht auf die Welt und das dahinterliegende Menschenbild sind die Pfeiler, auf denen die Brückenkommunikation ruht. Damit verändert sie den Blick, mit dem du auf deine Mitmenschen schaust, und gibt dir die Verantwortung für dein eigenes Wohlbefinden zurück.

Sie befreit dich obendrein vom Schuld- und Opferdenken, indem sie dich erkennen lässt, dass sich ein Vorwurf oder Angriff eines anderen Menschen nicht gegen dich richtet, sondern Ausdruck eines Bedürfnisses ist, das gerade im anderen nach Beachtung »schreit«. Gleichzeitig ist sich der andere meist unsicher, wie er mit diesem Defizit umgehen soll. Kurzum: Dein Gegenüber handelt nicht gegen dich, sondern für sich. Das hilft dir, die Umstände objektiver zu sehen und dir deiner eigenen Interpretationen und Urteile bewusster zu werden.

Du kannst dich dann entscheiden, wie du auf einen solchen Angriff reagieren möchtest. Das hängt natürlich auch davon ab, wie du zu dem Menschen stehst und was du zuvor in dir geklärt haben musst, um offen für eine Verbindung zu werden. Dabei genügt es, wenn du in dir zur Ruhe kommst. Denn deine veränderte Haltung führt zu einem veränderten Verhalten und damit zu einer Änderung des Systems. Diese Haltung speist sich aus deinen inneren Gedanken und der Art, wie du mit dir sprichst. Das wiederum ergibt sich aus deinen (emotionalen) Füllständen, also wie gut deine eigenen Bedürfnisse erfüllt sind und du dich wohlfühlst.

Deshalb ist *Schritt 1* der Brückenkommunikation die Frage: Was nehme ich in mir wahr? Welche Gedanken, Urteile und Gefühle wollen gesehen und angenommen werden? Wie geht es mir gerade? Benenne das konkrete Gefühl.

Schritt 2 beantwortet folgende Fragen: Worum geht es mir eigentlich? Was brauche ich? Dabei schaue ich auf meine inneren Akkus, die mir meine Lebensenergie liefern. Fühle ich mich müde, hilft mir kein Kaffee. Das mag zwar meine Lieblingsstrategie sein, aber das eigentliche Bedürfnis dahinter wären Pause, Erholung oder Entspannung. Finde also dein spezielles Bedürfnis.

In *Schritt 3* kläre ich für mich, was ich jetzt tun kann und was mir helfen könnte. Dazu kann ich entweder allein beitragen oder mir Hilfe suchen.

Schritt 4 setzt im Außen bei der Frage an: Was ist objektiv passiert? Hier geht es um meine Beobachtung – ähnlich einer Kameralinse –, ohne die Situation, die zum Konflikt geführt hat, zu bewerten.

In *Schritt 5* versetze ich mich in meinen Gesprächspartner, um zu verstehen, was in ihm los ist und worum es ihm gerade wirklich geht. Der Konflikt ist – ähnlich wie negative Gefühle – nur das Warnlicht der emotionalen Öldruckanzeige, nicht das eigentliche Problem. Für dessen Lösung darf ich mich sinnbildlich in die Schuhe des anderen stellen und die obigen Schritte auf der Suche nach seinen Gefühlen und den dahinterstehenden Bedürfnissen gehen.

Ob ich damit richtigliege, spielt keine Rolle. Wichtig ist, diese Haltung einzunehmen, die den anderen nicht bewertet oder verurteilt und anerkennt, dass es auch ihm nur um sein Wohlbefinden geht. Das Ziel ist Verbindung und Klarheit darüber, was ich und der andere brauchen. Mit dieser offenen, empathischen und neugierigen Haltung wird es mir möglich, ein gutes Gespräch zu führen und zu einer Lösung des Konflikts zu kommen. Denn erst wenn wir uns verstanden fühlen, geht in uns eine Tür auf, durch die wir andere in unser Leben einladen können. Das geht meinem Konfliktpartner nicht anders. Wenn also auch er bereit ist, mich zu hören und sich dafür zu interessieren, was mir gerade wichtig ist, ist eine echte Verbindung möglich.

Schritt 6 lädt zum Gespräch ein, wenn ich den Konflikt nicht bereits in mir gelöst habe. Dafür zeige ich meinem Gegenüber, worum es mir geht und was ich gerne hätte. Ich äußere eine Bitte. Das Gleiche gilt für meinen Gesprächspartner, denn Verständnis setzt Verstehen voraus und das ist die Grundlage für eine Win-win-Lösung.

In *Schritt 7* kommen wir ins Tun, wo jeder seinen Beitrag leisten kann, damit wir den Konflikt zu einem guten Ergebnis bringen. Basis dieser Lösung ist eine friedliche und wertschätzende Haltung dem anderen Menschen gegenüber.

Das ist der beste Schutz gegen Gemeinheiten, Mobbing, Kritik und Vorwürfe aller Art, weshalb diese Methode auch in Konfliktgesprächen, Mediation, Kriseninterventionen und Coaching erfolgreich Anwendung findet. Aber es gibt noch einen weiteren Vorteil für unser tägliches Kommunikationsverhalten. Durch die Beschäftigung mit Brückenkommunikation wird unser Bewusstsein für Sprache geschärft, sowohl für die eigene Sprache und Wortwahl als auch für die der anderen. So werden wir uns bewusst, wenn wir gerade übertreiben, bewerten, interpretieren oder verallgemeinern.

Die oben dargestellten Kommunikationssperren (»Du immer!«, »Nie kannst du …«, »Aber …«) verhinderten bislang einen verbindenden Austausch. Die Brückenkommunikation löst diese Sperren und öffnet die Tür zum Herzen des anderen. Wir gehen sensibler und achtsamer mit unseren Worten um und vermeiden trennende Sprachmuster. Stattdessen setzen wir unsere Sprache gezielt ein, um zueinanderzufinden und Ärger zu vermeiden. Wir vergrößern die Lücke zwischen Reiz und Reaktion, in der wir erkennen, dass uns dieser wild gewordene Neandertaler vor uns nicht persönlich angreift, sondern ein unerfülltes Bedürfnis hat. Unsere Worte können ihm das spiegeln.

Aber auch unser innerer Dialog ändert sich. Wir sprechen liebevoller und positiver mit uns und spüren die Verbindung nach innen. Diese innere Stimme bestimmt maßgeblich unser Glücksgefühl und entscheidet, wie es uns geht, wie wir uns fühlen, wie wir mit anderen umgehen und was wir uns trauen. Diese Wirkung hat Strahlkraft, denn wenn du Frieden ausstrahlst, bekommst du ihn auch zurück. Dann hast du die Liebe in dir, die Liebe anzieht.

Zusammengefasst steht die Brückenkommunikation für folgende Punkte:

Brücken nach innen bauen:

- dich mit dir selbst wohler fühlen
- dein Innenleben erforschen, dich besser wahrnehmen und spüren
- für dich gut sorgen
- den eigenen Einfluss aufs Leben, auf die Gefühlswelt und auf Beziehungen erkennen und mitgestalten
- das eigene Selbstbild verbessern
- den inneren Dialog neu gestalten, sodass er dich vorwärts bringt
- die eigenen Gedanken und Urteile hinterfragen
- Blockaden lösen und damit insgesamt stimmungsstabiler und glücklicher werden

Brücken zueinander bauen:

- Umgang mit Konflikten lernen
- zwischenmenschliche Schwierigkeiten im beruflichen und privaten Alltag meistern
- klar, authentisch und gleichzeitig friedlich ausdrücken, wie es dir mit etwas geht
- Störungen auf »natürliche« Art und Weise ansprechen
- andere besser verstehen, dich besser einfühlen können
- dadurch Schuldzuweisungen und Vorwürfe vermeiden und eine neugierige, offene Haltung entwickeln
- zu einer achtsamen Sprache finden
- bessere, schönere und erfüllendere Beziehungen führen

SHORTCUT

Kerstin Bulligan sieht in der Art, wie Menschen mit sich und anderen sprechen, den Schlüssel zu Verbindung und Frieden. Deshalb hat sie die Brückenkommunikation entwickelt, um die Gräben zwischen zwei Konfliktpartnern zu überwinden. Die eigene, wertschätzende Selbstannahme ist dabei ebenso entscheidend wie die Erkenntnis, dass hinter jedem Ärger ein unerfülltes Bedürfnis steckt, das es zu befriedigen gilt. Das gelingt über die sieben Stufen der Brückenkommunikation, die nicht nur im Außen für Harmonie und Verbindung sorgen, sondern auch den inneren Dialog liebevoller gestalten helfen. Entsprechend wirksam ist diese friedensstiftende Kommunikationsmethode.

DER AUTOR

Ralf During hat sich nach seinem Studium der Rechtswissenschaften mehr und mehr den Konflikten hinter den Problemen seiner Klienten zugewandt und erkannt, dass es den meisten Menschen statt um Streit um Verbindung geht. Als ausgebildeter Mediator und Experte für Kommunikation hat er sich deshalb auf das konfliktfreie Miteinander der ihm anvertrauten Menschen spezialisiert und unterstützt diese dabei, erfüllte Beziehungen zu finden und zu führen.